KB122593

녹조 라떼 드실래요

4대강에 찬동한 언론과 者들에 대하여

녹조 라떼 드실래요

4대강에 찬동한 언론과 者들에 대하여

2016년 4월 11일 초판 1쇄 펴냄

© 환경운동연합·대한하천학회, 2016

글쓴이 | 환경운동연합·대한하천학회
펴낸곳 | 도서출판 주목
펴낸이 | 김준연
편집 | 최유정
등록 | 2015년 5월 14일(제 2015-000105호)
주소 | 경기 고양시 일산서구 일중로 30, 505동 404호(일산동, 산들마을)
전화 | 02-322-0268
팩스 | 02-322-0271
전자우편 | rainwelcome@hanmail.net

ISBN 979-11-955451-1-7 03300

이 도서의 국립중앙도서관 출판시도서목록(CIP)은
e-CIP홈페이지(http://www.nl.go.kr/ecip)에서 이용하실 수 있습니다.

환경운동연합·대한하천학회 지음

녹조 라떼 드실래요

4대강에
찬동한 언론과
者들에 대하여

주목

발간사 2조 원도 아니고 무려 22조 원입니다 **6**

들어가며 4대강 사업은 어떻게 추진됐나? **11**

4대강 사업의 시작은 한반도 대운하 **12** | 대운하와 다를 바 없는 4대강 사업 **14**

|1장| 4대강 사업의 진실

4대강 사업은 '총체적 부실사업' **19**

4대강 사업의 성격은 무엇인가? **20** | 4대강 보는 안전한가? **23** | 4대강 사업 만능론은 허구 **26**
곡학아세한 공무원과 전문가들에 대한 책임 **31** | 더 큰 거짓말을 만드는 사회 **34**

4대강은 흘러야 한다 **37**

물 부족 국가는 허구다 **38** | 열대지방 하천에 녹조가 없는 이유 **40** | 4대강 사업은 침묵의 강을 만들었다 **42**
4대강 사업 이후 수돗물 불안 가중 **45** | 강은 국토의 미래다 **47**

낙동강의 불행, 시작에 불과하다 **50**

대운하로 야기된 낙동강의 불행 **50** | 함안보 높이를 2.8m 낮추다 **53** | 왜 보들이 부실한가? **54**
법원은 정의로운가? **56** | 아! 낙동강 **59** | 그래도 우리는… **60**

영산강, 흐르지 않는 강의 비극 **62**

대운하가 4대강 사업으로 **63** | 운하의 타당성 부족은 이미 결론 났다 **64**
물 흐름을 복원하는 것이 강의 회복 **66** | 강의 분노가 시작됐다 **67** | 물놀이도 못 하는 영산강 물 **69**

4대강 사업의 진실 - 금강 **72**

사상 최악의 물고기 떼죽음 **73** | MB가 만든 녹조 얼음 **74** | 막무가내 준설, 공산성마저 위태위태 **76**
금강의 낯선 생명체 **79** | 자아도취에 빠진 4대강 주범들 **81**

한강, 4대강 사업으로 잃은 것과 남은 것은? **84**

인공 구조물이 된 한강 **85** | 한강 습지와 다양한 수변 서식생물 감소시켜 **90**
우리 세대가 부모 세대로 져야 할 책임 **92**

|2장| 4대강 사업 누가 찬동했나?

4대강 사업은 '반역'이다 **97** | MB의 4대강 '불통' 정치학 **102** | 4대강 찬동 정치인은 누구인가 **109**
4대강 찬동 사회 인사 **130** | 4대강 찬동 인사에게 역사의 책임을 **147**

|3장| 4대강 찬동 언론

4대강 찬동 언론 조사 **153** | 4대강 찬동 언론은 누구인가? **164** | 언론이 죽은 사회 **186**

|4장| 4대강 미래 대안

4대강 사업을 보는 경제학자의 눈 : 분노, 성찰, 대안 **195**

MB정부가 직무유기한 4대강 경제성 평가 **196** | 잊혀진 우리의 흰수마자… 미안해 **200**
자연은 가장 소외되고 고통받는 약자 **202**

한국의 4대강 이렇게 살리자 **206**

강다운 강이 갖춰야 할 조건 **207** | 한강종합개발사업이 남긴 것 **210**
무지와 오만이 빚은 4대강 사업 **212** | 4대강을 제대로 살리려면 **214**

이제, 놀랍지 않은 물 정책을 세우자 **218**

수난받는 낙동강과 섬진강 **219** | 제2의 4대강 사업, 뒤죽박죽 한국의 물 정책 **222**
4대강 복원을 위한 우리의 과제 **224**

외국 하천 사례를 통해 본 우리 강 회복전략 **229**

네덜란드, "해수 유통되자 생물종 복원" **230** | 일본, "댐 건설되면 홍수 없을 것이라는 거짓말" **233**
영국, "강에게 더 많은 공간을" **236** | 독일, "강도 자유가 필요해" **238** | 미국, "습지 보전이 공동체의 이익" **240**

한국의 4대강, 이렇게 다시 살리자 **243**

그 곱던 내성천 모래는 어디 갔을까? **244** | 강은 '젖줄'이 아니라 '핏줄' **246**
낙동강, 수질 개선 시급하다 **249** | 본류 수질을 포기하면, 더 심각해진다 **251**

22조 쏟아부은 4대강 사업, 이런 '성과'도 있다 **255**

4대강 사업, 거짓말 잔치 **257** | 4대강 보를 해체해야만 하는 이유 **259**
자연력에 의한 금호강의 부활, 낙동강도 마찬가지 **261** | 내성천을 국립공원으로 **263**

우리의 강, 탐욕이 아닌 조화의 터전이 되어야 **265**

잃어버린 기억: 천국의 땅 **265** | 철 지난 대운하, 웬 타령! **266**
자연재해 예방 타령으로 눈먼 돈의 한몫 보겠다는 탐욕 **269** | 재앙의 잉태 **271**
늪이 된 강의 저주 **272** | 기억의 회복: 4대강의 자연 회복 **275**

부록1 4대강 사업 전후 사진 모음 **280**
부록2 4대강 찬동 인사 주요 발언 모음 **297**

발간사

2조 원도 아니고 무려
22조 원입니다

2014년 유럽연합은 혜성에 우주선 로제타호를 최초로 착륙시켰습니다. 이 사업에 14억 유로, 우리 돈으로 2조 원 약간 안 되는 예산을 썼다고 합니다. 총알처럼 빠르게 움직이는 혜성 표면에 우주선을 그것도 그 먼 거리에서 무선조정으로 착륙시킨 기술은 엄청난 과학적인 성과이었음에도 불구하고, 예산이 과다하다는 문제를 지적하는 여론도 있었다고 합니다. 세계 최고의 기업인 애플은 아무도 생각하지 못했던 음악과 스마트폰을 수익창출의 원천으로 개발했습니다. 덕분에 애플의 2015년 매출액은 2,340억 불이었고, 전 세계 전자산업 수익의 90퍼센트를 휩쓸어 가고 있습니다. 세계에서 최고의 성취를 이룬 기업, 애플의 연구 투자비가 연간 60억 불, 우리 돈으로 약 7조 원 정도라고 합니다.

이런 사례들과 비교해 보면, 4대강 사업에 투자한 22조 원이 얼마나 큰돈인지 가늠할 수 있습니다. 이 정도의 투자비는 불가능에 가까운 사업이거나 설사 수익성이 전혀 없었던 사업 분야에서도 새로운 수요와 수익을 창출할 수 있는 규모입니다. 따라서 천문학적 재정을 투입한 단군 이래 최대의 사업이었던 4대강 사업은 사업을 끝까지 반대한 사람들조차 꼼짝없이 인정할 수밖에 없는, 분명하고도 엄청난 가시적 성과를 보여 줘야 합니다. 이것은 너무나 당연한 기대치이고 세금을 낸 국민들의 상식적 요구입니다.

강의 수질이 좋아져서 먹는 물 걱정은 사라지고 마음 놓고 물놀이도 할 수 있게 되었다든가, 생태계가 살아나 1급수에 사는 어류들이 돌아오고, 온갖 조류와 야생동물들도 안심하고 살아갈 터전이 마련되었다는 성과도 좋습니다. 하다못해 환경은 좀 나빠졌어도 양질의 일자리가 엄청나게 만들어졌다든가 강을 이용한 관광이 폭발적으로 활성화되거나 경제발전의 동력이 만들어졌다든가 하는 성과라도 좋습니다. 이도 저도 아니면 물길을 정비하고 물을 막는 사업이었으니, 최소한 홍수와 가뭄 걱정이 없어지기만 했었어도, 이렇게 국민들이 사기당했다고 치를 떨지는 않을 것입니다.

사업이 끝나고 강의 수질은 오히려 악화되어 해마다 녹조로 신음하고, 조류의 독성물질이 검출되고, 보지도 못했던 생물들이 창궐하고, 물고기는 죽어 나가고, 강과 어울리지 않는 시설물은 사용하는 사람들이 없어 방치되고 있습니다. 유람선 관광이 지역에 떼돈을 만들어 주는 것도 아니고, 새로 생긴 일자리도 없고, 가뭄 피해는 그대로 입니다. 후안무치 발언도 정도껏 해야지, 22조를 사기 치고도 가뭄 피해 방지를 위해서는 2차 사업과 수천 억, 수조 원이 더 필요하답니다. 사기를 친 도둑놈들이 돈을 더 내면 물건을 주겠다는 식의 수작 아닙니까.

오히려 수질환경이 더 악화된 것을 폭염 때문인가 4대강 사업 때문인가를 따지고 있는 작금의 상황, 뭔가 효과가 없나 하고 이리저리 억지를 쓰는 한심한 상황, 아무리 찾아도 좋아진 것이 뚜렷하지 않은 사업결과가 모든 국민을 짜증나게 하고 있습니다. 복지나 일자리 창출, 과학기술 개발에 사용할 수 있는 재원을 무식한 토목공사에 빼돌려 투입한 결과는 새로운 성장동력을 만들기는커녕 국가재정을 극도로 악화시켰습니다.

대통령 아니라 그 누구라도 국민의 혈세를 이렇게 마음대로 써도 되는 것인지, 그것이 비참한 실패를 해도 그 정치집단을 여전히 용납해도 되는지, 그 정도로 우리나라가 돈이 남아도는 나라인지, 많은 국민들을 우울하게 그리고 분노하게 만듭니다. 국민과 국토와 뭇 생명에게 죄를 지은 범법자들은 석고대죄를 해도 부족한데, 히죽거리고 다니며 변명과 자화자찬을 늘어놓고 아직 효과가 나오기 이르다는 궤변이나 늘어놓고 있습니다. 이런 집단을 무슨 이유에서인지 지금 처벌하고 죄를 묻기 어렵다면, 미래에라도 역사의 심판을 받도록 이들의 명단과 발언과 과오를 역사에 기록해야 합니다.

아무리 옳은 일도 법과 절차에 맞춰 진행해야 합니다. 그러나 4대강 사업의 모든 것은 당시 대통령이던 이명박의 개인 의지에 맞춰 속도전으로 진행되었습니다. 우리나라는 민주적으로 국민의 의견을 수렴하고 법률에 따라 진행해야 하는, 헌법에 명시된 대로 민주공화국입니다. 절대왕정국가도 아니고 북한처럼 절대 권력이 마음대로 속도전을 해도 되는 국가가 아닙니다. 그러나 대통령이란 사람은 사업의 성격을 국민들에게 속이고, 공무원들은 법과 절차를 무시할 것을 강요당했습니다. 이것은 환경단체의 비판이 아니라 국가기구인 감사원의 공식평가입니다.

정부 각 부처, 여당은 권력의 눈치를 보며 제대로 견제와 비판의 소리를 내지 못했습니다. 일부 야당 지자체장까지 눈앞의 작은 이익에 눈이 어두워 주민의 뜻을 묵살했습니다. 돈과 명예를 찾아 양심을 파는 교수, 전문가들은 궤변을 지식처럼 팔았습니다. 언론은 호도된 여론을 만들고, 비판의 목소리에 귀를 닫았습니다. 이 모든 것을 기억하고, 기록해야 합니다.

흐르는 물을 막으면, 결국 넘치고 무너지는 것은 필연입니다. 자연을 거스르면 큰 문제가 일어날 수밖에 없는 것이 이치입니다. 자연 상태는 수천, 수만 년을 거쳐 만들어진 것이기 때문에 결국 그곳에 가장 어울리는 상태를 취하고 있습니다. 불가피하게 자연을 건드리려야 하면, 자연의 힘을 거역하지 않게 주의해야 하고 그래야 사람들도 힘이 들지 않습니다. 고인 물은 썩기 마련입니다. 흐르는 물을 막아 자연의 정화능력을 없애고 사람이 대신하려고 하니 힘이 드는 것은 당연합니다. 불필요한 힘과 아까운 재원을 낭비하게 됩니다. 그래서 자연에 영향을 미치는 사업은 꼼꼼하게 환경영향평가를 하도록 법에도 명시되어 있습니다. 근거가 있어 만들어진 법은 잠시 불편해도 지켜야 합니다. 4대강 사업은 그런 원칙을 깡그리 무시했고 그것을 감시할 책임이 있는 환경부장관은 오히려 감시기구를 무력화시키고 권력의 딸랑이를 자처했습니다.

한반도에 사는 모든 인간과 생명체는 생명의 젖줄인 4대강을 토대로 살아왔습니다. 강은 인간만의 것이 아니라 모든 생명과 함께 공유해야 하는 재산입니다. 4대강 유역은 수만 년 동안의 삶의 흔적이 남아 있는 문화의 저장고입니다. 4대강 사업은 이런 생명의 근거지와 문화유적을 파괴하는 행위를 하면서도 조금도 주저하지 않았습니다. 평생 땅을 파고 자연을 파괴하면서 다른 것에는 조금도 눈을 돌리지 않았던 천박한 인간들이 순간의 권력을 잡았다고 영원한 '생명의 근거지'와 '문화의 가치'를 짓밟았습니다.

4대강 사업 이후 강은 흐름을 멈추고 호수로 바뀌었습니다. 흘러야 할 강이 흐르지 않으니 병이 나지 않을 수 없습니다. 녹조가 번성하고 큰빗이끼벌레가 출현하고 물고기가 떼죽음을 당하고 새들이 사라지고 있습니다. 삶의 터전을 잃거나 손상당한 사람들과 동식물들이 혼란을 겪고 있습니다.

환경운동연합과 대한하천학회는 4대강 사업의 진실을 기록하고 4대강 사업에 대한 정치인, 전문가, 언론 및 사회 인사들의 발언을 출간하기로 했습니다. 4대강의 미래 대안도 함께 수록했습니다.

저자들은 모두 열심히 4대강 곳곳을 누비며 강과 강에 깃들어 사는 생명들을 사랑하고 함께 아파해 온 분들입니다. 그 누구보다 생생하게 4대강 사업의 진실을 전달해 줄 수 있는 분들이라고 생각합니다. 『녹차라떼 드실래요』 출간을 위해 애쓰신 환경연합 생명의 강 특별위원회 이철재 부위원장을 비롯한 환경운동연합, 대한하천학회 실무자들과 관계자 모든 분들, 김준연 대표님을 비롯한 주목 출판사 관계자 분들께 진심으로 감사드립니다.

환경운동연합 공동대표
장재연

4대강 사업은
어떻게 추진됐나?

이명박 정권이 고장 난 불도저처럼 밀어붙인 4대강 사업은 한반도와 역사를 같이한 한강, 낙동강, 금강, 영산강에 22조 2천억 원이라는 천문학적 예산을 만 2년여 동안에 쏟아부은 대규모 하천 정비 사업이다. 이전 정권 시기에서도 홍수 방지 및 가뭄 해소를 위한 하천 정비 사업은 있었지만, 계획의 타당성과 예산의 적절성을 고려해 순차적으로 진행돼 왔다. 그 결과 4대강이 포함된 국가하천(국가가 지정해 관리하는 하천)의 정비율은 97%에 달했다. 4대강 사업은 이런 국가하천에 또다시 막대한 혈세를 투입한 사업이었다.

4대강 사업을 이해하기 위해서는 이 사업의 모태인 한반도 대운하부터 확인해야 한다. 2007년 한나라당(현 새누리당) 대선 후보 MB는 한강과 낙동강을 잇는 경부운하를 시작으로, 충청운하(금강), 호남운하(영산강)와 북한운하 구상까지 합쳐 한반도 대운하라는 공약을 제시했다. 당시 MB와 그 측근들은 한반도 대운하야 말로 '국운 융성의 길'이라고 주장했고, 지역을 돌아다니면서 '충주는 항구다'와 같이 대규모 내륙 개발을 언급하기도 했다.

4대강 사업의 시작은 한반도 대운하

그러나 정작 대선 기간 동안 한반도 대운하는 MB의 대표 공약이 아닌, 일반 공약 중 하나로 전락했다. 한반도 대운하의 경제성, 환경성, 타당성이 부재하다는 것이 드러났고, 이에 따라 국민적 여론도 나빠졌기 때문이다. 예를 들어 14조 원이 예상된 경부운하의 경우, 비판적 경제학자들은 비용 대비 경제적 효과 비율(비용편익분석 B/C)을 최대 0.28에서 최소 0.05라고 지적했다. 다시 말해 1,000원을 투자하면 적게는 720원에서 많게는 950원까지 손해 보는 사업이라는 것이다. 다른 전문가들은 13~17개에 달하는 갑문을 설치하면 홍수가 유발될 수 있음을 우려했다.

경부운하를 건설하기 위해서는 수심을 6~9m 내외로 맞추기 위해 강바닥의 모래와 자갈을 긁어내야 하고, 백두대간을 관통하는 인공터널을 뚫어야 하며, 47개에 달하는 터미널 등을 건설해야 했다. 그렇게 되면 강변의 습지가 파괴되고, 수질이 악화되는 등 생태계가 심각하게 훼손될 우려도 높았다. 한나라당 대선 경선 당시 홍준표 의원이 "식수원에 배 띄우는 나라가 어디 있냐"며 반발했던 것도 이 때문이었다. 강변의 역사문화제도 빨간불이 켜지는 상황이었다. 운하運河[1]는 19세기 운송 방식으로 국제적으로 운하를 통해 운송할 화물이 줄어드는 등 이미 사양화된 사업이었다. 또한 우리나라는 이미 고속도로와 철도망이 발달해 있고, 더욱이 3면이 바다로 둘러싸인 한반도에서 내륙운하를 만들겠다는 것은 대규모 개발을 통해 토건 세력의 이익을 챙기겠다는 속셈에 불과했다.

이런 사회적 우려와 비판에도 불구하고 MB는 당선 직후부터 '대통령 당선이 곧 대운하 찬성'이라는 억지를 써 가며, 정권 인수위 내에 '대운하 TF팀'을 구성하는 등 대운하 추진에 올인 했다. 당시 한나라당 실세인 이재오 의원은 '대운하특별법'을 제정해 빠르게 추진해야 한다고 밝히기도 했다. 모든 타당성 검증 절차를 무시하고 밀어붙이겠다는 의도였다. MB는 당선 직후 "국민을 섬기겠다"고 했지만, 정작 한반도 대운하에 대한 국민적 반대 의견은 철저히 무시했다. 이러한 MB의 불통은 진보언론, 중도언론뿐만 아니라 보수언론인 〈조선일보〉, 〈동아일보〉마저도 비판적 의견을 낼 정도였다. MB의 불통은 2008년 광우병 쇠고기 파동을 야기했고, 전국 100만 촛불 시위라는 국민적 저항에 직면했다. 대운하 역시 불통의 상징으로써 국민적 반감을 더욱 고조시켰다. 때를 같이해 성직자들은 '생명의 강을 모시는 사람들'을 결성해 우리 강을 지키고자 강 순례에 나서기도 했다. 결국 같은 해 6월 MB는 "대선 공약이었던 대운하 사업도 국민이 반대한다면 추진하지 않겠다"고 선언했다. 이렇게 '단군 이래 최악의 토목사업'이라는 우려를 낳았던 한반도 대운하는 사라지는 듯했다. 그러나 MB는 대운하를 결코 포기하지 않았다.

---

1 강과 하천을 활용해 화물선 등을 띄우는 시설.

대운하와 다를 바 없는 4대강 사업

대운하에 대한 국민적 여론이 악화되던 2008년 4월, 당시 'MB의 복심'이라 불리던 한나라당 정두언 의원은 MB에게 "운하 콘셉트를 4대강 유역 재정비로 바꾸자"며 "일단 재정비를 마친 뒤 강과 강을 잇는 '땅 파는' 공사는 여론이 좋으면 할 수 있다"고 밝혔다. MB가 이에 호응했고, 이때부터 '한반도 대운하'는 '4대강 정비 사업'으로 추진하게 됐다. 실제 MB가 대운하를 포기하지 않았다는 것은 2008년 5월 건설기술연구원(이하 건기연) 김이태 박사의 "4대강 정비 사업의 실체는 대운하"라는 양심선언으로 드러났고, 2013년 7월 감사원 감

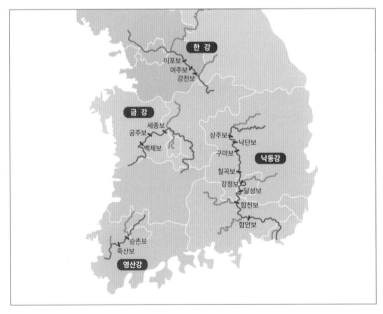

4대강 보 위치

사를 통해서 확인되기도 했다. 같은 해 10월 국감에서는 MB가 직접 4대강 사업의 수심을 한반도 대운하와 비슷한 5~6m로 할 것을 지시했다는 것도 공개되기도 했다. 한반도 대운하와 4대강 사업의 차이는 단지 백두대간 수로 터널 계획이 없다는 것일 뿐, 나머지는 모두 같은 콘셉트였다.

'4대강 정비 사업'을 두고 MB가 "4대강 재탄생"이라고 칭하자, 이때부터 '4대강 살리기 사업'이 됐고, 2008년 12월 국가균형발전위원회는 '한국형 뉴딜사업' 개념으로 2012년까지 22조 원을 투입하는 사업으로 확정했다. 22조 원 규모의 '4대강 사업 마스터플랜'은 전 세계적으로 유래를 찾을 수 없을 정도로 초 단기간에 진행됐고, 사업의 타당성을 평가하는 예비타당성 조사, 환경영향평가, 문화재 사전 조사 등도 요식행위로 끝내 버렸다. 이런 과정을 거쳐 2009년 11월 한강을 시작으로 4대강 사업이 본격적으로 강행되기에 이르렀다. 사전에 실시해야 하는 보洑[2] 설치에 따른 홍수 모의실험은 공사 중에 실시했고, 그나마도 부실 지적이 끊이지 않았다.

MB정권은 4대강 사업의 추진 배경으로 첫째, 기후변화에 따라 홍수 및 가뭄 피해에 따른 근원적 대책 필요, 둘째, 생태환경 복원 및 국민 여가 확대에 따른 공간 확보, 셋째, 일자리 창출 및 내수 진작을 위한 프로젝트라 주장했다. 4대강 사업의 핵심은 물을 가로막는 보 건설과 강바닥 준설浚渫[3]로써, 보를 건설해 8억m^3의 물을 확보하

---

2 수위를 높여 물 사용을 용이하게 하기 위해 물을 가두는 구조물. 국제적 기준에 따르면, 4대강에 설치된 보 대부분은 대형 댐에 해당하는데, MB정부가 이를 굳이 '보'라고 부르는 것은 댐이 갖고 있는 부정적 이미지를 회피하기 위한 전략이었다.

3 강바닥의 모래와 자갈을 퍼내는 행위를 말한다. 퍼 올린 모래는 건축자재로 사용되는데, 이를 골재라 한다.

고, 준설을 통해 홍수를 방어하겠다는 것이다. 이를 위해 낙동강에 8개, 한강과 금강에 각각 3개, 영산강에 2개의 보를 설치하고, 4대강에서 4.2억m^3를 준설했다. 이와 함께 영주댐과 보현댐 건설, 제방 축조, 110여 개의 저수지 둑 높이기 사업, 자전거 도로 건설, 총인(TP) 처리시설 확대 등도 실시했다. MB정권은 이러한 4대강 사업을 통해서 수질 및 생태계 개선, 근원적인 홍수 방어 및 가뭄 극복과 34만 개의 일자리와 40조 원에 달하는 생산유발 효과가 있을 것이라 강변했다. 한마디로 4대강 사업은 못 할 것이 없는 만능이라는 것이다. 2011년 10월 MB는 4대강 사업으로 홍수와 가뭄도 막고, 생태계가 되살아나는 등 성공적으로 마무리됐다고 선언하기도 했다. 그러나 현실은 MB의 말과 다르게 나타났다. 국토를 파괴하고 혈세만 낭비한 것도 모자라 현재도 심각한 부작용이 계속되고 있는 것이 4대강 사업이다.

1장

4대강 사업의
진실

01

4대강 사업은
'총체적 부실사업'

이명박 정부가 4대강 사업을 추진할 때인 2009년 당시 국토부가 발간한 홍보책자를 보면 4대강 사업은 1석 7조의 다목적 사업이라고 했다. 물 확보, 홍수 방어, 생태 복원, 수질 개선, 일자리 창출, 녹색 성장, 친수여가 활성화가 그것이다. 이명박 정부 주장이 사실이라면 그렇게 좋은 사업을 예전에는 몰랐을까? 그런 공짜사업이 정말로 존재할까? 좋은 말만 따다 붙였지만, 4대강 사업은 마치 '도깨비 방망이'가 된 형국이다. 본래 논리가 부족하면 말이 길어지고 모호해지는 법이다.

4대강 사업이 준공된 지도 벌써 3년이 지났다. 이명박 정부의 첫 번째 공약인 한반도 대운하는 국민의 반대로 무산됐지만, 이것을 '4대강 살리기 사업'이라는 교묘한 이름으로 전광석화같이 밀어붙여 끝내 버렸다. 그동안 우리 사회는 4대강 사업을 둘러싼 거대한 소용

돌이에 휘말려 극한 진영논리에 빠졌다. 그러나 2013년 두 차례 감사원 감사결과에 따르면 4대강 사업은 목적이 적절하지 못했고 계획과 시공이 부실했고 유지관리도 부적절한 '총체적 부실사업'이라 규정했다. 또한 4대강 사업은 운하를 염두에 둔 사업이라는 사실도 밝혔다. 이러한 감사원 감사결과는 그동안 시민사회진영에서 줄기차게 주장해 왔던 사실을 공식적으로 확인해 주는 의미를 가진다. 4대강 사업 준공 후 4대강은 하천이라는 본래의 모습을 잃어버리고 호소湖沼[1]가 되는 경천동지할 아픔을 겪었다.

여기서는 4대강의 급격한 변화가 어떠한 부작용을 가져오는지를 살펴보고자 한다. 이명박 정부가 고집스럽게 추진한 4대강 사업의 성격을 규명하고, 4대강 사업으로 건설한 보의 안전성을 검토한다. 호소로 변한 4대강에 생명체가 살 수 있는지를 현장자료를 통해 살펴보고 낙동강 물은 식수로 이용하기에 적절한가를 따져보고, 나아가 시대착오적인 4대강 사업을 추진하는 데 곡학아세 논리를 제공한 전문가, 공무원들에 대한 사회적 책임을 어떻게 물을지를 살펴보고자 한다.

1. 4대강 사업의 성격은 무엇인가?

2008년 6월 19일 이명박 전 대통령은 "대선 공약이었던 대운하 사업도 국민이 반대하면 추진하지 않겠다"며 대운하 포기를 선언

---

1 댐 등으로 막혀 있는 물을 총칭하는 법정용어로, 흔히 호수 또는 저수지라고도 한다.

했다. 2009년 6월 29일 대통령은 제19차 라디오 연설에서 대운하 사업 중단을 재차 공언했다. 하지만, 국토부와 청와대 내부 자료는 대통령의 발언은 '위장 포기'였다는 사실을 여실히 보여 줬다.

2008년 12월 15일 국토부는 '4대강 살리기 프로젝트'라는 회의 자료에서 4대강에 소규모 보 4개를 설치하고 수심은 2~3m 유지하는 계획을 수립했다. 그러나 앞서 이 전 대통령은 '수심이 5~6m 되도록 굴착할 것(2008.12.2. 대통령 말씀사항)'을 지시했다. 2009년 2월 13일 청와대와 국토부의 업무협의 결과, 한반도 대운하안(최소수심 6.1m)과 국토부안(최소수심 2.5~3m)은 '궁극적 목표는 동일하므로 단계적으로 추진하는 국토부안이 바람직'하고 '경제가 좋아지고 경인운하 등으로 분위기가 성숙되면 대운하안으로 추진'하도록 결정했다. 이를 바탕으로 국토부가 작성한 '4대강 살리기 추진현황 보고'(2009.2.16.)에 따르면 '(대운하와) 4대강 사업의 궁극적인 목적은 동일'하고, 대운하 관련시설(갑문, 터미널, 교량개축 등)을 민자로 추진하고 특히 갑문은 둔치 공간에 설치할 수 있다고 기록돼 있다. 이어 2009년 4월 3일 국토부 보고 자료에는 '보 위치, 준설 등은 운하 추진에 지장이 없도록 계획'이라 작성돼 있다. 이러한 내용을 반영해 2008년 6월 8일 국토부는 '4대강 살리기 마스터플랜'을 최종 수립했다.

대통령이 대운하를 포기 선언 했음에도 시민사회단체, 학계와 정치권은 4대강 사업이 대운하의 1단계 사업이라고 지속적으로 의혹을 제기했다. 〈MBC〉 PD수첩은 '4대강, 수심 6m의 비밀'(2010.8.24. 방영)에서 4대강 사업이 대운하 사업일 수밖에 없는 이유를 다각도로 분석했다. 이에 국토부는 보도참고자료(2009.12.28.)와 보도해명

2010년 공주시 공산성에서 바라본 금강 둔치. 4대강 사업으로 금강의 뼈와 살을 발라내고 있다. ⓒ 김종술

자료(2010.8.25.)를 통해 '4대강 사업이 운하가 아닌 7가지 사유'와 같이 수십 차례에 걸쳐 운하 사업과 4대강 사업의 관련성을 적극 부인했다. 한편으로는 정권 차원의 대대적인 언론탄압으로 더 이상 4대강 사업의 본질을 밝히려는 시도를 못 하게 만들었다.

2013년 7월 18일 감사원은 '4대강 설계·시공일괄입찰 등 주요계약 집행 실태 감사결과 보고'에서 '지속적으로 운하 추진 가능성을 염두에 두고 준설·보 설치계획을 검토 및 반영한 것으로 판단'했다. 즉 감사원은 4대강 사업의 궁극적인 성격은 한반도 대운하의 기초 작업이라는 사실을 확인한 것이다. 이에 대하여 당시 박근혜 정부의 이정현 청와대 홍보수석은 "4대강 감사결과가 사실이면 국민을 속인 것"이라 비판했다. 4대강 사업의 문제점을 지속적으로 제기했던 대한하천학회 역시 4대강 사업은 운하 사업의 1단계라는 논문[2]도 발표했다.

이명박 전 대통령의 첫 번째 대선 공약이었던 한반도 대운하는 본인이 직접 포기 선언을 했지만 내부적으로 집요하게 추진했다. 당시 정두언 의원[3]의 말대로 '한반도 대운하는 당초부터 네이밍(명칭)이 잘못되어서 많은 오해를 일으킨 것 같다'라는 논리를 도입해 '4대강 사업'으로 이름만 바꿨다. 2010년 3월 6일 이명박 대통령은 대구를 방문하여 '대구는 항구다'라는 발언을 했는데 이것은 입으로는 '운하'가 아니고 '강 살리기'라고 말하며, 머릿속에는 운하를 상정하고 있는 것을 드러낸 대목이다. 이러한 사실들을 종합하여 평가하면 4대강 사업의 본질은 운하였다는 결론에 도달한다.

2. 4대강 보는 안전한가?

이명박 전 대통령이 불도저처럼 밀어붙인 4대강 사업은 16개 보 건설이 핵심이다. 사실 '보'라고 하지만, 엄연히 물의 흐름을 가로막는 구조물인 '댐'으로 불려야 한다. 국제대댐위원회(ICOLD)는 대형 댐 기준을 높이 15m 이상과 10~15m의 댐 중에서 ① 넓이 500m

---

2 박창근(2013), "4대강 사업의 실체에 대한 공학적 분석", 대한하천학회 논문집 제2권 제1호, pp.39~57.
3 뉴시스(2008.5.19.), '정두언 입장정리 없었다. … 대운하 축소설 해명'.

② 저수 용량 1백만m^3 ③ 최대 방출 유량 2,000m^3/s ④ 특별히 어려운 기초 문제 또는 특이한 디자인 등의 조건 중에서 하나라도 해당하면 대형댐으로 구분하고 있다. 따라서 16개 중 금강 세종보를 제외한 대다수는 국제기준으로 봤을 때는 '대형댐'에 해당한다. 그럼에도 이를 '보'라고 주장하는 건 댐이 지니고 있는 부정적 의미를 감추려는 꼼수로 보인다.

댐으로 불려야 할 보들의 안전성에도 빨간 불이 들어왔다. 사실 시작부터 속도전에 쫓겼기 때문에 사전에 실시해야 할 수리모형실험도 제대로 하지 못하는 등 부실로 일관했다. '시설물의 안전관리에 관한 특별법'에 따르면 시설물의 상태에 따라 안전등급을 A(우수)급부터 E(불량)등급으로 나누고 있다. A등급은 '문제점이 없는 최상의 상태', E등급은 '주요부재에 발생한 심각한 결함으로 인하여 시설물의 안전에 위험이 있어 즉각 사용을 금지하고 보강 또는 개축을 하여야 하는 상태'를 말한다.

국토부와 수자원공사(이하 수공)는 4대강에 설치한 보는 모두 A등급 즉 '문제점이 없는 최상의 상태'라고 주장하고 있는데, 이는 보의 현 상태를 제대로 진단하지 못했거나, 아니면 보 안전에 심각한 문제점들을 숨기기 위한 것으로 판단된다. 대부분의 보에서 보 공사를 완료한 후에 크고 작은 문제점들이 생겨서 하자보수 공사를 했다. 하자보수 공사기간이 12개월에서 많게는 16개월에 이르는 상황이다. 감사원의 감사결과(2013)에 따르면 공주보 등 11개 보는 보수도 부실해 2012년 하반기 수문 개방 시 6개 보에서 다시 피해가 발생하기도 했다.

보에서 파이핑 현상(댐이나 보 구조물 아래로 물이 새는 현상)이 발생하고, 수문작동에 오류가 발생하는 등 문제가 일어났다. 뿐만 아니라 바닥보호공과 물받이공[4] 유실, 균열 발생, 대규모 세굴洗掘[5] 발생 등과 같은 사태가 발생했고 그러한 하자를 보수·보강하는 데 적어도 3년 이상의 기간이 소요된다는 점은 4대강 대부분의 보들이 불량상태인 E등급에 해당한다고 할 수 있다.

4대강 사업의 부당성을 학술적으로 꾸준히 지적했던 대한하천학회는 낙동강 주요 보에 대한 수중촬영과 수심측량(3차례)을 실시했다. 달성보, 합천보 등에서는 파이핑 현상이 일어나고, 물받이공이 유실되는 등 문제가 발생했다. 함안보의 경우 보 하류부에 대규모 웅덩이가 생겼는데, 보를 넘쳐 빠르게 흐르는 물이 하류 지역에 있는 모래를 유실시켰기 때문이다. 모래가 파여 나간 웅덩이의 넓이가 하천 방향으로 약 700m에 이르고, 깊이는 아파트 10층 높이에 해당하는 24m로 관측됐다. 이러한 웅덩이는 규모가 점점 더 커지고 있는데, 상류 방향으로 웅덩이가 확장해 보 아래에 있는 모래가 유실된다면, 보의 안전성에도 심각한 문제가 생길 수 있다. 그동안 수차례에 걸쳐 보강공사를 했지만, 보 하류 지역에서 모래가 세굴되는 현상을 막을 수 없다고 판단된다.

더욱이 최근 함안보 가동보 수문이 휘어지는 일이 발생했다. 우리나라의 일반적인 댐에도 수문이 달려 있는데, 넓이가 20m를 초과하는 것은 극히 드물다. 왜냐면 수문 작동 시 수압에 따른 진동으로 주변 부재들에 영향을 주기 때문에 크기를 제한하는 것이다. 그러나

---

4 높은 곳에서 물이 떨어지면 그 힘에 의해 바닥이 파여 나가는 세굴현상이 일어나는데, 세굴현상으로부터 보 구조물 보호를 위해 설치된 것이 바닥보호공, 물받이공이다.
5 보 구조물 주변에서 물살에 의해 강바닥이 파여 나가는 현상.

이번에 휘어진 함안보 수문은 40m로서 근본적으로 안전을 담보하지 못한 설계라고 볼 수 있다. 대운하와 연계한 설계를 했기 때문에 무리수를 뒀다고 판단된다.

인도의 간디는 "방향이 잘못되면 속도는 의미 없다"고 말했다. 그러나 운하를 염두에 둔 4대강 사업은 한술 더 떠 잘못된 방향으로 전광석화처럼 밀어붙였다. 속도와 안전은 같이 갈 수 없다. 모래 위에 설치된 보는 안전성 문제에 있어서 두고두고 애물단지가 될 수밖에 없다.

3. 4대강 사업 만능론은 허구

4대강 사업의 목적에는 '근원적인 홍수 및 가뭄 해결'이 포함돼 있다. 그러나 어느 것 하나 해소시키지 못했다. 본류本流[6]를 준설하면 지류支流[7]의 수위가 낮아진다는 것이 이명박 정부의 주장이었지만, 지금도 홍수 피해는 지류에서 계속 발생하고 있다. 지류에서 집중적으로 발생한 역행침식[8]으로 하천 바닥이 파여 나가 마치 폭포수를 연상시키는 일들이 벌어졌고, 여주 신진교 등 지류에 설치된 교량이 붕괴되는 사고도 일어났다. 본류도 피해를 입었는데, 100년 동안 아무런 문제가 없었던, 2002년 루사, 2003년 매미 등 우리 국토에 극

---

6 강이나 하천의 원 줄기. 한강, 낙동강, 금강, 영산강 등의 대하천을 말한다.
7 강의 원줄기로 흘러들거나 원줄기에서 갈려 나온 물줄기를 뜻함. 대하천으로 유입되는 중소규모의 하천을 말한다.
8 두부침식이라고도 하는데, 본류로 유입되는 지류·지천의 상류 쪽으로 침식이 벌어지는 것을 말한다.

4대강 사업으로 붕괴된 낙동강 왜관철교. 과도한 준설로 인해 100년을 버텨온 근대문화재 왜관철교가 붕괴되는 사고가 발생했다. ⓒ 정수근

심한 피해를 줬던 태풍 때도 멀쩡했던 왜관철교가 4대강 사업 기간 예년 수준의 강수량에 붕괴된 것도 빼놓을 수 없는 4대강 사업의 피해다.

가뭄도 마찬가지다. 우리나라에서 물이 부족한 지역은 산간 농촌과 도서해안지역이다. 약 400만 명이 물 부족 지역에 살고 있는데, 4대강 사업은 이들을 대상으로 한 것이 아니었다. 정작 물이 필요한 곳을 방치하고, 본래 물이 풍부한 지역에 막대한 예산을 들여 사업을 벌였는데, 이는 물 정책에 있어서 빈익빈 부익부를 심화시킨 것이다.

수질과 생태계 훼손은 더욱 심각했다. '수질 및 수생태계 보전에 관한 법률'에 따르면 호소湖沼는 '댐·보洑 또는 둑 등을 쌓아 하천 또는 계곡에 흐르는 물을 가두어 놓은 곳'으로 정의한다. 4대강 사업이 시작될 때 환경부는 4대강이 모두 하천에서 호소로 바뀐다는 사실을 충분히 알고 있었음에도 4대강 사업을 하면 오히려 수질이 개선된다는 논리를 폈다. 최근 환경부는 '호소·하천 환경기준 적용방안 연구결과 최종보고서'에서 '이포보를 제외한 15개의 보 모두 호소로 분류된다'고 밝혔다[9]. 호소의 물리적 특성인 하천유속이 연평균 0.2m/sec에 미치지 못하고, 생물학적 특성으로 보 구간에 서식하는 어류가 유수성 어종[10]이 아닌 대부분 정수성 어종이기 때문이다. 참고로 총리실 4대강 조사위원회가 하천유속을 측정한 결과를 살펴보면 낙동강의 경우 수문을 열지 않으면 0.05~0.07m/sec 범위이고, 대한하천학회에서도 낙동강이 거의 정체되어 있다는 것을 수차례 측정한 바가 있다.

지난 2015년 7월 낙동강 현장조사 때 하류 지역 어민들과의 면담이 있었다. 낙동강의 수중생태환경을 피부로 느끼는 어민들의 증언은 막연히 생각하고 있었던 상황보다 훨씬 심각했다. 예년에 비해 어획량이 1/10 수준이고, 죽은 물고기가 그물에 걸리고, 어구에 악취가 나는 시커멓게 변한 퇴적토가 올라온다는 것이다. 4대강 사업으로 여울과 수초가 사라져 물고기의 서식처와 산란처가 대부분 훼손됐다. 낙동강은 물고기조차 살 수 없는 죽음의 강으로 전락했고, 그

---

9 경향신문(2015.9.17.), '이포보 뺀 15곳 모두 호소로 분류, 인 농도 기준 강화 예산도 눈덩이'
10 흐르는 물에 주로 서식하는 물고기를 말하며, 반대로 고여 있는 물에 사는 물고기는 정수성 어종이라 한다.

2015년 6월 22일 낙동강 도동서원 부근 ⓒ 박창근

만큼 어민들의 한숨은 깊어만 갔다.

4대강은 우리나라 국민들의 생명의 젖줄이다. 그러나 4대강은 녹조가 창궐하여 물에서 썩은 냄새가 진동하며 시궁창 냄새가 나는 오니가 강바닥에 깔려 있고 이전에 볼 수 없었던 큰빗이끼벌레가 강을 점령할 태세다. 강물이 흐르고 모래가 반짝이던 옛날의 낙동강 모습은 완전히 사라졌다.

2015년 8월말 환경운동연합과 대한하천학회는 다카하시 토루高橋撤 일본 구마모토환경보건대학 교수 등 일본전문가를 초정하여 3박 4일 간 4대강 녹조에 대한 공동조사를 진행했다. 남조류 속에 포함된 마이크로시스티스Microcystis에는 마이크로시스틴microcystin이라는 독성물질을 포함하고 있는데, 이 물질은 간에 치명적인 악영향을 미친다고 알려져 있다.

당시 조사 결과는 충격이었다. 세계보건기구(WHO)는 독성물질인 마이크로시스틴 1μg/L을 먹는 물 감시기준으로 설정했는데, 낙동강 원수에서 마이크로시스티스가 우점종이었고, 이에 따라 조류독소도 최대 400μg/L까지 검출됐다. 상황이 이렇지만, 앞서 환경부는 보도자료(2015.6.30)[11]를 통해 "남조류 독성물질인 마이크로시스틴은 금년에 칠곡보 및 강정보 구간에서 한 차례도 검출되지 않아 수돗물을 안심하고 이용할 수 있다"고 발표했다. 너무도 한심한 현실인식이다.

미국 이리Erie 호의 경우[12] 2014년 대규모 녹조가 발생하자 취수를 중단하는 조치를 취했다. 독성물질인 마이크로시스틴으로 오염된 물을 먹은 동물들(새, 물고기 등)이 죽은 사례가 발생했지만 아직까지 사람에게 영향을 미쳤다는 과학적 보고는 없다[13]. 그러나 그런 가능성은 존재한다. 호주의 경우 대규모 녹조가 발생하자 주정부가 비상사태를 선포하고[14] 대책마련에 행정력을 집중했다. 독성물질이 포함된 남조류가 하천에 창궐하면 그 독성물질이 사람에게도 영향을 미칠 수 있다는 전제 하에 녹조 대책을 마련해야 하는데 우리나라는 녹조 발생의 의미를 애써 축소하면서 미봉책만 내놓고 있다. 국민의 건강이 더 위험해지고 있다.

---

11 환경부 보도자료(2015.6.30.), '낙동강 강정고령보 구간 조류경보 '출현알림' 발령'.
12 news1(2014.8.3.), '미 이리호 독성 녹조로 50만 명 식수공급 중단'.
13 California EPA(2009), Microcystins : A brief overview of their toxicity and effects, with special reference to fish, wildlife and livestock.
14 Maier, H., et al.(2001), "Flow management strategies to control blooms of the cyanobacterium, anabaena circinalis, in the river Murray at Morgan, South Austalia", Regurated Rivers : Research & Management 17, pp.637~650.

4. 곡학아세한 공무원과 전문가들에 대한 책임

4대강 사업에 대한 외국전문가들의 입장은 싸늘하다. 과학전문지 『싸이언스Science』는 2010년 3월 26일 '복원인가 파괴인가?Restoration or Devastation?'라는 제목으로 4대강 사업을 다룬 특집기사를 게재했다. 미국과학진흥회(AAAS)에서 발간하는 『싸이언스』는 영국의 『네이처Nature』와 쌍벽을 이루는 세계적인 과학 잡지며 독자는 약 100만 명에 이른다.

이 기사에 따르면 한국의 논란거리인 4대강 사업은 생태계를 변경시키고 녹색뉴딜 운동의 상징으로 빛을 잃고 있다고 주장하면서 다음과 같은 문제점을 지적했다. ① 16개 보 설치와 대규모 준설을 하면 강은 호수로 변하고 ② 하천에 서식하는 많은 생물종이 사라질 것이며 ③ 4대강 사업은 선진국에서 추진하고 있는 하천관리방식이 아니고 ④ 사업을 위해 데이터를 왜곡하여 쓸데없는 대규모 건설 사업을 정당화시키고 있다는 것이다.

국가재정법에서 규정하고 있는 예비타당성 조사는 국가 경제적 차원에서 당해 사업의 추진 여부를 판단하고 사업 간의 우선순위를 합리적으로 결정하여 제한된 예산으로 효율적인 재원분배를 가능하게 하는 데 그 기본적인 취지가 있다. MB정부는 4대강 사업 마스터플랜이 구체적으로 검토되던 중인 2009년 3월 25일 국가재정법 시행령 제13조 제2항을 개정하여 '재해예방'사업을 예비타당성 조사 제외 대상사업으로 추가시켜, 보 건설과 대규모 준설사업에 대한 예비타당성 조사를 제외시켰다. 이러한 정부의 사업추진에 대한 낙동강 2심재판부의 판단은 다음과 같다.

① 개정된 시행령 제13조의 '재해예방' 부분을 대규모 재정이 투입되는 국책사업에 대하여 재해예방이라는 이유를 들어 예비타당성 조사 대상에서 제외한다고 해석한다면, 이는 모법인 국가재정법의 입법취지에 정면으로 반하고 국가재정법의 위임범위를 벗어난 해석으로 그 효력을 인정할 수 없다. ② 설령 그 효력을 인정한다고 하더라도 보의 설치는 재해예방사업이라고 볼 수도 없을 뿐 아니라, ③ 보의 설치, 준설 등의 사업이 예비타당성 조사를 면제시킬 정도로 시급성이 인정되는 사업이라고 할 수도 없다. 따라서 MB정부가 보의 설치, 준설 등의 사업에 대하여 예비타당성 조사를 거치지 아니한 것은 국가재정법 제38조 제1항을 위반하였다고 할 것이다.

국가재정법을 위반하고 추진한 보 건설과 준설사업은 4대강 사업의 핵심 분야이기 때문에 4대강 사업의 위법성에 대한 상징성이 높다고 할 수 있다. MB정부는 임기 내 사업을 완료해야 한다는 정치권의 시간표에 맞추다 보니 각종 절차를 위반했다. 4대강 사업을 추진하는 과정에서 국가재정법, 문화재법 등을 위반하였다는 것은 낙동강재판부와 감사원에 의하여 밝혀졌고, 하천법, 환경영향평가법 등을 위반하였거나 무시한 사실도 드러날 수밖에 없다. 이와 같이 4대강 사업은 최소한의 절차적 민주주의도 무시한 위법한 사업이었다. 관련된 공무원들에 대한 엄중한 책임을 물어야 할 것이다.

감사원은 감사결과 보고서에서 공무원들이 4대강 사업에 대한 담합의 빌미를 제공했고, 입찰 정보를 사전 누출했으며 입찰담합을 방

"STOP 경부운하". 환경운동연합 활동가들이 서울 한강 잠실수중보에서 경부운하 반대 퍼포먼스를 벌였다. ⓒ 환경운동연합 박종학

지하려는 노력을 소홀히 했다고 판단했다. 그 과정에서 공무원들은 국가재정법, 하천법, 환경영향평가법, 문화재법 등 많은 법령들을 위반하거나 무시하면서 대국민 사기극을 이끌었다. 곳간을 훔친 도둑(건설회사)도 나쁘지만, 곳간을 열어젖혀 놓고 뒤에서 도둑질하라고 부추긴 머슴(공무원)들이 더 나쁜 법이다. 그럼에도 사기극으로 밝혀진 4대강 사업에 대해 책임지는 공무원은 없고, 오히려 더 높은 자리로, 더 힘 있는 자리로 영전했다. 주인을 농락한 머슴들 대신 머슴의 하수인(건설회사)들만 책임을 지는 꼴이다.

아침저녁으로 제법 찬 공기가 느껴지는 11월임에도 녹조는 사그라질 기미를 보이지 않고 있다. 폭염 때문에 4대강에 녹조가 발생했다는 공무원들은 입을 다물고 있다. 고인 물은 썩는 법이다. 녹조 때문에 시궁창 냄새가 나는 물을 낙동강변에 살고 있는 약 1,300만 명의 국민들이 먹고 있다. 그럼에도 국토부와 일부 지자체장들은 녹조와 4대강 사업은 무관하다는 주장을 하고, 한술 더 떠서 독성물질이 있더라도 먹는 물 수질기준 이하이기 때문에 문제가 없다고 우기고 있다. 이러한 대국민 사기극에 교과서에도 없는 논리를 제공했던 수많은 전문가들이 그 대가로 훈장 등 포상을 받았는데, 그 수가 무려 1,157명에 이른다.

사르트르는 그의 저서 『지식인을 위한 변명』에서 지식인의 가장 직접적인 적은 '사이비 지식인'인데, 이들은 지배계급의 사주를 받아 과학적 연구방법의 산물인 것처럼 제시되는 논리를 통해 특수주의적 이데올로기를 옹호한다고 지적하면서 그들을 '집 지키는 개'에 비유했다. 지식인들이 한 번쯤 곱씹어 볼 만한 가르침이다. 대국민 사기극에 일조한 전문가들이 그 대가로 받았던 훈·포장은 당연히 취소되어야 할 것이다.

5. 더 큰 거짓말을 만드는 사회

감사원은 2013년 1월 감사결과에서 4대강 사업은 총체적 부실 사업이었고, 2013년 7월 4대강 사업은 한반도 대운하 사업을 이름만 바꾼 것이었다고 발표했다. 그러자 청와대는 "만약 그렇다면, 국민을 속인 것"이라고 평가했다. 단군 이래 최대 국책사업인 4대강 사업이 22조 원의 예산으로 진행한 대국민 사기극이었다는 뜻이다. 박근혜 정부는 뜨거운 감자를 가지고 갈 이유가 없다. 그래서 국무총리실 산하에 4대강조사평가위원회를 꾸려 4대강 사업을 객관적이고 공정하게 평가하고 문제점이 발생하면 적절한 대책을 마련하겠다고 밝혔다. 그러나 위원회의 조사권한은 없고 국토부와 수공이 만들어 주는 자료를 책상 위에 놓고 갑론을박하다가 결국 국토부의 입장을 대변하는 평가결과를 내놓을 것이 예견되어 시민사회단체는 위원회에 참가하지 않는 것으로 결정했다. 그러자 총리실은 중립적 인사로 구성하겠다고 발표하면서 지원자를 모집했다. 4대강 사업에 대해 한마디 의사표현을 하지 않았던 전문가들이 스스로 중립이라고 주장하면서 위원회에 들어갔다. 결국 국가를 위한 대규모 사업을 하다 보면 다소 잘못은 있을 수 있지만 일정 부분 긍정적인 면이 있었다고 평가했고, 그것은 4대강 사업 추진세력에게 광의적인 면죄부를 준 꼴이 되었다. 마틴 루터 킹 목사는 "사회적 전환기에 최대 비극은 악한 사람들의 거친 아우성이 아니라, 선한 사람들의 소름 끼치는 침묵"이라고 지적한 바 있다. 곱씹어 볼 만한 경구다.

한번 거짓말을 하면 그것을 감추기 위하여 계속 거짓말을 할 수밖에 없고, 거짓말은 더 큰 거짓말을 낳는다는 사실을 염두에 둬야 한다. 우리 사회가 그러한 거짓말에 더 이상 관심을 보이지 않을 때까지 거짓말은 계속될 것이다. 이것은 밀실행정이 가져다주는 전형적인 폐단이고, 4대강 사업이 대표적인 사례이다. 지금이라도 국토부는 거짓말로 진실을 감추려하지 말고 4대강 관련 문제점들을 공개적으로 토론하고 그것을 해결할 수 있는 방안을 마련하여야 한다. 이렇게 함으로써 더 큰 재앙을 사전에 예방하거나 줄일 수 있다.

지금 현시점에서 정부는 최우선적으로 국민들이 먹는 물의 안전성을 확보하는 데 행정력을 모아야 한다. 호주 등 외국의 사례에서 알 수 있듯이 녹조를 저감하기 위해서는 결국 보의 수문을 열어 물을 소통시키는 것이 단기적인 대책이다. 장기적으로 4대강에 설치한 보들의 철거 문제를 심각하게 고민해야 한다. 보를 철거하려면 환경적, 공학적, 경제적, 사회적 가능성을 면밀하게 검토하기 위한 사회적 논의구조를 만들 필요가 있다.

박창근 가톨릭관동대학교 토목공학과 교수 / 환경운동연합 생명의 강 특별위원회 위원장 / 대한하천학회 부회장

02

4대강은
흘러야 한다

4대강 살리기 마스터플랜이 발표되고 4대강 삽질이 이루어졌다. 그 내용은 보 만들고 준설하는 게 핵심이다. 엄마랑 누나랑 강변 살려면 은모래 금모래가 있어야 할 터인데 다 파냈다. 안동 하회마을부터 낙동강 변을 내리 걸은 적이 있다. 걸으면서 강 양안에 펼쳐진 백사장을 눈이 시리도록 보았다. 어떤 이가 '퍼먹고 싶은 설탕 같네'라고 했다. 고은 시인은 명사십리 펼쳐진 모래밭 앞에 서서 '여기서 애기를 낳고 싶다!'라고 했다던가. 자연이 살아 있을 때 시인은 생명을 꿈꿀 수 있다. 정부는 이 아름다운 생태학적 상상력을 송두리째 없애 버렸다. 수천 년간 스스로 그러하여自然 만들어진 낙동강에는 단 3년 안에 천지개벽이 일어났다. 급했다. 급해도 너무 급했고 과해도 한참 넘쳤다. 거친 MB정부의 삽질은 몰아쉴 숨조차 삼킨 전광석화였다.

물 부족 국가는 허구다

MB정부는 우리나라가 물 부족 국가라 이 사업을 추진한다고 했다. 그러나 물 부족 국가의 정의는 우리가 아무리 물을 많이 저장해도 사실 벗어날 수가 없다. 나라 면적과 연간 강우량을 곱하여 계산된 수자원총량을 인구수로 나누어서 계산한 수치로 구분하는데 아무리 저수량을 늘인들 그 수치에는 변화가 없다. 물이 부족하다면 효율적 수자원관리로 해결할 일이다. 인구증가문제에 관심 있는 국제인구행동Population Action International이 만든 자료가 우리나라에서는 UN이 정한 물 부족이라고 오인하고 있다. 과거 정부는 늘 물 부족을 얘기해 왔다. 지난 1990년대에는 2001년, 2006년에 물 부족이 심각할 것이니 댐을 지어야 한다고 강변해 왔다. 그러나 2001년, 2006년 당시에 물 부족사태는 일어나지 않았다. 단지 부분적으로 산간지방 가뭄만 발생했다. 4대강 본류에 물을 저장한다고 하여 산 깊은 지역 물 부족이 해결될 게 아니다. 부산의 경우만 과거 자료를 활용하여 살펴보자. 부산 지역 1인 1일 물 사용량은 1996년 406L, 10년 지난 2006년에는 308L, 또 10년쯤 지난 2015년에는 282L를 나타냈다. 물 사용량이 점차 줄어들고 있고 인구 감소, 개인의 물 사용량 감소는 앞으로도 계속될 전망이다. 21세기의 모든 자원은 '효율혁명'이다. 자원을 관리할 시기이다.

4대강 사업으로 16개 보가 설치되고 거의 모든 구간에 준설이 이루어졌으며 수심은 일률적으로 6m가 되었다. '수질 및 수생태계 보전에 관한 법률'에는 하천에 보를 만들면 그 상류는 '호소'로 규정하도록 되어 있어 강은 있으나 토막 난 16개 호소가 되어 버렸다. 이

흙탕물로 변한 낙동강. 4대강 공사 과정에서 강물은 흙탕물로 변했다. 사진은 황강이 낙동강으로 유입되는 지점의 항공사진이다. ⓒ 낙동강지키기 부산시민운동본부

로 인해 낙동강의 체류시간이 저수량 기준 10배나 느려졌다. 과거 1987년 낙동강 하굿둑 완공이 상류 유속을 느리게 만들었고 이로 인해 여름철 남조류와 겨울철 갈조류의 번무현상이 일상화되었다. 부산 취수장인 물금지점 수질은 많은 수질관리대책에도 불구하고 지금까지도 개선되지 못하고 있다. 생긴 꼬락서니가 낙동강 하굿둑이나 8개 보나 비슷하다. 낙동강은 죽고 남조류 가득 핀 9개 호소로 사산되고 있는 중이다. 작은 댐 하나 짓는 데도 십 년씩 논란이 일고 쉽지 않은데 중소규모 댐 수준인 보를 급하게 만들고 금쪽 은쪽 같은 모래를 깔끔히 퍼내는 일을 이리도 짧은 시간 안에 꼭 해야만 했던가. 그 욕망의 속도전이 끝난 지금 앞으로 벌어질 카르마業가 무섭다.

준설하고 수심 깊은 물을 만들면 수질은 어떠할까? 낙동강의 현 상황은 고인 물은 썩는다는 상식을 고스란히 확인시켜 주고 있다. 최근 언론에서 얘기하는 '녹조현상'은 '부영양화현상Eutrophication'의 한 단면을 말한다. 녹조류Green algae가 크게 자랄 때 보통 쓰는 말이고, 실제로는 남조류Blue green algae가 주로 우점해서 자라는 경우가 많아 남조 번무현상이 여름철에 주로 발생한다. 이는 여러 가지 자연환경이 복합적으로 작용해서 발생하는데, 기본적으로 수온, 광량, 영양염류(특히 인 농도)에 의해 크게 좌우되며, 물리적 인자로는 체류시간이 관여하게 된다. 즉 높은 수온과 일사량 및 인 농도가 유지되고 긴 체류시간만 보장된다면 조류가 번성하게 된다.

열대지방 하천에 녹조가 없는 이유

조류가 자라는 곳은 크게 세 곳이다. 첫째, 하천의 흐름을 막아 조성된 댐 호수이다. 우리나라 대부분의 호수는 인공호수인데 이들은 수량 확보, 홍수통제를 위해 필요한 시설이기도 하다. 그러나 흐르던 하천이 그 흐름을 멈추면서 생기는 부작용이 소위 '녹조현상'이다. 호수의 녹조현상을 일으키는 데 가장 주요한 인자는 인 농도이다. 충분한 체류시간이 보장될 경우 인이 조류성장을 일으키는 제한인자Limiting factor로 작용하게 된다. 수온, 광량, 체류시간이 적절한 우리나라 인공호수가 그러하다. 조류가 자라는 두 번째 장소는 강 하구에 설치된 하굿둑으로 생긴 하류부 정체구간이다. 우리나라에는 낙동강, 금강, 영산강 하구에 염분침투 제어, 안정된 수량 확보를 위한 하

"녹조와 큰빗이끼벌레". 4대강 사업 이후 우리 강은 녹조와 큰빗이끼벌레가 점령해 버렸다.
ⓒ 김종술

굿둑이 조성되어 있다. 이로 인하여 하류부는 녹조현상이 일상화된 지 오래다. 최근 부산에서는 낙동강 하굿둑을 개방하여 적당한 짠물 구간인 기수대를 복원하자는 계획을 세우고 있다. 이렇게 되면 하굿둑 상류는 일정한 유속이 상시 확보되어 조류번성이 줄게 되고 수질이 좋아진다. 담수, 기수, 해수대가 각기 조성되어 다양한 생태계가 연출되고 하구의 생명력이 복원되어 동양 최대의 철새도래지였던 낙동강 하구로 변화될 것이다. 세 번째 장소는 폐쇄성 연안이다. 이곳에서는 강으로부터 많은 영양염류가 유입된다. 이로 인해 염분농도가 낮아지고, 체류시간이 길어져서 적조Red tide가 발생한다. 이 세 곳의 공통점은 물이 정체되어 있는 구간이라는 것이다. 지금까지의 우리나라 하천의 수질 수준은 물이 고이기만 하면 녹조가 필 수 있는 여건을 갖고 있다. 따라서 오히려 녹조 예방 방법이 간단하다. 강을 강답게 해 주면 된다. 물속에 다소 높은 인 농도가 존재하더라도 흐르게 해 주면 녹조가 피기 어렵다. 그래서 강은 흘러야 하는 것이다. 세계 더운 지방에 강들이 모두 '녹조 곤죽'이 아닌 것은 흐르기 때문이다.

강에서 호소로 바뀌거나 연안 바닷물 순환이 잘 안 되는 곳은 많든 적든 조류가 번무한다. 그러나 강의 경우 흐름이 강하면 조류Algae 가 피기 어렵다. 수온, 일사량 및 인 농도가 높게 유지되더라도 흐름이 강한 하천에서는 녹조현상이 일어나기 쉽지 않다. 단지 하천바닥의 자갈층에 부착해서 사는 부착조류Attached algae만 형성될 뿐이다. 흐르는 강물 속에서 조류는 자라기 힘들다. 이번에 정부가 5천억을 들여서 하폐수처리장에 인처리시설을 추가로 도입하여 4대강 내 인 농도를 낮추긴 했다. 그러나 방류수의 인 농도 기준이 느슨한 편이고, 비가 올 때 씻겨 오는 소위 비점오염원Nonpoint Pollution Source[1] 성격을 가진 인 농도를 통제하지 않고는 조류 발생을 억제할 수 없다.

4대강 사업은 침묵의 강을 만들었다

조류번무의 4가지 조건인 수온, 광량, 총인, 체류시간 중 수온, 광량은 자연현상이고 나머지 두 가지는 인간이 통제할 수 있다. 그래서 이번 4대강 사업에 정부는 인간이 할 수 있는 두 가지 일을 해

---

1 불특정 지역에서 광범위하게 유입되는 오염원. 주로 강우 시 하천으로 유입되는 오염원을 말한다. 반대로 생활하수, 산업폐수 등 특정한 지점에서 발생되는 오염원의 경우 점오염원Point Pollution Source이라 한다.

"썩어 버린 녹조라떼". 녹조가 창궐하다 못해 썩어서 색이 변한 모습도 확인된다.(사진은 합천보 상류 부근) ⓒ 윤성효

왔다. 인 농도를 줄이기 위해 5천 억을 투자했고, 16개 보를 만들어 체류시간을 증가시켰다. 하나는 약간의 긍정적인 효과를, 다른 하나는 아주 부정적인 효과를 발휘하였다. 인 농도를 줄인 일은 불충분했고 체류시간만 5~40배(낙동강의 경우 각 보의 시뮬레이션 결과)나 증가시켰다. 즉 점 및 비점오염원 저감시설은 더욱 더 필요하고 체류시간을 늘리는 보 건설은 수질측면에서 아주 부정적인 인프라가 되어 버린 것이다. 결론 삼아 말하자면, 우리나라 4대강은 조류번무 4가지 조건 중 ①수온, ②일사량, ③인 농도 세 가지는 기본적으로 '녹조라떼'[2]현상에 충분한 인프라 구축이 되어 있다고 보는 것이

---

2 강에 번성한 녹조가 마치 우유를 타서 마시는 '라떼'처럼 걸쭉한 상태라서 지어진 이름이다.

남조류를 40배 확대한 모습. 원형고리처럼 생긴 것이 마이크로시스티스로 100% 독성물질을 가지고 있다. ⓒ 박창근

맞다. 단 하나, 체류시간만 길어지면 언제든지 녹조현상이 심각해질 가능성이 있다고 보는 것이다. 지금 상황이 그러하다.

최근 낙동강을 비롯한 4대강에는 어류폐사가 상시로 일어나고 있다. 주요인은 산소 부족 현상이라고 본다. 왜 그럴까? 일단 유속이 느려져 오염물질이 잘 가라앉기 쉬운 환경이 조성되었다, 전에는 유속이 있어서 침강이 잘 되는 모래만 강바닥을 구성할 수 있었는데 지금은 모래보다 직경이 작은 실트Silt, 점토Clay성상이 충분히 가라앉을 수 있는 환경이다. 과거에는 펄은 주로 하구에 주로 쌓이게 되는데 지금은 각 보 상류구간의 하천바닥에 펄이 형성되고 있으며, 이들은 각 지천에서 유입된 유기물이거나 강 자체에서 성장한 조류의 사멸과 침강으로 보 건설 이전보다 많은 유기물질이 하천 바닥층에서 분해되면서 많은 양의 산소를 소모시키고 있는 실정이다. 흐름이 약한 보 상류 바닥층은 이렇게 썩고 있는 것이다. 실제 펄 퇴적층 바로 위물을 채수해서 산소를 측정하면 0~2ppm을 넘지 못하고 있는 실정이다. 이 정도면 물고기는 숨 쉴 수가 없다. 죽을 수밖에.

우리는 지금 '많은 물'을 원하는 게 아니라 '맑은 물'을 원한다. 즉 녹조가 가득 핀 '죽음의 많은 물' 대신에 힘차게 흘러서 강을 강답게 만드는 역동적이고 다양한 물고기가 숨쉬는 '맑은 물'을 원하는 것이다. 그래야 물도 깨끗해지고 생태계가 건강해진다.

환경오염의 경종을 울렸던 레이첼 카슨의 '침묵의 봄Slient Spring'처럼 4대강은 흐르지 않아서 '침묵의 강Silent River'으로 바뀌어 버렸다. 대신 물속에서 반란이 일어나고 있다. 스멀스멀 녹조가 피기 시작하고 있고 바닥층에서는 혐기성 가스가 피어오르고 있는 것이다. 따뜻하면 녹조류와 남조류가, 추우면 갈조류가 대신할 것이다.[3] 수온이 어찌되었든 햇빛이 부족했든지 상관없이 물이 흐름을 멈추면 녹조는 피게 되어 있다. 현재 4대강은 그 정도 수질일 뿐이다.

4대강 사업 이후 수돗물 불안 가중

이런 수질을 상수원수로 하는 수돗물의 질은 어떠할까? 남조류 중 낙동강에서 주로 자라는 종은 마이크로시스티스Microcystis다. 이 종은 몸속에 마이크로시틴Microcystin이란 물질을 다량 함유하고 있는 데 간 독성을 일으키는 독성물질이다. 1ppb(10억 분의 1)정도를

---

3 물이 막혀 유속이 느린 저수지 등에서는 일시에 플랑크톤이 번성하는데, 그 플랑크톤의 색깔에 따라 녹조, 남조, 갈조라 한다.

가이드라인을 삼고 있는데 물속보다도 몸속에 최대 100배나 높은 양을 함유하고 있어 조류 제거한답시고 세포벽을 파괴시키는 공정(염소, 오존 투입 등)을 우선 도입할 경우 예상치 못한 복병에 노출될 수가 있다. 그리고 실제 마이크로시스티스가 폭발적으로 성장할 때보다도 종이 감소할 때 간독성 마이크로시스틴이 더 높게 검출될 수 있음을 간과해서는 안 된다. 또한 조류의 분비물로 인하여 수돗물에서 비릿한 냄새가 나거나 물맛이 안 좋아지는데 이것은 지오스민 Geosmine, 2-MIB(2-메틸이소보르네올) 탓이며 4대강 사업 이후 조류 농도가 증가하면서 생긴 부작용이다. 이래저래 흐르는 물이 고이면서 수생태계나 이 물을 쓰는 수돗물에 생각지 못한 부작용이 많이 일어나고 있다.

그래서 현재 취할 수 있는 가장 간편하고 효과적인 대안은 일단 4대강 16개 보 수문을 열어 놓는 일이다. 4대강 16개 보에 갇힌 물은 현재 쓸 용도가 별로 없다. '고인 물은 썩는다'는 속담만 확인시켜 주고 있다. 일단 단기적 처방은 16개 보 수문 개방이다. 시화호도 물을 가둬서 용수用水(생활, 공업, 농업용으로 사용하기 위해 공급 되는 물)로 쓰려다 썩어서 문제되었다. 여러 방책을 써 봤지만 그중 가장 효과적인 것이 수문을 열어서 해수를 소통시키는 방법이었다. 4대강도 그러하다.

준설과 보 만들고 제방浚渫[4]을 높이는 대신에 치수治水[5]를 위한 좋은 제안이 있다. '홍수총량제' 도입이다. 강 상류부터 하류까지 작은

---

4 홍수 방어 등을 위해 하천변을 따라 높이 쌓아 올린 구조물.
5 홍수 및 가뭄 방지를 위한 시설을 만드는 것 또는 그런 행위.

유역단위마다 일정량씩 홍수량을 감당해 나가는 일이다. 해당 유역 특성에 따라 빗물저장시설, 빗물침투정, 유수지, 천변저류조, 홍수조절조, 녹지확보등 다양한 방안이 마련될 수 있을 것이다. 지금 환경부는 생화학적산소요구량(BOD), 총인 수질총량제를 실시하고 있다. 그래서 수량총량제인 '홍수총량제'를 국토해양부가 제도적으로 채택하여 실제 홍수가 발생하는 지역을 근원적으로 방어하는 능력을 갖추자는 것이다. 이럴 경우 비점오염원 통제도 일정 수준 가능할 것이다. 수량과 수질에 관한 총량제 도입이 준설과 제방축조만으로 치수를 하려는 정책을 보완할 수 있을 것이고, 생화학적산소요구량(BOD)중심에서 화학적산소요구량(COD), 총인 중심 수질총량제로 확대 개편한다면 우리의 4대강을 빠른 시간 내에 복원할 수 있을 것이다.

강은 국토의 미래다

강생태계는 산림생태계와는 특성이 다르다. 산림생태계는 훼손이 쉽지 않고 복원속도 역시 엄청 느리다. 반면 강생태계는 훼손이 비교적 쉽고 복원속도도 빠르다. 정치인이 선거공약으로 하천복원을 내세워서 임기 내에 그 성과를 보려고 하는 것도 강생태계의 특수성을 알기 때문이다. 이런 이유로 임기 안에 관할구역 내 하천을 복원하는 데 심혈을 기울여 왔다. 물론 좋은 일이다. 회색빛 공간에 맑고 푸른 하천 하나 복원해 놓는다면 시민들의 체감녹지율을 높이는 데 크게 기여할 것이다.

본시 강은 빗물이 땅을 적신 후 여러 경로를 거쳐 물이 모이는 가장 낮은 장소이다. 가장 낮은 곳에 임하며 모든 것을 포용하고 기억한다. 땅이 건강하면 맑고 깨끗한 물이 모이고, 땅이 병들면 강이 오염되고 생명도 사라진다. 건강한 강은 바다로 들어가고 바다의 플랑크톤을 키워 내고 생태계 사슬을 엮어 내는 중요한 생태학적 실핏줄이다. 강은 땅의 결과이며 바다의 원인이 되는 셈이다. 섬 주변이나 연안의 높은 생물생산성은 하천에서 공급되는 영양소가 없다면 불가능한 일이다. 강은 살아 움직이는 생태학적 동선을 만들어 내고 땅과 바다를 자연스럽게 연결시키는 매개체이면서 바닷속 생명을 부양시키는 중요한 근간이 되는 셈이다. 땅, 강, 바다가 이리 연결되어 있다. 하천을 살리는 일은 그래서 중요하다. 강은 예민하다. 조심스럽게 기다리고 관심을 쏟는다면 자연이 우리 곁으로 되돌아오는 길은 그리 멀지 않다. 많은 생물이 찾아들어 그들 스스로가 새로운 생명의 질서를 창출해 낸다.

지난날 우리 경제는 압축적으로 성장해 왔다. 환경문제는 달리는 적토마 앞의 먼지쯤으로 치부되었다. 그러나 많은 먼지가 말의 시야를 가려 낭떠러지 앞에 와 있는 줄도 모르고 있다. 우리 모두가 '부자 되세요'라는 슬로건의 노예가 되어 욕망의 정치를 부추겼고 국민총생산(GNP) 4만 불을 달성하면 행복할 것이라 믿었다. 장기적 저성장 경제체계를 가진 우리에겐 모두가 허상임이 드러났다. 압축성장 후 우리에게 남겨진 몫은 이젠 압축성숙일 것이다. 강가에 시인이 살고, 해맑은 아이들이 멱을 감고, 맑은 강물이 한없이 흐르는 금수강산을 보고 싶다.

4대강을 위하여

4대강을 죽이면서 살린단다

이 역설의 삽질은 죽음의 호수로 멈추었다

강은 땅의 가장 낮은 곳에 자리한다

그리하여 모든 땅의 오욕칠정과 청정을 받아 낸다

가장 낮은 곳에서 다시금 가장 낮은 곳, 바다를 지향하는 게 강이다

더 이상 낮출 곳이 없으면 다시금 하늘로 올라가 뭍으로 순환한다

낮아지고 낮아져야 다시 오르는 역설만이 생명이고 아름답다

강을 살리려면 우리 땅에 켜켜이 쌓여 있는 욕망을 정화시키는 게 순서다

세상 사는 곳 가장 낮은 곳에 하방하여 묵묵히 모든 걸 받아 내는 이를 쉬이 건드리지 마라

그는 예민한 생명체다

그 이가 없으면 그 누가 품어 주고 그 어느 누가 낮아지려 하겠느냐

아서라

우리 이전과 이후 모두인 그를

그리 쉬이 대접 마라

김좌관 부산가톨릭대학교 환경공학과 교수 / (사)환경과 자치연구소 이사장 / 덴마크 왕립 약학대학교 객원교수 / 서울대학교 환경대학원 객원교수

03

낙동강의 불행,
시작에 불과하다

1. 대운하로 야기된 낙동강의 불행

이명박 전 대통령이 대선 후보 공약으로, '우리도 독일의 라인-마인-도나우(RMD) 운하처럼 멋진 운하를 가져야 된다'라고 인터뷰하던 순간이 한 번씩 악몽처럼 떠오르면 온몸에 전율이 일어난다. 그때만 해도 '설마 진짜로 하겠어?'라는 생각이 앞섰던 게 사실이다. 왜냐면 한반도운하 건설은 그 전에도 논란이 되었던 이야기며, 그 사업의 타당성에 대해서 여전히 부정적이었기 때문이다. 삼면이 바다로 둘러 싸여 있고 내륙에 철도와 고속도로망을 잘 갖추고 있는 나라에 내륙운하를 한다는 것은 상식에 맞지 않는 이야기였다.

단지 이슈가 되는 거대한 개발공약을 내건 후보에게 관심이 집중되는 효과가 있기 때문에, 이를 활용하고자 하는 '정치적 전략' 정도라고만 생각했다. 하지만 이명박 대통령은 당선 이후에도 한반도 대운하를 추진하려는 강력한 의지를 표명했고, 국토교통부를 중심으로 하는 정부 부처들도 대통령의 의지에 끌려가는 형국이었다.

이때 전국규모의 '한반도대운하반대교수모임(이하 운하반대교수모임)'이 만들어졌다. 이 모임에서는 대운하 사업이 경제적으로, 환경적으로, 수자원공학적으로 적절하지 못한 정책임을 지적했다. 2008년 5월 '광우병 쇠고기 반대 촛불집회'가 들불처럼 일어나자 쇠고기 수입뿐 아니라 대운하를 향한 대통령의 의지도 꺾이는 듯했다. 2008년 6월, 이명박 대통령은 "국민이 반대하면 대운하를 추진하지 않겠다"고 발표하기에 이른다. 이후 '한반도 대운하 사업'이라는 이름이 사라지고 '4대강 정비사업'이 추진됐다.

국토부도 '4대강 정비사업'은 대운하 사업과는 전혀 관계가 없다고 발표했다. 이 당시 일부 국민들은 대통령이 '한반도 대운하 사업'을 접는다고 생각했고, 이후 운하반대교수모임의 일부 교수들은 목적이 달성되었으니 모임을 해체하자는 의견을 내기도 했다. 하지만 4대강 사업은 대운하에서 콘셉트만 바꾼 것에 불과했다. 이런 내용은 당시 'MB의 복심'으로 불리던 정두언 의원의 입을 통해 확인되기도 했다. 이명박 전 대통령의 의도는 4대강 정비를 먼저하고 나중에 물길을 잇는 운하 사업을 하겠다는 것이다. 결국 2008년 12월 15일 국가균형발전위원회에서 '4대강 살리기 프로젝트' 사업을 추진하기로 해 '4대강 살리기 사업'이라는 이름의 대운하 위장사업으로 부활하게 됐다. 대통령의 꼼수, 말장난에 국민이 속은 것이다. 이렇게 낙동강의 불행이 시작됐다. 왜 이명박 대통령은 대운하 사업, 4대강 사업을 그렇게 추진하려고 했을까? 그 진실을 언젠가는 꼭 밝혀야 할 것이다.

정부에서는 4대강 사업의 목적을 홍수예방, 수자원확보, 수질개선, 생태복원, 친수공간조성으로 제시했지만, 국무총리실 산하 '4대강 사업 조사평가 위원회'에는 2014년 12월 일부 효과가 있다고 하면서도 그 대부분을 달성하지 못했다고 보고했다. 앞서 2013년 7월 감사원은 4대강 사업을 '대운하 변종사업'이라 규정하기도 했다. 결국 4대강 사업은 그 목적을 달성하지 못한 채 이명박 정부에 의한 막대한 예산 낭비, 환경 생태의 파괴, 문화재 훼손을 남겼고, 앞으로 시설의 유지 보수, 생태복원, 수질 관리 비용, 녹조로 인한 생태계 및 식수원의 피폐 등은 두고두고 국민에게 엄청난 부담으로 남게 됐다.

그럼 법 규정을 무력화시키면서 무리하게 사업을 추진한 것은 누구인가? 우선 이명박 전 대통령과 그 측근들을 빼고는 이야기할 수 없다. 그리고 4대강 사업의 학문적 정당화 논리를 만든 학자, 국민의 눈과 귀를 막아 사업을 정당화한 언론인, 법적 문제를 피해 갈 수 있게 조언한 법률가, 행정적인 절차를 날치기 처리한 공무원, 영달을 위해 거짓주장을 되풀이한 정치인 모두가 공범이다.

4대강 중 가장 큰 피해를 입은 곳은 어디일까? 단연 낙동강이다. 사업 구간이 가장 길며 사업비가 가장 많고, 또한 가장 많은 모래를 준설한 곳이다. 운하를 위한 인공수로를 만드는 사업이었기 때문에 경사가 급한 상류지역의 하상변동이 더 극명해졌다. 이런 곳에서는 지천의 역행침식 피해가 더 가중됐다. 결국 4대강 살리기 사업으로 낙동강은 깊은 상처를 안게 된 것이다.

2. 함안보 높이를 2.8m 낮추다

원래 함안보 높이는 13.5m로 설계됐다. 이와 관련해 나는 이렇게 될 경우 함안군, 의령군, 창녕군의 거의 절반 이상의 농지들이 침수될 것으로 계산했고, 4대강 사업 계획의 부적절함을 제기했다. 졸속으로 추진하다 보니 제대로 검토조차 하지 않았기 때문에 일단 중단할 것을 주장했다. 그러나 당시 국토부, 4대강 추진본부는 전혀 문제가 없다는 입장이었다. 한번은 함안군 주민들을 대상으로 '4대강 사업 중 함안보 건설이 주변 농지에 미치는 영향'에 관한 강의를 한 적이 있다. 그때 한 주민께서 질문을 하셨다. "교수님은 발표한 내용에 확신할 수 있느냐? 만약 그 결과가 틀린 것이면 혹세무민하는 것"이라면서… 결국 2010년 국토부와 수자원공사(이하 수공)은 함안보의 높이만 10.7m로 낮춰 시공하기로 결정했다. 함안보를 낮췄음에도 일부 농민들은 침수 피해를 겪고 있다. 만약 높이를 수정하지 않았다면 더 많은 농지가 침수됐을 것이다. 지금도 합천보, 강정보, 칠곡보 상류 일부 농경지에서는 보 때문에 상승한 지하수위로 인해 농민들이 어려움을 호소하고 있다.

낙동강 보 건설로 인해 지하수위가 높아져 당장 농민들이 피해를 보고 있다. ⓒ 남준기

낙동강만큼 모래를 퍼낸 곳도 없었다. 4대강 사업 마스터플랜에서는 4.5억m^3를 준설하기로 했지만 나중에 4대강 사업 조사 평가 위원회 자료에 의하면 3.32억m^3만 준설했다고 발표했다. 하지만 얼마만큼 준설했는지를 정확히 알 수가 없다. 준설하고 나면 여름 홍수에 모래가 다시 덮이고 했기 때문이다. 준설량도 엄청났지만 하상을 채우고 있던 준설토사들의 오염도가 문제였다. 낙동강 하상에는 오염원들이 과거부터 층을 이루며 쌓여 있었고, 입자가 작은 실트에 부착된 오염원들은 그대로 하류로 흘러 들어갔다. 얼마만큼의 오염원들이 하류로 내려갔는지는 아무도 모른다. 평가하려고도, 대책을 세우려고도 하지 않았기 때문이다. 그 오염원은 고스란히 주민들의 식수로 유입됐다. 국민의 건강을 생각해야 했던 환경부도 그 당시에 손을 놓고 있었다. 정부는 오탁방지막을 설치했기 때문에 문제가 없다는 입장이었지만, 그 설치도 형식적일 뿐이었다. 참으로 무책임한 정부가 아닐 수 없다.

3. 왜 보들이 부실한가?

낙동강에 설치된 보들 중에는 부실한 보들이 많다. 가장 큰 이유는 현장을 무시한 설계를 했기 때문이다. 낙동강은 본래 모래강이다. 상류로부터 내성천, 병성천, 감천, 회천, 황강 등 엄청난 모래를 공급해 주는 지천들이 있다. 모래가 강물에 쉽게 움직이니 낙동강이 모래가 풍부한 강이 된 것이다. 이 다양한 하천환경 속에 세계에서 보기 드문 아름다운 하천생태가 살아 있었다. 여기에 보를 만들어 물을 가두어 버리고 준설을 하여 다양한 하천환경을 획일화하는 만행을 저지른 것이다. 이런 모래 위에 보를 건설하다 보니 보의 안정성에 문제가 생긴 것이다. 물론 제대로 계획, 설계 했다면 문제는 최소화됐겠지만 부실 설계, 부실 수리모형실험, 부실 시공이 현재의 문제투성이 낙동강 보들을 양산시켰다.

이 문제는 크게 두 가지로 나누어 설명할 수 있다. 첫째는 보 구조물 자체의 문제점이다. 모래 위에 만들어지다 보니 구조물 아래의 모래가 조금만 움직여도 무거운 보가 뒤틀리거나 불균등하게 침하되는 현상(부등침하)이 생기게 된다. 그러면 조각조각 콘크리트를 채워서 만든 보 몸체가 울퉁불퉁하게 움직이게 된다. 낙동강 현장에서는 벌써 이런 일들이 일어났다. 이것을 감추기 위해 튀어나온 부분을 깎기도 하고 물이 새는 것을 감추기 위해 스테인리스 판을 붙여 놓기도 했다. 또 보 구조체에 변위가 생기다 보니, 여기에 붙어 있는 수문을 움직이는 홈에 문제가 발생하기도 하고, 회전수문의 경우 수문 축이 뒤틀리는 문제가 일어났다.

두 번째는 보 하류의 과도한 세굴이다. 보 하류에서 일부 세굴이 발생하지만, 4대강 사업처럼 광역적으로 발생하게 되면 보의 안전에 심각한 영향을 주게 된다. 2011년 민간 전문가 및 연구원들과 함께 수심측정기를 활용해 함안보 하류조사를 진행했다. 그 결과 폭 180m, 길이 400m, 깊이 26m의 거대한 웅덩이가 존재한다는 것을 확인했다. 처음에는 이 사실을 감추던 정부도 결국은 인정하기에 이르렀다. 정부는 이 문제를 해결하기 위해 토목섬유 자루에 콘크리트를 충진하는 'SPF공법'을 활용해 완벽하게 보수했다고 발표했으나, 2014년 4대강 사업 조사평가위원회 자료에 따르면 SPF처리 면은

국토교통부는 함안보 하류 세굴 지역을 완벽하게 보수했다고 했지만, 현장에서는 끊임없이 보수공사가 진행되고 있다. (2015년 4월) ⓒ 환경운동연합

조각조각 부서져 있었다. '셀프 4대강 사업 조사평가위원회'라는 비판을 받았던 4대강 사업 조사 평가위원회조차도 문제가 있다는 것을 인정한 것이다. 2015년 필자의 연구팀들이 재조사를 했더니 폭 200m, 길이 500m, 깊이 30~40m로 오히려 웅덩이가 확장됐다. 이 웅덩이는 보의 안정에 절대적인 위해요인이 된다. 이렇게 약화된 보 하부의 기반토양에 지하수가 흘러 모래를 빼내는 파이핑 현상도 관측되고 있다. 총체적인 난국인 것이다.

4. 법원은 정의로운가?

법원에 한 번도 가 본 적이 없었던 내가 증인이 된다는 것은 그렇게 썩 내키는 일이 아니었다. 당시 기억하는 핵심 쟁점은 다음과 같다.

보는 치수시설인가? 보의 규모나 준설의 규모가 정부가 이야기하는 홍수방어를 위해 적절한 규모인가? 설계상의 문제는 없는가? 환경영향평가는 적절하게 이루어졌는가? 보의 설계는 타당한가? 수리모형실험이 끝나지도 않은 상태에서 설계가 진행되었는데, 이래도 문제가 없는가? 수질의 문제는 없는가? 보에 의한 지하수위 상승문제는 없는가?

내가 증인이 되어 보에 의해 형성된 관리수위가 주변 농경지를 얼마나 침수시키는지를 놓고 공방을 벌였다. 수공의 담당 처장(얼마 지나지 않아 본부장으로 승진했다)이 '별 문제 없다'는 식으로 증언을 했다. 2009년 '4대강 사업 저지 국민소송단'은 1만 명의 시민과 함께 소송을 통해 정부가 평가한 4대강 사업 부당성을 증명하고자 했다. 낙동강 1권역 환경영향평가보고서에 따르면 분명히 정부의 환경영향평가에서도 함안, 창녕, 의령군의 농지에 대한 평가는 제대로 이루어지지 않았다. 보고서에서는 강변 1km 구간을 따라서 평가했기 때문에 지하수위 상승과 침수문제에 대해 제대로 검토됐다고 볼 수 없다. 그럼에도 불구하고 이미 환경영향평가보고서에서 평가했고, 침수문제도 없다는 것이 정부 측 증인의 주장이었다. 더 나아가 그 증인은 원고 측 증인으로 나섰던 나의 증언에 대해 '아마추어리즘에 기반을 둔 결과'라고 혹평하며, 전문적인 것은 자기들에게 맡기고 나 같은 사람은 학교에서 강의나 열심히 하라고 충고까지 덧붙였다. 법정에서 그리고 밖에서 정말 참 별소리를 다 들었다.

낙동강 사건을 담당한 부산고등법원은 낙동강 사업이 국가재정법상 위반에 해당하지만 공공복리를 위하여 처분을 취소하지 않고 청구를 기각하는 사전판결을 내렸지만 2015년 대법원은 이명박 정부가 추진한 4대강 사업 취소를 구한 사건을 모두 기각하여 결국 이명박 정부의 4대강 사업에 면죄부를 주었다.

재판부의 판단은 정의로웠을까? 항상 머리를 떠나지 않는 질문이다. 아무리 생각해도 내 마음속엔 재판부의 결정이 객관적이고 합법적이었다는 판단이 들지 않는다. 소송을 통하여 법원의 판단을 들으면서 다른 건으로 재판정 앞에 선 많은 원고나 피고인을 생각하게 됐다. 정말 그들은 법 앞에서 정의롭게 판단받았다고 생각할까? 법관들은 법을 정확히 적용하고 법리에 맞는지 구분하여 판결을 내린다고 하지만 기계적인 법리적용, 한 걸음 양보해서 거기에 여유를 좀 두고 생각을 해 봐도 정부에 유리한 쪽으로 결론을 내린 것이 아닌가 하는 아쉬움이 남는다.

낙동강 사업의 부당성을 변론하기 위해 '4대강 사업 저지 국민소송단'의 변호인단으로 고생한 임통일, 김영희, 이정일, 정남순 등 많은 변호사들이 있었다. 그들에게는 수임료도 성공보수도 훈장도 없었다. 그들은 소신을 위하여 자신들의 시간과 재능을 기부한 것이다. 이 자리를 빌려 4대강 소송을 맡아 '개념 있게' 노력한 많은 변호사분들께 인사를 드린다. 나는 그들의 눈에서 시대를 향한 소명을 읽었고, 그들의 가슴에서 퍼져 나오는 열정을 느꼈다. 한 문장, 한 문장 변호해 가는 그들의 발걸음에서 시대를 향한 그들의 헌신을 들었다. 나는 그들을 기억할 것이다. 그리고 이 글을 읽는 많은 분들도 그분들의 열정이 그곳에 있었음을 기억해 주시길 간곡히 부탁드린다.

5. 아! 낙동강

  우여곡절 끝에 정부는 이명박 대통령 임기 내에 4대강 사업을 완료했다. 하지만 지금도 강 하류에는 보의 안전을 위협하고 있는 거대한 웅덩이가 파여 있다. 이렇게 된 것을 왜 예측하지 못하고, 왜 제대로 설계를 하지 못했는가? 어찌하여 4대강은 언제 심각한 문제가 발생할지 모르는 아주 위험한 시설이 돼 버렸는가? 그럼 이 심각한 결격사유에 대해 누구에게 책임을 물어야 하는가?

  지천의 역행침식도 4대강 사업의 중요한 문제 중 하나이다. 본류의 과도한 준설은 지천에 역행침식을 일으켜 지천의 바닥을 폭격 맞은 듯 파헤쳤고, 주변의 하천둔치 모래를 침식시켰다. 그러다 보니 하천둔치에 만들어 놓았던 자전거길이 무너져 버린다. 지천에 있던 다리들도 무너져 버린다. 이러한 침식이 계속되면 제방이 무너질 수도 있다. 국토부가 4대강 사업의 완성이라 주장하며 호시탐탐 재추진하려는 지천사업도 결국 이 역행침식에 의해서 발생한 현상을 덮어 버리고자 하려는 것이다.

  4대강 사업 이후 생태적으로 심각한 문제가 나타났다. 외계인처럼 생긴 이끼벌레류의 출현, 엄청난 물고기들의 떼죽음, 겨울까지도 없어지지 않는 녹조. 녹조가 가득한 강물을 농업용수로 사용할 경우 조류독소가 식물에 축적되고, 물고기들의 체내에도 축적이 된다는 연구 결과가 있다. 조류독성의 피해를 받게 되는 마지막 종착지는 먹이사슬의 최상위인 사람들이다. 우리는 오늘도 조류독소가 있을 수 있는 수돗물과 음식물들을 먹고 있다. 환경부는 침묵하고 있다. 참으로 슬픈 현실이다.

4대강 사업의 일환으로 추진된 영주댐은 목적자체가 참으로 어이 없다. 영주댐의 목적은 홍수방어도 아니다. 하류에 농업용수나 생활 용수를 대기 위함도 아니다. 아이러니하게도 낙동강 사업으로 수질 이 나빠질 경우 수질개선을 위해 흘려 줄 물을 담아 두는 것이 목적 이었다. 4대강 사업을 하며 보를 만들고 준설을 하지 않았다면 필요 없는 댐이라는 것이다. 이 일을 위해서 1조 1천억 원이라는 엄청난 예산이 들어갔다. 이런 댐을 만들어 놓으니 아름다운 모래를 자랑 하던 내성천은 지금 서서히 그 아름다움을 잃어 가고 있다. 햇살 받 아 금가루 내리듯 반짝이던 금모래는 사라지고 굵은 자갈로 바뀌고, 밟으면 발바닥을 감싸던 모래밭은 풀밭으로 바뀌고 있다. 내성천에 가 본 사람은, 내성천의 모래를 밟아 본 사람은 안다. 우리가 왜 내성 천을 보호해야 하는지… 영주댐이 있는 한 아름다운 금모래를 끼고 휘돌아 치는 회룡포의 아름다운 물굽이를 이제 우리는 보지 못할 것이다.

6. 그래도 우리는….

4대강 사업이라는 자연을 향한 그 엄청난 폭력. 우리는 너무나 많 은 것을 잃었다. 그래도 우리에게는 기회가 있다. 4대강 사업에도 불 구하고 자연은 지금도 몸에 난 생채기를 스스로 치료하고 있다. 우 리는 응답해야 한다. 더 이상 인간의 욕심을 채우기 위한 파괴가 아 니라 자연과 함께하는 복원을 생각해야 한다. 이를 위해 수십 년이 걸리더라도 제대로 된 복원계획을 수립해야 한다. 여러 가지 문제가 산적해 있는 지금, 급한 대로 불을 끌 수 있는, 문제현상을 최소화할 수 있는 단기적 대증요법과 문제원인을 제대로 치료하고, 강을 복원해 내는 장기적 원인요법을 동시에 계획하고 실행에 옮겨야 한다. 더 이상 인간중심의 '개발을 위한 사업', '사업을 위한 사업'은 멈추어야 한다. 이제는 자연과 인간이 공생할 수 있는 지속가능한 사회를 열어가야 한다. 우리는.

박재현 인제대학교 토목도시공학부 교수 / 대한하천학회 이사 / 김해양산환경운동연합 공동의장

04

영산강, 흐르지 않는
강의 비극

타당성이나 논리적 근거가 부실했던 것이 4대강 사업이었다. 계획 단계에서부터 4대강 사업의 반대 여론은 넓고 깊었다. 시민, 종교계, 학계, 시민사회 등 각계가 '망국사업'이라 반대했다. 야당도 당론으로 반대 입장이었다. 그럼에도 사업은 추진됐고, 강은 바뀌었다. 종료된 사업이라고 하더라도 4대강 사업의 여파는 계속되고 있기 때문에 과거의 이야기가 아니라, 현재의 이야기이고 발등의 현안이다. 지금도 필자가 일하는 광주환경운동연합 사무실로 '영산강 녹조 문제도 그렇고 수질이 나빠지는 것을 보니 안타깝다'는 시민의 전화가 걸려 오곤 한다. 국민적 반대와 비판이 높았던 4대강 사업이 종료된 현재, 지난 시간을 되짚어 보면 여러 생각이 스친다.

대운하가 4대강 사업으로

2007년 치러진 대선 후보에 대한 여론조사나 정치평론가들의 예측을 보았을 때, 이명박 후보 당선이 가장 유력했다. 환경단체는 비상이 걸렸다. 국토의 대동맥인 강을 파괴하는 한반도 대운하를 공약으로 제시하고 있었기 때문이다. 한반도 대운하는 한강과 낙동강을 연결하는 경부운하를 축으로, 금강운하, 영산강운하를 연결해 물류와 관광용 운하를 건설하겠다는 구상이었다. 주운용 수로를 만들기 위해, 강바닥을 일정 깊이로 준설하고 중상류에 일정한 간격으로 수위 유지용 댐(갑문)을 만드는 것이 기본이었다. 본류에 용수를 공급하기 위해 지천 상류에도 댐을 건설하는 계획도 있었다. 운하이기 때문에 터미널을 비롯한 공원 등 부대시설도 포함됐다. 경부운하 건설에 14조 원을 예상했고, 강바닥을 준설한 모래로 수익을 내서 국민의 부담도 없게 할 것이라고 했다. 경제적 타당성이 없고 환경파괴만 초래할 것이라는 전문가와 시민단체들의 반대가 컸다. 물류의 경우 환적하는 비용에 따른 부담이 클 뿐만 아니라, 철도나 도로 항공 교통수단이 이미 발달해 있어 시간경쟁에서도 불리한 탓에 운하는 경제성이 없다고 비판했다. 이에 대해 운하 추진론자들은 물건을 하루 더 빨리 만들면 된다는 논리였다. 수질악화 우려에 대해서는 물속에서 스크루가 돌면서 폭기 역할을 하기 때문에 수질이 좋아진다는 허무맹랑한 논리를 펴서 웃음을 사기도 했다. 막대한 세금으로 강을 파괴하는 사업을 추진하는 것에 대한 국민적 반대가 거세지자 이명박 대통령은 결국 '국민이 반대한다면 한반도 대운하를 하지 않겠다'는 선언을 하게 된다. 그러나 곧이어 4대강 살리기 프로젝트라는 이름으로 결국은 운하 사업과 동일한 사업을 발표하게 된다. 강바닥을 준설하고 수위를 유지하기 위한 댐 건설 등 강과 강만 연결하지 않았을 뿐, 한반도 대운하와 다르지 않은 사업이었다. 이명박 대통령 임기 내인 2012년까지 사업을 마치겠다는 속도전 구상이었다. 지역순회 설명회에서 사전환경성 검토는 단 20일, 환경영향평가는 40일에 마치겠다는 계획을 발표하기도 했다.

운하의 타당성 부족은 이미 결론 났다

이명박 정부는 '한반도 대운하 사업'을 '4대강 살리기 사업(이하 4대강 사업)'이라는 이름으로 포장을 하고, 대대적인 홍보전을 펼치면서 사업을 밀어붙이기 시작했다.

민주당은 당론으로 MB의 4대강 사업을 반대했다. 모두가 주지하듯 광주전남지역은 민주당이 맹위를 떨치는 지역이다. 국회의원, 광역 및 기초 지자체장, 광역의원 및 기초의원 대부분이 민주당 소속이다. 어쩌면 4대강 중 영산강은 4대강 사업을 안 할 수 있었던 곳이다. 지역 국회의원, 지자체장들이 반대했더라면, 그래서 막대한 예산을 쏟아 강을 파괴하는 사업을 철회시키고, 대신에 수질 개선이나 강 생태계를 회복시키는 사업을 했더라면 어떻게 됐을까? 하굿둑으로 막혀 썩어 가고 있는 영산호 문제를 해결하기 위해 부분 해수 유통 사업을 했더라면 지금 영산강은 어떤 모습일까?

안타깝게도 영산강에서도 운하망령은 '뱃길복원'이라는 이름으로 계속 남아 있었다. 지역 정치인들은 국민이 반대하는 한반도 대운하나 4대강 사업과 차별화하기 위해서인지, 영산강은 뱃길복원 사업이라고 두둔하고 나섰다. 4대강 사업은 영산강 뱃길복원 사업이며, 이는 영산강을 살리고 지역경제를 활성화시킬 전천후 사업이라고 주장했다. 뱃길복원이 지역민의 숙원이라고도 했다. 박준영 전 전남지사, 최인기 전 국회의원이 대표적인 4대강 사업 찬동 인사였다. 안타깝게도 이들이 말하는 뱃길복원 사업은 영산강운하와 똑같은 사업이다. '복원'이라는 말에 부합하려면, 과거 하굿둑이 없던 시절 바다와 강이 자연스럽게 만나던 때로의 회복을 말해야 하나, 중상류까지 강바닥을 준설하고 수위 유지용 댐을 건설하는 것을 두고 뱃길복원이라고 주장하는 것은 바로 운하를 건설하자고 하는 것과 다르지 않았다. 운하, 즉 뱃길이 복원되면 영산강 수질과 생태계가 살아나고, 관광과 레저가 활성화되어 지역이 발전할 것이라는 것이다. 홍수 피해를 줄이고 물 부족 문제를 해결할 수 있다고도 했다. 이명박 대통령의 운하, 4대강 사업과 동일한 주장이다. 최인기 의원은 '남해 바다에서 국내 최대의 내륙 포구인 나주 영산포까지 농산물, 소금, 홍어와 젓갈, 생선 등을 실은 고깃배가 들어옴으로써 영산포 번영의 시대가 재현될 것'이라고도 했다. 물의 흐름이 막힘 없던 과거 건강한 강의 모습, 육상교통이 발달되지 않았던 시절의 내륙 뱃길 시절 향수를 자극하지만, 논리적으로는 맞지 않는 주장이다. 광주에서 나주를 거쳐 목포에 가는 데 고속도로로 1시간 30분이면 넉넉하다. KTX로는 30분이면 된다. 옛날 뱃길에서는 7일이 걸렸다고 한다. 당시에는 도로나, 물류운송수단이 발달되지 않았기 때문에 가장 경쟁력 있는 수단이 될 수 있었다. 뱃길복원 즉 영산강운하로는 12시간이 소요되는 것으로 계산됐다. 당연하게도 2000년에 전라남도가 1,800톤 규모의 배가 다닐 수 있는 영산강 뱃길복원 즉 운하건설에 대한 타당성 조사 용역을 실시한 결과, 수익성이 없다고 결론 난 바 있다.

물 흐름을 복원하는 것이 강의 회복

이미 하굿둑으로 막힌 영산강 하류인 영산호는 썩어 가고 있다. 우리는 하굿둑으로 정체된 몽탄대교에서부터 하굿둑까지의 약 22km 구간을 영산호로 부른다. 수질은 최악이다. 이 하굿둑과 영산호가 4대강 사업의 미래라는 것에 설득력이 있다. 1978년 영산강 하굿둑을 만든 명분은 홍수 피해 저감과 주변 간척 농지나 공업단지 등에 용수를 공급한다는 것이 주였다. 관광활성화도 포함되어 있었다. 그래서 1980년대 중반까지는 인근 초·중학교 수학여행이나 소풍, 견학지로 하굿둑을 찾기도 했다. 그러나 십 수 년 전부터 영산호 주변 숙박시설은 문 닫은 곳이 많고, 여객용 배는 있지만 배를 타는 관광객은 없다. 영산호 바닥은 물론 물도 썩어 가고 있었기 때문이다. 하굿둑을 겪어 보고도 상류에 강을 횡단

오염이 심각한 광주천. 본류의 수질 개선을 위해서는 지천의 오염원부터 줄여 나가야 했지만, 4대강 사업은 그러지 않았다. ⓒ 남준기

하는 댐을 2개나 더 만들면 강이 어떻게 되겠냐며, 4대강 사업을 반대하는 것이 일반 여론이었다. 그럼에도 지역 정치인들은 운하망령을 뱃길복원이라는 이름으로 살리고 있었던 것이다.

하굿둑 전체를 당장 해체한다는 것은 불가능하다 할지라도 '부분 해수유통[1]을 통해 기수역[2] 복원 및 자연성 회복을 대안으로 삼자'는 것이 지역민들의 동의였다. 장기적으로 영산호 수질 문제를 해결할 수 있는 방안을 찾는 것이다. 그러나 4대강 사업 찬동 인사와 이명박 정부는 뱃길복원 사업을 주장할 줄만 알았지 정작 하굿둑 문제는 관심 밖이었다. 오히려 강 중상류에 승촌보, 죽산보를 만들어 물의 흐름을 막아 버렸다.

강의 분노가 시작됐다

4대강 사업으로 보가 만들어지고 물의 흐름이 막힌 직후부터 영산강에 녹조가 번성하고 있다. 2012년 1월, 겨울임에도 죽산보 구간은 엽록소를 나타내는 클로로필-a 농도가 135mg/m^3 수치를 보이는 등 생활환경기준으로 보았을 때 주의단계를 넘어서는 매우 나쁜 상태임을 보였다(35를 초과하면 약간 나쁜 물 수준). 2013년 1월에 발표된 4대강 사업에 대한 감사원 보고서에는 체류시간 증가에 따른 수질변화 현황을 분석한 내용이 있다. 4대강 사업 후 영산강 체류시간이 많이

---

1 하굿둑으로 막혀 있는 강 하구를 개선해 바닷물이 오고갈 수 있게 만드는 것.
2 민물과 바닷물이 만나는 지점을 기수역이라 하는데, 생물다양성이 높아 생태적으로 중요한 지역이다.

증가한(6.7~8.2배로 증가) 보 설치구간과 체류시간이 미미하게 증가한 보 미설치 구간을 나누어 4대강 사업 전후로 수질을 분석한 결과 보 설치구간에서 조류농도가 크게 증가하고 있었다. 화학적산소요구량 (COD)도 크게 증가했다. 2012년 광주하수종말처리장에 약 1,000억 원 가까이 투입된 총인처리시설이 만들어졌다. 총인시설 설치 이후 영산강 총인농도는 낮아졌다. 그런데도 녹조현상은 더 심각해졌다. 환경시설을 보강 확대 한다 하더라도, 비점오염원 부하가 높은 영산강에 보와 댐이 있는 이상 수질개선 효과를 얻기 어렵다.

심각한 녹조가 이를 증명하고 있다. 영산강 본류만이 아니라 영산강과 만나는 지천까지도 녹조가 심각하다. 보가 들어선 이후 본류 수위가 높아지면서 지천의 유속까지 느려져서 생기는 현상이다. 본류의 변화가 지천까지 미치고 있는 것이다. 수생태계에서 조류는 꼭 필요한 생물이다. 그러나 일정 농도 이상으로 번성했을 때는 심각한 문제가 된다. 녹조번성은 유속 외에 조류의 먹이가 되는 유기영양염류, 빛, 수온의 조건이 있어야 되는 것인데, 이는 어느 하천에서나 조성될 수 있다. 결국 유속이 녹조의 관건이 된다. 특정 남조류는 독성물질을 유발하고, 햇빛과 산소 공급을 차단하여 물속 생태계에 해를 끼친다. 녹조가 심각한 물은 식수는 말할 것도 없고 농업용수로도 적합하지 않을 수 있다.

녹조만이 아니다. 외래종 태형동물인 큰빗이끼벌레가 영산강에서 번성하고 있다. 4대강 사업 전에는 없던 현상이다. 하천수질에 직접적인 영향을 받는 양서·파충류, 저서성 무척추 동물 등이 감소하고 있다는 광주광역시 보고서가 있다. 충남대 안광국 교수가 영산강 보 구간 물고기를 조사한 결과는 토종 어종과 유수성 어종은 감소

녹조로 가득한 영산강 승촌보 (2015년 8월) ⓒ 환경부

하고 외래종, 정수성 어종이 무서운 속도로 번성하고 있다고 밝혔다. 영산강의 상황은 비정상적이다. 영산강에서 점줄종개, 동사리, 송사리, 중고기, 가시납지리, 각시붕어, 납지리, 버들매치, 줄몰개, 참중고기가 출현하지 않고 있다. 겨울이면 강이 검게 보일 정도로 새들로 가득 메워져 있었다는 주민의 말은 4대강 사업 이후에는 전설이 되어 버렸다. 공사가 막 시작단계일 때만 해도 볼 수 있었던 새 무리들은 지금은 몇 마리만 간간히 강에 떠 있을 뿐이다.

물놀이도 못 하는 영산강 물

'100% 깨끗하고 안전한 수돗물 사용'

4대강 사업으로 만들어진 영산강 승촌보 공원 물놀이장 간판에 적혀 있는 문구이다. 혹여 영산강 물을 이용한다고 오해를 할까 싶었을까? 아이들이 좋아하는 만화 캐릭터가 함께 그려진 간판에는 눈에 띄게 'K-Water 수돗물'이라고 쓰여 있었다. 승촌보 물놀이장은 섬진강 수계에서 가져온 수돗물이다. 영산강 물은 깨끗하지도 안전하지도 않다는 것을 정부와 한국수자원공사가 인정한 꼴이다. 정부 주장대로라면 수질이 살아난 영산강 물로 물놀이를 해야 하지 않겠는가?

한편 보가 건설된 직후인 2012년부터 죽산보 인근 농지에서 10ha 가량의 침수피해가 발생했다. 벼농사와 보리농사 이모작이 가능한 논에 물이 질퍽할 정도로 물이 빠지지 않아, 보리농사를 망쳤고 무거운 농기계를 쓸 수 없어 벼농사 피해까지 발생한 것이다. 죽산보 때문에 하천수위가 상승하고 인근 농지의 지하수위에 영향을 준 결과이다. 실제 전문가와 환경단체에서는 2010년에 지하수위 영향과 변화에 대한 조사를 통하여 죽산보 일대에서만 $4.5km^2$면적에 달하는 농지에 침수피해가 있을 것이라고 발표한 바 있다. 당시 국토해양부와 시공업체인 삼성중공업 측에서는 죽산보 인근 지반이 점토층이어서 물이 투과하지 못한다고 했다. 지하수위가 지표면 아래에 머물러 농경지에 미치는 영향이 없다고 했다. 그러나 어떠한가. 보를 건설한 이후로 침수피해가 있었음에도 불구하고 익산국토관리청과 한국수자원공사는 죽산보 영향임을 인정하지 않았다. 1년여간의 조사를 한 결과, 침수농지를 50cm 높이로 복토覆土[3]하여 침수피해를 해소하

---

3 농경지에 흙을 보강하는 것. 4대강 사업 시에는 강에서 퍼 올린 모래로 주변 농경지를 높이는 데 사용됐다.

는 것으로 결정했다. 침수피해가 죽산보 영향임을 인정한 것이다.

이외에도 반복되는 물고기 떼죽음, 영산강 사업지에서의 문화재 조사와 대책 부실, 준설토를 농지에 복토한 결과로 발생한 영농피해, 전남지역 가뭄을 해결하지 못한 문제, 홍수 피해 등 4대강 사업의 후유증과 사고는 적지 않다. 이 모든 것이 4대강 사업의 결과이다. 이에 대해 정부, 정치인, 학자 어느 누구 하나 책임을 지지 않는다. 피해에 대한 후속 조치도 제대로 이루어지지 못한다. 지방정부 역시 관심 밖이다. 이것이 현재, 흐르지 않는 영산강의 비극이다.

최지현 광주환경운동연합 사무처장 / 광주광역시 지방하천위원회 위원 / (전) 영산강운하 백지화 광주전남행동 사무국장

05

4대강 사업의 진실
- 금강

6년 전 이명박 정부는 4대강 사업을 군사작전하듯이 밀어붙였다. 세월호 참사 때처럼, 메르스가 창궐하기 시작했을 때처럼 '가만히 있으라'고 쉬쉬했다. 홍수 예방, 수질 개선, 수자원 확보, 가뭄 해소, 생태 복원, 일자리 창출, 경제 활성화, 관광지 조성이라는 장밋빛 청사진은 거짓말이라는 것이 드러났다. 무엇보다 멀쩡한 강, 비단결 금강이 매일 죽어 가는 모습을 보고 있기에 우리는 안녕하지 못하다. 박근혜 정부는 선거 때 약속한 철저한 검증을 포기했다. 결과적으로 이명박 전 대통령처럼 4대강을 버린 것이다. 당연하다. 박근혜 대통령은 국회에서 날치기로 4대강 예산을 밀어붙일 당시 여당에서 가장 영향력이 큰 의원이었고, 국회의장석을 점거했던 야당 의원들을 "다 밀어"라고 외치면서 내동댕이쳤던 '행동대장' 김무성 의원은 지금 여당의 대표를 맡고 있다. 무지막지한 4대강 사업이 '이명박근혜'

의 작품이었기에 제 손으로 허물기 어려운 것이다.

사상 최악의 물고기 떼죽음

비단결 같은 금강의 비극은 예견된 일이었다. 이명박 전 대통령이 대운하 사업을 포기하겠다고 하면서도 22조 2천억 원의 천문학적인 예산이 투입되는 단군 이래 최대의 국책사업인 '4대강 정비사업'을 발표하면서부터다. 금강 살리기라는 미명 아래 불도저와 굴착기는 강을 짓밟고 뼈를 파헤치기 시작했다.

우려는 현실이 됐다. 국민들의 반대에도 이명박 정부는 '녹색성장'이라는 그럴듯한 간판을 금강 변 곳곳에 설치했다. 하지만 그때뿐이었다. 준설을 하려고 강물을 빼자 물고기가 새까맣게 죽었다. 2010년 1월 26일, 4대강 사업을 위해 공주시 백제큰다리 밑 돌보를 해체하면서 공산성 앞 모래사장 웅덩이에서 물고기 수천 마리가 떼죽음을 당했다. 이를 시작으로 10여 차례, 넓은 공사장 곳곳에서는 물고기 떼죽음과 물고기 구출작전이 펼쳐지는 진풍경이 벌어졌다. 구석기 유적지로 유명한 공주시 석장리 둔치의 말조개 집단 서식지도 직격탄을 맞았다. 20여 종의 멸종위기종과 천연기념물이 서식하는 하중도(공주 새들목)도 절반이 사라졌다.

그렇게 시작된 물고기 떼죽음은 준공 이후 2012년 10월, 열흘 동안의 집단 폐사로 60만 마리 이상의 물고기가 죽었다. 당시 부여군 왕진교에서 논산시 강경읍 황산대교까지 물고기 떼죽음이 확산되면서 금강은 썩은 냄새로 진동했다. 상황이 심각해지면서 환경부, 부여군, 소방서, 한국수자원공사, 국토교통부 직원까지 하루 최대 150여 명이 동원됐다. 여기저기서 헛구역질 소리가 났다. 물고기 사체를 담은 자루도 하루 50포대에서 100포대 정도로 늘었다. 어떤 날은 800~1000여 포대가 쌓이기도 했다.

금강의 주검은 계속됐다. 부여군 장하리 폐준설선 인근에서 136.5cm 달하는 대형 메기가 죽은 채 떠올랐다. 무게만 약 40kg로 국내에서 발견된 민물고기 중에서 가장 큰 것이다. 일부 주민들은 "금강의 씨메기가 죽었다"고 한숨을 내쉬었다. 전문가들은 50년 이 상 성장한 것으로 판단했다. 물고기 떼죽음 뒤에 강물은 젓갈 국물처럼 변해 갔다. 죽은 물고기 사체가 가라앉으면서 생긴 현상이다. 방치된 자루에서는 썩은 내가 진동했고, 썩은 물고기에서 구더기와 파리가 생겨났다. 강변엔 죽은 물고기가 넘쳐 났지만, 환경부는 10일 만에 "인간이 할 수 있는 한계를 넘어섰다"며 수거를 중단했다.

MB가 만든 녹조 얼음

준공과 동시에 시작된 녹조는 여전히 골칫거리다. 2012년 여름부터 공주보와 백제보에 대규모 녹조가 발생했다. 이듬해부터는 상류인 세종보까지 점령해 버렸다. 마치 녹색 페인트를 강물에 뿌려 놓은 듯 무섭게 확산하면서 금강 전역으로 퍼졌고, 악취가 진동했다. 이 때문에 2013년 8월 호주 국영방송까지 취재할 정도였다. 당시 공주대학교 정민걸 교수는 "수온이 내려가는 가을에도 녹조가 심하게 발생하는 것은 심각한 생태적 재앙"이라며 "호수처럼 된 금강의 수온이 높아질수록 녹조 같은 유기물이 퇴적돼 2012년과 같은 물고기 떼죽음 사태가 또 일어날 가능성이 크다"고 경고했다. 이어 "캘리포니아 환경청의 보고서에 따르면 녹조와 관련된 마이크로시스틴Microcystin 독소 때문에 많은 야생동물이 죽고 오염된 물에서 수상레저를 하던 사람들에게도 다양한 건강 문제가 발생했다. 이 독소는 간 손상을 일으킨다. 1996년 브라질에서는 이 독소에 오염된 물을 사용한 131명의 환자 중 52명이 사망했다는 보고도 있다"며 우려하기도 했다.

2012년 10월 26일 충남 부여군 장하리 폐준설선 인근에서 136.5m에 달하는 대형 메기가 죽은 채 떠오른 것을 처음으로 목격했다. 무게만 약 40kg 정도로 국내에서 발견된 민물고기 중에서 가장 큰 것이다. 금강유역환경회의 유진수 사무처장이 들고 있다.
ⓒ 김종술

2015년 8월 다카하시 토루高橋 撤 구마모토환경보건대학 교수와 박호동 신슈대학 교수가 금강 녹조를 조사한 결과 금강 녹조 속에서 남조류 독성 마이크로시스틴을 생산하는 종들이 발견됐다. 박 교수는 "한국에서는 녹조에 대한 분석을 안 해 봤는데 일본이나 독일에서는 야채나 쌀에도 독성물질이 축적이 된다는 연구결과가 있다"며 충격적인 말을 전했다. 썩은 강물로 농사를 지어야 하는 농민의 한숨이 늘어 갈 수밖에 없다. 4대강 삽질로 강의 살과 뼈를 도려내고 내장을 후벼 놓은 사람들은 여전히 변명을 늘어놓지만, 봄이면 강바닥에 가라앉았던 조류사체死體가 다시 떠오른다. 물의 흐름이 막히니, 해를 거듭할수록 떠오르는 조류의 양도 증가한다.

결국 정부가 녹조 제거에 나섰다. 2013년 5월 환경부로부터 연구의 뢰를 받은 한국환경관리공단이 조류제거시설 시범운영에 들어갔다. 물속에 기포를 쏘아 녹조 덩어리를 제거하는 데 국민혈세 34억 원이 투입됐다. 미세 공기방울을 내뿜는 기계(마이크로버블기)도 설치해 봤고, 볏짚을 띄우기도 했다. 늪지에 사는 물배추와 부레옥잠 등 식물을 옮겨다 놓기도 했다. 2015년 한국수자원공사는 녹조 제거를 위해 황토와 유화제를 뿌리더니, 2016년에는 대청댐에서 사용하던 조류제거선을 세종보로 옮겨 조류사체 수거에 나섰다. 그러나 모두 무용지물이다. 금강 녹조는 해를 거듭할수록 짙어지고 있다.

2016년 2월, 20년 만에 금강이 통째로 얼었다. 세종시 합강리부터 금강하굿둑까지 100km의 물길이 짱짱하게 한 몸뚱이가 됐다. 공주보 인근 얼음판에서는 누군가 페인트를 뿌려 놓은 듯 녹색 띠가 보였다. 환경 교과서에서도 나오지 않는 희귀종이다. 남극과 북극을 오가면서 미세조류를 연구한다는 국책연구소 연구원들이 채집을 위해 현장을 방문했다. MB가 만든 '녹조 얼음'이 연구 대상이 된 것이다.

막무가내 준설, 공산성마저 위태위태

원래 1~2m의 금강 본류 수심이 과도한 준설 탓에 4~6m가 됐다. 당연히 지천과의 낙차 폭이 커졌다. 이 과정에서 지천 바닥과 제방이 깎여 나가는 역행침식이 벌어졌다. '4대강 복원 범국민 대책위원회와 시민공동조사단'이 2011년 금강 현장을 조사한 뒤, "국토교통부가 금강 살리기와 관련하여 5, 6, 7공구, 30여 개 지천에 한 돌보(하상보호공[1]) 설치는 불필요했고, 90% 이상 유실될 것으로 보인다"고 평가했다. 예상은 빗나가지 않았다. 정부가 역행침식 예방을 위해 설치한 하상유지공은 유명무실해졌다.

2013년 공주보 우안 하류 8km지점. 금강 합수부 좌안에 설치되어 있던 높이 10m, 길이 100m 정도의 콘크리트 구조물이 깨지고 부서져 내렸다. 흡사 폭탄을 맞은 것처럼 거대한 협곡이 생기면서 콘크리트 구조물이 하천 강바닥에 나뒹굴었다. 청양군 치성천 가마교 교각은 밑동이 드러났다. 부여군 호암리는 제방이 무너져 내리면서 농토가 사라졌다. 세종시 대교천 하상유지공은 제 기능을 하지 못하면서 4차례에 걸쳐서 보강공사가 이루어졌다. 월송천 금강 둔치는 유실되어 협곡처럼 변해 '금강 그랜드캐년'으로 불리기도 했다. 과도한 준설에 따른 문제는 사적 제12호로 지정된 공주 공산성에도 영향을 미쳤다.

"공산성이 무너졌어요!"라는 급한 제보를 듣고, 확인을 위해 공산성 주차장으로 차를 몰았다. 공산성 앞 거리는 아무 일도 없다는 듯 평온했다. 숨을 헐떡이며 단숨에 금강이 내려다보이는 성곽으로 내달렸다. 현장 입구에서 공무원들이 막아섰다. 45일 만에 끝나 버린 문화재 지표조사에 대해 알아보기 위해 2010년 7월 황평우 전 문화

---

1 하상유지공이라고도 하는데, 물살이 빠른 지역에서 침식 방지를 위해 설치한다. 4대강 사업 기간 동안 주로 지류, 지천이 본류로 유입되는 지점에 설치됐다.

재청 문화재전문위원과 동행하여 공산성을 찾았다. 이 자리에서 황전 위원은 "4대강 공사로 금강 모래사장을 파헤치면 수위변화에 따른 삼투압 영향으로 지형변화와 함께 붕괴 가능성이 다분하다"는 경고를 했었다.

2013년 봄부터 공산성 성곽에서 배부름 현상[2]이 발견됐다. 주변에서는 땅 꺼짐 현상까지 일어났다. 성곽 하단 밑의 석축은 뒤틀리고 밀리면서 붕괴 조짐까지 보였다. 배부름과 무너짐 현상이 발생하는 곳 중 500m구간 90%가 강변 쪽에서 발생했다. 예견된 사고였다. 지반침하와 배부름 현상을 놓고 정부와 환경단체의 주장이 엇갈렸다. 9월 15일 공북루 좌안 공산정 앞 높이 3m정도의 성곽이 10m가량 와르르 무너져 내렸다. 전문가들은 4대강 준설과 겉핥기식 조사가 만들어 낸 인재라고 비판을 쏟아 냈다. 정부는 40mm가량의 빗물이 유입되어서 발생한 사고로 치부했다. 가을비 타령이나 하면서 하루 만에 내놓은 판단치고는 옹색해 보였다.

준설토 적치장 문제도 심각했다. 정부는 4대강 사업으로 강바닥에서 4.2억m^3의 모래를 파냈다. 금강 사업지구의 준설량도 4,767만m^3나 된다. 강에서 나온 준설토를 민가가 인접한 곳에 야적하면서 주민들이 불편을 겪었다. 부여읍 저석리의 한 할머니는 "새벽 6시에 꽝꽝거리며 대형차량이 문짝을 여닫는 소리가 얼마나 큰지 심장마비가 걸릴 정도여"라며 "썩은 모래를 집 앞에 산처럼 쌓아 놓으면서 냄새가 얼마나 나던지 코를 막고 살았어. 빨래를 널지도 못 하고 방문도 한 번 못 열고 살고 있어"라고 하소연했다. 부여군 금암 2리

---

2 성벽 가운데 부분이 성벽 아래와 위에 비해 불룩하게 튀어나오는 현상.

주민들이 식수로 사용하는 지하수는 준설토 때문에 썩어 버렸다. 2014년 7월, 환경부 토양지하수과에서 수질조사를 실시한 결과, 공동우물과 가정집 13가구의 지하수에서 청색증을 유발할 수 있는 질산성 질소와 대장균이 기준치를 초과했다. 결국 식수 '부적합' 판결이 나왔다. 당시 부여군은 광역 상수도를 연결하겠다고 약속했었다. 그러나 2016년 3월, 지금까지도 주민들은 청색증을 유발할 수 있는 썩은 물을 식수로 사용하고 있다.

금강의 낯선 생명체

금강을 점령하다시피 한 수박만 한 녀석들은 시궁창 냄새 같은 악취를 풍겼다. 손가락으로 누르면 두부처럼 힘없이 부서지고 미끌미끌 거리는 게 여간 기분 나쁜 게 아니었다. 그 녀석들을 다시 물속에 집어넣어도 손바닥에는 수백 개의 까만 점들이 남는다. 녀석들의 흔적은 물에 씻으면 없어지지만 악취는 며칠 동안 몸에 남았다. 바로 큰빗이끼벌레다. 전문가에 따르면 이들은 무생물에 붙어서 서식하는데 수온 25도 정도에서 급격하게 번성하고, 수온이 15~16도로 떨어지면 군체가 와해된다고 한다. 와해되고 나면 휴면아가 물속에서 월동하는데 추위에 강하고 염분에도 강하며 사멸 시 용존산소를 고갈시키고 질소 발생 등 수질오염을 일으킬 수 있다고 한다. 현장에서 본 큰빗이끼벌레는 10도 이하의 수온에서도 건강한 모습이 확인됐다.

2014년 여름, 만져 봤다. 물컹했다. 팔뚝에 문질러 봤다. 피부에

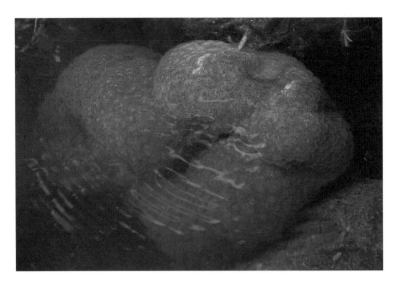

큰빗이끼벌레 ⓒ 김종술

는 아무 반응이 없었다. 이 녀석이 강의 생태에 어떤 영향을 미치는지 알아야 했다. 결국, 징그러운 녀석을 먹어 보기까지 했다. 온몸에 두드러기와 두통이 밀려왔다. 이후 2달가량 두통약을 끼고 살았다. 2015년 6월에는 길이가 3.5m가 넘는 녀석도 발견했다. 급기야 큰빗이끼벌레가 인체나 생태계에 무해하다고 반론을 펼치던 정부도 TF팀을 꾸리고 수거에 나섰다. 매일같이 보트를 타고 물살을 일으키면서 큰빗이끼벌레를 거둬들이고 있지만, 여전히 금강은 녀석의 사체로 넘쳐 났다. 한국수자원공사가 수거한 물량은 확인된 것만 200kg가 넘는다. 수십만 마리가 될 것 같다. 큰빗이끼벌레가 살 수 없는 근본처방을 쓰기보다는 우선 사람들의 눈에 보이지 않게 흐트러트리는 꼼수를 쓰고 있다. 그야말로 전시행정의 극치다.

실지렁이로 불리는 작은 환형동물은 하수구나 시궁창에 가야 볼 수 있다고 생각했다. 하지만 2015년 여름 공주보와 부여의 왕진교, 세종시 요트 선착장 밑 물가에서 퍼낸 흙을 보고는 깜짝 놀랐다. 모래사장이었던 곳이 펄 흙으로 뒤바뀐 것도 놀라운데, 거기에서 실지렁이까지 발견됐다. 하지만 이때까지도 의문스러웠다. 혼란스런 감정이 북받쳐 이를 달래기 위해 보트에 올랐다. 보트는 물살을 가로질러 공주보 인근에 도착했다. 강바닥에서 펄 흙을 건져 올려서 이리저리 파헤치자 몸을 숨기고 있던 작은 유충이 모습을 드러냈다. 붉은 깔따구였다. 눈을 의심했다. 진흙이나 연못의 물속 또는 썩어 가는 식물체에서나 산다는 깔따구가 왜 버젓이 강에 터전을 잡았는지 도통 이해할 수 없었다. 국무총리실 산하 '4대강 사업 조사·평가위원회'가 "4대강 사업이 홍수예방, 수자원확보, 수환경개선, 하천문화공간 창출이라는 추진 목적에서 일정 부분성과를 거뒀다"고 밝힌 내용과는 정반대였다. 실지렁이와 깔따구가 좁디좁은 하수구나 시궁창이 아닌 널따란 강에서도 살 수 있다는 사실을 처음으로 깨달았다.

자아도취에 빠진 4대강 주범들

2012년 6월경 공주보 시공사인 SK건설 현장소장은 준공식을 끝마치고 어느 일간지와 한 인터뷰에서 "국책사업을 성공리에 마쳤다는 것에 자부심을 느낀다"고 소견을 밝혔다. 그러면서 "공주시 발전에 큰 획을 긋는 데 일익을 담당했다. 공주시 발전을 10년 앞당겼다는 소리를 듣고 있는데 그저 감사할 따름"이라며 "준설 위주로 경관을 그대로 살리기 위해 최선의 노력을 기울였고, 생태계 파괴 최소화로 맑은 물에서 서식하는 '쏘가리' 등 여러 종을 목격했다는 소리를 듣고 참 잘했다는 생각을 가졌다"고 말했다. 금강에서 사라져 가는 쏘가리가 웃을 말이다.

2013년 당시 권도엽 국토해양부 장관은 출입기자단과 한국수자원공사 본부장, 시공사(SK건설), 감리단 등 60여 명과 함께 공주보를 찾았다. 그 자리에서 권 전 장관은 "4대강 사업의 99.7%가 진행되면서 회복 단계에 접어들고 있다"며 "홍수와 가뭄 피해를 줄이고 수질도 향상되고 있어 생태적으로 2~3년 안정화 단계만 지나면 천연생태계로 돌아갈 것"이라 자평했다. 그러고는 천연기념물 제330호이자 멸종위기종 1급으로 보호되는 수달이 대낮에 공주보에서 발견됐다고 호들갑을 떨었다. 동행한 수달 전문가도 "안정적으로 생활할 수 있도록 공간과 서식 여건 마련이 절실하다"며 "수달 관측소를 만들자"고 거들기까지 했다.

사람들의 왕래와 차량이 수시로 다니는 공간에, 그것도 야행성인 수달이 대낮에? 수달이 미스코리아 대회에 출전하려는 것일까? 생태계 이상 변동이동으로 출몰했든지 아니면 누군가 기르던 수달을 가져다 놓은 게 아닌지 의심을 해 봤다. 4대강 삽질이 시작되기 전 금강에서 수달이 서식한다는 것은 누구나 알던 일이다. 강변이나 둔치에서 손쉽게 배설물을 확인할 수 있었다. 시민이나 농민을 통해 확인한 사실로 야행성인 수달이 간혹 주간에도 확인되곤 했다. 정부의 말대로라면 그 많은 수달이 다 사라지고 한 마리만 돌아왔다는 얘기로 논리상 맞지 않다. 더욱이 권 전 장관이 다녀간 이후에 수달이 공주보에 출몰했다는 소식은 여전히 듣지 못하고 있다.

국민의 세금으로 진행되는 국책사업은 방향과 목적, 사업 이후의 효과 등을 뚜렷하게 설정하고 실수 없이 진행해야 한다. 그런데 이명박 전 대통령의 4대강 사업은 그렇지 못했다. 사업이 끝난 현재까지 4대강을 둘러싼 잡음이 끊이지 않고 있고 4대강은 녹조와 큰빗이끼벌레, 물고기 집단 폐사 등으로 신음하고 있기 때문이다. 더 안타까운 것은 앞으로 4대강 사업이 벌여놓은 것들을 수습하는 데 국민들의 세금이 더 들어갈 수밖에 없다는 사실이다. 아름다웠던 4대강을 다시 찾기 위해선 많은 시간이 필요할 것 같다. 필자는 우리 사회가 아름다웠던 4대강을 폐허로 만든 이들을 처벌할 수 있는 건강한 사회가 되기를 기원해 본다.

. . . .

김종술 오마이뉴스 기자 / 금강이 좋아 공주에 삽니다. 4대강 삽질에 망가진 금강을 지난 2008년부터 모니터링하고 있습니다. 죽어 가는 금강을 살리는 데 고군분투한다고 해서 '금강의 요정'이란 별명을 얻었습니다.

06

한강, 4대강 사업으로
잃은 것과 남은 것은?

4대강 사업 중 한강은 다른 강과 마찬가지로 홍수와 가뭄 피해의 근본적 해결, 물 부족 해결을 위한 물 확보, 수질개선과 생태복원, 수변공간 조성이 주요 사업 목적이었다. 사업의 필요성과 타당성에 대한 지루한 공방과 논쟁 끝에도 합의의 실마리를 풀지 못한 채, 사업은 강행됐다. 이 사업으로 인한 수많은 갈등과 불신을 지나 우리가 잃은 것과 우리에게 남은 것은 무엇일까?

한강은 수도권 주민들, 실제로 시민의 50%가 먹고 마시는 물의 근원이자 우리가 버린 오폐수가 유입되는 곳이다. 팔당댐이 막고 서 있는 팔당호의 물이 '먹고 마실 물'이라 생각하기에 댐 상류는 70년대 초부터 상수원 보호구역과 자연보전권역이라는 규제가 씌워졌고 지금도 특별대책지역이라는 테두리 안에서 특별히 별도 관리를 받는 지역이다. 대신 팔당댐 하류는 서울의 주요 상수원이 포함되는 잠실상수원까지만 관리하고 그 하류는 현재 수준만 유지하는 관리를 받는 강으로 이분되었다. 상수원의 역할을 충실히 하기 위해 팔당댐 상류에는 이미 다수의 다목적댐이 설치되어 있어 남·북한강은 사실상 다단계 댐에 의해 흐르는 물과 고인 물이 반복되는 구조를 가지고 있다. 그래도 한강의 경기도 구간 중 유일하게 자연스러운 하천 모습과 수량 변동이 계절에 따라 달라지는 모습을 지켜볼 수 있는 구간이 남한강이었다.

그런데 남한강이 4대강 사업의 대상지가 됐다. 예전에는 플라이 피싱을 하거나 여울을 건너다니며 생태학습을 하던 곳에 이제는 강천보, 여주보, 이포보 등 3개의 보가 놓여 있다. 보의 모습은 자연과의 공생, 조화를 대신해 위풍당당하게 물의 흐름을 막으며 우뚝 서 있다. 2014년 국무총리실 산하 4대강 조사 평가위원회의 결과 발표에서 지적했듯이 이들 보는 애초 홍수조절 능력이 없었고 변동성이 큰 강우의 경우 오히려 범람 위험을 높이는 요인이 된다. 앞으로는 댐과 보의 관리자들이 이 지역에서의 수량의 변동성을 보다 잘 이해하고 유연하게 대처해 줄 것을 믿을 수밖에 없는 상황이 되었다.

인공 구조물이 된 한강

본래 하천과 강에서는 물의 흐름에 따라 자연스러운 퇴적과 세굴이 일어나고 안정적 균형 상태에 이를 때까지 그 현상이 계속된다. 그러나 보와 댐이 생겨나고 물의 흐름을 막아서면서 이들 구조물의 상류에는 퇴적이, 보 하류에는 침식으로 인한 세굴이 우세하게 된다. 게다가 보 구간은 물의 흐름이 인위적으로 조절되기에 자연적인 하도 변화 패턴이 사라지면서 인공적 구조물로 인위적 관리가 필요하게 된다. 한강홍수통제소에서 조사한 '보 인근 하도 변화 모니터링 보고서'에 따르면 보 구간 하도의 변화가 적어지게 되는 이유가 바로 이 때문이다. 이 상태를 계속 유지하게 하려면 지속적인 모니터링과 유지 관리가 옵션이 아닌 필수 사항이 된다.

　또한 보 구간으로 직유입하는 지류하천은 보로 인해 깊어진 본류와의 수위 차이가 생긴다. 이로 인해 본류와 만나는 지점에서 유속이 증가하고 그 결과 두부침식, 일명 역행침식이 일어난다. 이를 막기 위해 주요 지천합류부에 다수의 하상보강사업이 4대강 사업과 함께, 또는 그 이후에 시행되었다. 보 구간과 보 자체, 그 인접 지류하천까지 모든 시설물들이 하나의 세트로 이어지는 것이라 앞으로도 이러한 유형의 유지관리 사업들은 지속적으로 이루어져야 할 것이다. 당분간은 보 시설물 관리만 하겠지만 일정 기간이 지나면 보 구간에 대한 준설도 주기적으로 필요할 것이고, 유입지천의 강우변동에 따른 하상 유지관리 사업도 지속되어야 할 것이다. 이처럼 4대강 사업을 마치고 난 후에, 이제 한강은 인위적인 관리가 반드시 필요한 인공구조물이 되고 말았다. 관리해야 할 시설물이 많아지면서 강과 하천은 하수처리시설이나 도로와 다리처럼, 고비용 관리의 대상이 되고 만 것이다. 이 사업으로 인한 갈등이 봉합되지도 못한 상태에서 과연 앞으로 몇 십 년간 유지관리의 주체는 누구여야 하는가. 그 비용은 누가 분담할 것이며. 이 모든 것의 실질적 논의는 가능할 것인가.

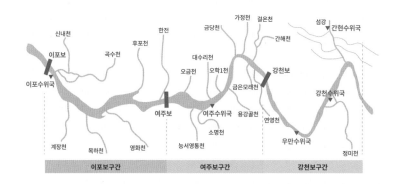

남한강으로 유입되는 금당천-4대강 사업 이후 역행침식이 심화되어 하천둔치를 돌망태 공법으로 싸서 고정했다. ⓒ 이성수

보로 인해 남한강의 유속이 느렸던 곳은 물 흐름이 정체되고 조류 발생의 빈도가 잦아지면서 수질의 안정성이 위협받게 되었다. 2014년 필자가 참여한 '한강 살리기 사업의 성과 분석을 통한 개선 방안-이포보, 여주보, 강천보를 중심으로'라는 연구에 따르면 사업 전의 상황을 전제로 사업 후 녹조 발생에 영향을 주는 클로로필-a 농도는 평균 23% 증가할 것으로 전망되었으나, 실제로는 40% 정도 감소하였다(국토교통부 보도자료, 2014.1.27). 이러한 차이는 본래 예측 수질이 가장 악화되는 저·갈수기 기준에 따른 것인데, 국토교통부는 연평균으로 분석하였고, 사업 이후 총량관리 등 강력한 수질 관리 수단을 반영했기 때문일 것이다. 또한 수질악화에 대비해 상류 충주댐의 방류량을 증가시키는 등 다각적인 통합관리가 작동한 결과일 것이다. 2013년 1~4월의 저·갈수기[1]에 충주댐 방류량은 2007년 대비 5.88억 톤 수준(71%)으로 증가하기도 하였다. 상류에서의 맑은 물이 더 많이 방류되면 체류시간의 증가와 함께 화학적산소요구량(COD) 등 수질오염물질의 농도를 희석하는 데 상당부분 기여할 소지가 크다. 본래 하천수질이 악화되면 수량으로 희석을 유도하는 플러싱은 수질관리 수단으로 이용될 수는 있다. 그러나 기후변화로 인한 가뭄 대응 등 본래 댐과 보의 역할의 적정 수준을 유지하면서 방류량도 허용가능하기에 마냥 방류량을 늘일 수도 없고 방류할 때마다 물 자원과 이를 상수원수로 환산할 때의 비용 소모도 늘 함께 일어나게 된다. 4대강 사업으로 만든 보가 없었다면 투입하

---

[1] 저수貯水기는 비가 많이 올 때 물을 가둘 수 있는 시기를 의미하며, 갈수渴水기는 비가 적게 오는 시기를 말한다.

구분		BOD(mg/L)	COD(mg/L)	T-P(mg/L)	Chl-a(mg/m3)
1~11월	사업전	1.6	3.9	0.062	12.9
	사업후	1.2	3.9	0.055	7.7
증감률(%)		25%▼	—	11%▼	40%▼

(출처) 사업전 '07~'09년 1~11월 , 사업후 '12~'13년 1~11월 평균 (물환경정보시스템)

저·갈수기 (1~4월) 충주댐 방류량 증가 추이

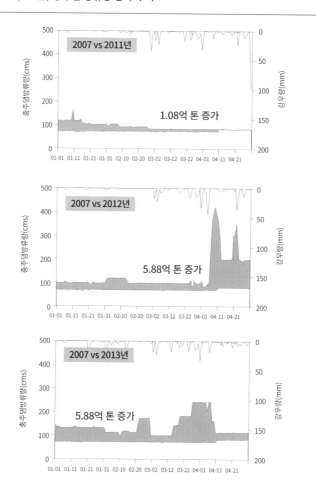

지 않아도 될 비용과 노력이 지속적으로 한강에 제공되어야만 지금 우리가 보고 있는 강의 수질과 수량의 현상유지가 가능하다는 것이 우리에게 과연 지속가능한 대안일까?

다양한 수질개선 정책이 수질악화를 얼마나 상쇄시켰는지는 향후 면밀하게 점검해 보아야 한다. 3개 보의 설치로 발생한 본류에서의 수질악화는 정량적으로 계산해야 하고 이 증가량은 중앙정부가 책임지고 관리해야 합리적이다. 전국적으로 시행 중인 총량관리의 과학적 타당성을 높이기 위해서도 본류의 목표수질에 대한 재검토가 필요하고 이 검토에는 반드시 본류의 보가 미치는 영향을 정량화해 포함할 필요가 있다. 본류의 상태 변화로 인한 수질악화나 희석효과 감소를 상류 유역에 전가 혹은 흡수하는 것은 국가가 해서는 안 되는 일이기 때문이다. 현재 대부분 수계에서 총량관리제도가 의무적으로 시행 중이다. 이 가운데 팔당지역은 본류의 수질목표가 매우 엄격해 지방자치단체들이 할당부하량을 준수하고자 노력하고 있다. 만일 국책사업으로 수질악화가 발생했다면 이는 국가에서 책임지고 관리해야지 지방자치단체가 감당할 필요는 없기 때문이다.

한강 습지와 다양한 수변 서식생물 감소시켜

수량과 수질 외에 4대강 사업으로 인한 명확한 피해는 생태 분야에서 일어났다. 한강의 습지면적은 2006년 1,400만m^2에서 2012년 980만m^2로 29.5%가 감소했고 생태 서식지 훼손은 진행 중이다. 남한강변의 아름다운 모습은 보로 인해 수몰되었고 물의 흐름을 따라

표 1 4대강 사업 한강구간 사후영향평가 결과 - 수생태계 서식종 변화 추이

구분	종류	3공구(이포보)							6공구(강천보)						
		평가서 본안	사후환경영향평가			보 설치 전후 수생태 영향평가			평가서 본안	사후환경영향평가			보 설치 전후 수생태 영향평가		
			1차년도	2차년도	3차년도	1차년도	2차년도	3차년도		1차년도	2차년도	3차년도	1차년도	2차년도	3차년도
식생	단양쑥부쟁이	○	-	-	-	-	-	-	○	○	○	○	○	○	○
	층층둥굴레	-	○	○	○	-	-	-	-	○	○	○	○	○	○
포유류	수달	○	○	○	○	○	○	-	○	○	○	○	○	○	○
	삵	○	○	○	○	-	-	-	○	○	○	○	○	○	-
양서·파충류	맹꽁이	○	-	-	-	-	-	-	-	-	-	-	-	-	-
	남생이	○	-	-	-	-	-	-	○	○	-	-	-	-	-
	표범장지뱀	○	-	-	-	-	-	-	○	○	-	-	-	-	-
	금개구리	○	-	-	-	-	-	-	○	-	-	-	-	-	-
어류	쭈구리	○	○	○	-	-	-	-	○	○	-	○	-	-	-
	돌상어	-	-	-	-	-	-	-	-	-	-	○	-	-	-

이동하던 어류도 더 이상 볼 수 없게 되었다. 하천변 주요 생물의 서식처인 습지가 감소하고 그곳을 찾아오던 철새도 줄어들고, 맹꽁이, 금개구리 등 양서파충류도 소멸된 것으로 확인되었다.

도리섬 일대에는 멸종위기종인 단양쑥부쟁이와 표범장지뱀은 물론 삵, 수달, 꾸구리 등이 서식하는 것으로 알려져 있었으나 사업 초기 환경영향평가에서 이들 종의 서식 현황은 누락되었다. 뒤늦게 전수조사가 요구되었으나 사업은 강행되었고 이들의 서식처는 사라져 버렸다. 본디 계절이 바뀌며 유량이 변동하며 나타나는 하천의 자연스러운 아름다움도 이제는 우리들 기억과 자료 속에만 남아 있게 되었다.

우리 세대가 부모 세대로 져야 할 책임

4대강 사업의 공과를 따지고 난 뒤에도 우리가 잊지 말아야 하는 것은 한 시대가 선택한 결과와 책임이 다음 세대에게 강제된다는 사실이다. 4대강 사업은 우리 세대의 판단과 선택이었지만 이로 인한 비용과 부담은 우리 아이들 세대까지 전가된다. 이 사업을 제대로 성찰해 앞으로 국책사업 선정에 보다 신중하고 장기적 관점으로 고려해야 할 것이다. 대통령이 원하고 사업자들이 밀어붙이면 마땅히 해야 할 검토나 평가과정을 뭉개고도 사업을 할 수 있다는 전례가 있어서는 안 될 것이다. 사업 후에라도 국민들이 반대 운동과 행정 소송을 벌인 것에 대한 책임과 반성을 요구할 수 있는 사회가 되어야 한다. 하자와 위법이 밝혀지면 최소한 책임지고 잘못을 보완해 보려는 노력이라도 있는 사회가 되어야 하지 않은가.

4대강 사업은 사업 추진 과정에서 필요 이상의 갈등과 상처를 남겼다. 사업의 당위성에 대한 과신과 대통령 임기 내 사업 완수라는 지상목표가 설정된 후 반대의 목소리, 조정의 필요성 등은 공허한 메아리가 되었다. 때문에 과거에 기여를 중심으로 논의되던 치수治水사업은 이제는 비합리적, 비효율적 사업으로 국민들에게 각인되었다. 토목사업이 면밀하지도 않고 과학적이지도 않으며 추진과정에서도 민주적이지 않다는 예시가 되면서 전문가 집단에게도 깊은 갈등의 골을 만들었다. 이처럼 한 세대, 한 정부의 과욕이 우리 사회의 구성원들 간의 갈등을 야기하고 지속적으로 할 수도 있었던 치수사업을 단절시키고 불신을 불러일으킨 것이다.

강이나 하천은 물의 흐름을 전제조건으로 하는 개념이다. 흐름을 차단하거나 바꾸고 나면 당연히 모습이 변하고 생물들은 사라진다. 과거 건너다닐 수 있었던 여울은 사라지고 고운 모래톱은 깊어진 물속으로 잠겨 버렸다. 남한강 상류에서 인근 어민들의 주머니를 채워주던 재첩도 사라졌다. 하천생태계의 변화는 다시 회복하기에 쉽지 않다. 우리는 과연 수천 년간 자연이 만든 손길보다 더 아름다운 하천을 만들 자신이 있던 것일까? 변해 버린 하천과 강에 우리는 어떤 책임을 질 수 있을까? 이러한 질문들이 우리에게 남겨진 새로운 과제일 것이다.

송미영 경기연구원 선임연구위원 / 수질관리 및 수생태 연구 20년 / 워싱턴주립대 이학박사

2장

4대강 사업
누가 찬동했나?

1. 4대강 사업은 '반역'이다

1) 4대강 사업은 복원을 가장한 파괴

MB의 4대강 사업을 한마디로 평가하면 어떻게 될까? 박근혜 대통령 만들기 공신(뒤에 사과했지만)인 중앙대 이상돈 명예교수는 "국토환경에 대한 반역, 반란"이라 평가했다. 평생을 우리나라 환경 정책 개선에 앞장선 서울대 환경대학원 김정욱 명예교수는 "대국민 사기극"이라 평가했다. 국내 전문가뿐만 아니라 하천 복원 분야에 있어서 국제적으로 명성이 높은 외국 전문가들도 마찬가지다. 한스 베른하르트 독일 칼스루헤 대학교수, 일본의 이마모토 히로다케 교토대 명예교수, 맷 콘돌프 미국 버클리대 교수, 핸리히 프라이제 독일 연방 자연보호청 하천분석관(박사), 랜돌프 헤스터 미국 버클리대 교수는 한결같이 "4대강 사업은 전형적인 불필요한 사업"이라며 "복원을 가장한 파괴"라고 지적했다. 콘돌프 교수는 2011년 자신의 논문 「녹색뉴딜, 준설과 댐 건설: 대한민국의 4대강 복원사업」에서 "'복원'은 긍정적인 의미를 내포하지만, 실제로 '복원'이라는 말이 환경파괴를 수반하는 다른 목표를 가진 사업에 친환경이라는 색을 덧칠하기 위해 고의적으로 악용되는 사례가 있다"고도 밝혔다. 4대강 사업은 '살리기'가 아니라 '환경파괴'이자 '죽이기 사업'이라는 것이다.

베른하르트 교수는 "4대강 사업은 자연에 대한 강간"이라는 격한 표현을 사용하기도 했다. "독일에서는 이미 50년 전에 4대강 사업과 같은 미친 짓을 포기했는데, 왜 한국은 계속하는가"라는 의미에서다. 한국 정부가 4대강 사업 유공자에게 포상(훈장, 포장, 표창장 등 1,300여 명)한 것에 대해서는 "이런 막대한 환경파괴에 대해 상까지 주는 것은 환경 보호를 위해 적극 노력하는 사람들에 대한 모욕"이라고도 비판했다. 불행히도 4대강 사업은 국민소득 1인당 2만 달러, 세계경제 순위 12위인 대한민국의 정치, 경제, 사회시스템이 얼마나 후진적일 수 있는가를 국제적으로 드러내는 대표적 사례였다.

2015년 여름 '녹조라떼'가 진동하던 시기, 4대강 사업 추진에 있어 혁혁한(?) 공을 세운 한국수자원공사(이하 수공)의 한 고위직 인사가 사석에서 필자에게 "'맞고 할래? 그냥 할래?' 이런 상황이면 그냥 하는 게 낫지 않습니까?"라고 말했다. MB가 정권의 명운을 걸고 4대강 사업을 밀어붙이는데, 국토부 산하 공기업으로서는 이를 거부할 수 없었다는 의미일 것이다. 수공 고위직 인사의 말을 요즘 유행하는 '번역기'로 돌리면, '수공은 위에서 시켜서 한 죄밖에 없는데 왜 수공 갖고 뭐라 하냐'는 것이 아마도 솔직한 속내일 것이다. 역사의

국제적 저항. 국제 환경단체인 지구의 벗(Friend of Earth) 등에서 반대 입장을 명확히 했다.
ⓒ 환경운동연합

데자뷰랄까. 일신의 영화를 위해 일제 강점기 때 적극적으로 일제에
부역했던 이들도 이런 식으로 자신의 책임을 회피하려 하지 않았을
까 싶다.

　4대강 사업은 피 흘려 이룩한 이 땅의 민주주의를 심각하게 훼손
시켰다. MB가 당선된 뒤 구성된 인수위에는 '한반도 대운하 테스크
포스팀(TFT)'이 구성됐는데, 이 팀의 최대 관심사는 MB 집권 기간
동안 대운하를 완료하는 것이었다. 이를 위해 사전환경영향평가, 환
경영향평가 등 사회적 검증시스템을 무력화시키려 했다. MB측이 최
소 4계절 평가를 원칙으로 해야 하는 환경영향평가(사전환경성평가
포함)를 단 6개월 내에 모든 절차를 끝내도록 관련 기관을 압박했던
것도 이 때문이었다. 이어 대운하와 4대강 사업에 비판적인 민간진

영 및 전문가 참여는 철저히 배제시키면서 자신의 입맛에 맞는 사람들로만 채워 나갔고, 국무회의에서 법률을 개정해 예비타당성 조사 등을 유명무실화시켰다.

더욱이 4대강 사업을 위해 사정기관을 동원해 공안정국을 만들면서 국민 절대다수의 반대여론을 억압했다. MB가 4대강 사업에 집착할 때, 이를 뒷받침한 기관 중에 하나가 지난 대선 과정에 불법으로 개입하기도 했던 국정원이다. 당시 국정원은 간첩 대신 4대강 반대 운동 감시가 주목적이었다는 증언도 있다. 2013년 야당이 공개한 원세훈 전 국정원장 지시 문건을 보면 4대강 반대 운동을 '종북세력', '내부의 적'으로 표현하는 등 국정원은 4대강 반대 운동 진영을 감시했다. 감사원, 공정거래위원회, 검찰, 경찰 모두 4대강 사업을 위해 정권의 '주구'를 자처했다. 여기엔 관료 집단, 지식인 집단, 언론도 마찬가지였다. 이로 인해 우리 사회의 공론의 장은 왜곡됐고, 사회 정의는 실종됐다. 또한 우리 사회의 이성과 상식이 마비됐다. 가톨릭관동대 박창근 교수는 "22조 원을 들여 우리 사회가 확인한 것은 '고인 물은 썩는다'라는 상식이었다"고 지적할 정도다.

2) 4대강 찬동 인사는 왜 조사했나?

4대강 사업은 실패한 국책사업의 전형을 그대로 보여 주고 있다. 실패한 국책사업 또는 실패할 수밖에 없는 국책사업은 공통적으로 ① 타당성 분석 결여 ② 속도전 ③ 책임자 부재 ④ 평가 부재 등이 나타나고 있다. ⑤ 심각한 것은 실패한 국책사업의 피해가 고스란히 국민에게 돌아간다는 점에 있으며, ⑥ 이러한 국책사업은 대부분 선거 공약으로 공식화됐다는 점도 유사한 상황이다. ⑦ 그리고 토건복

합체(정부, 건설사, 언론, 토호 등)에 의해 공론의 장이 사유화됐다는 점도 공통점으로 꼽을 수 있다. ⑧ 마지막으로 대형 국책사업은 한번 건설되면, 목적이 사라져도 계속 생명력이 유지된다는 점도 들 수 있다. 그야말로 대마불사인 셈이다. 1990년대 수질 오염의 대명사 시화호가 그랬고, 영국 〈BBC〉가 '유령공항'이라 평가한 양양국제공항이 그랬다.

4대강 찬동 인사 조사는 시민 판 정책실명제다. 요즘은 시골에서 생산되는 사과 하나에도 생산자의 이름이 박히는데, 생산자가 책임을 지겠다는 의미다. 이런 시대에 살면서 수십 조 원이 소요된 대형 국책사업에 책임지는 이가 없다는 것은 말이 안 된다.

책임을 지우기 위해서는 기록해야 한다. 기록이 돼야 기억할 수 있다. 기억되지 않는 역사는 언제든 되풀이될 수 있다. 따라서 4대강 찬동 인사를 기록하는 것은 역사적 책무이며, 우리 사회 성찰의 과정이다. 성찰을 통해 우리 사회에 4대강 사업과 같은 말도 안 되는 사업이 다시는 나오지 못하도록 만드는 것이 미래세대를 위해 현재를 살아가는 우리들의 임무이다.

4대강 찬동 인사는 MB가 2007년 8월 당시 한나라당 대선 후보로 결정된 때부터 박근혜 대통령 집권기인 2015년 1월까지 만 95개월 동안의 '한반도 대운하'와 '4대강 사업'의 진실을 왜곡하고, 적극적으로 찬동했던 이들의 발언을 조사해서 얻은 결론이다. 주로 포털사이트 및 언론사 홈페이지에 공개된 발언을 중심으로 조사했는데, 이 기간 동안 '대운하' 키워드 기사는 46,536건, '4대강' 키워드 기사는 203,740건에 달했다(네이버 기준).

4대강 찬동 인사의 언행을 조사, 분류하고 기록하는 것은 결코 쉬운 일이 아니었다. 지금까지 5차례 4대강 찬동 인사 관련 조사를 진행했는데, 그때마다 몇 달 동안 밤잠 못 자며 조사를 진행했다. 피로 누적에 따른 육체적 고통도 있었지만, 정작 심적 고통이 더 컸다. 뻔한 진실을 왜곡해 이 땅의 민주주의와 강을 망치려 하는 이들이 너무나 많기에 말이다. 마치 누가 더 뻔뻔하게 거짓말을 잘하는지 가리는 경연장을 보는 듯했다.

찬동 인사 선정을 위해 운하반대교수모임, 대한하천학회 소속 전문가들과 함께 평가 기준부터 마련했다. 진실 왜곡 등 발언 강도, 발언자의 사회적 지위, 발언 회수 등이 핵심적인 평가 기준이었다. 1차로 선별된 찬동 인사들은 전문가, 파워블로거, 누리꾼, 환경운동가들의 심층 평가 과정과 토론을 거쳐 판단했는데, 그 등급에 따라 A급, B급 찬동 인사로 구분했다. A급 중에서도 가장 큰 책임을 져야 할 인사 10명은 S(스페셜)급으로 별도로 정리했다. 이렇게 해서 282명의 찬동 인사를 선정했다. 본 글에서 4대강 사업에 대해 가장 크게 책임을 져야 할 정치인(장, 차관 포함)과 사회 인사들을 정리했다.

2. MB의 4대강 '불통' 정치학

1) 거짓말투성이 회고록

2015년 1월 MB는 『대통령의 시간』이라는 회고록을 냈다. 정치, 경제, 사회, 외교 분야 등 총 12장에 분량만 786쪽에 달했고, 4대강 사업도 비중 있게 다뤘다. 결론부터 밝히자면, MB의 4대강 왜곡은 심각했다. '그래도 한 나라를 5년 동안 책임졌던 대통령인데, 어떻게 이

산으로 간 배는 오도 가도 못 하고. 판화가 이철수 선생은 한반도 대운하에 대해, '배가 산으로 가는 사업'이라고 꼬집기도 했다. ⓒ 이철수

렇게 황당한 주장을 할 수 있나' 싶을 정도로 아전인수식 해석에, 억지 주장이 반복됐다. 사실 '토건업자의 글을 보는 듯했다'는 것이 솔직한 심정이었다.

MB는 회고록 서문에서 "머지않아 우리 4대강이 되살아나 맑은 물이 가득 차 흐르는 것을 바라보면서 보람을 느끼게 될 것임을 확신한다"고 밝혔다. 이는 2015년 초 김무성 새누리당 대표와의 환담 자리에서 밝혔던 "4대강 사업의 결과는 좀 더 지켜봐야 한다"는 의

미다. MB가 기억 상실증에라도 걸린 걸까? 그는 4대강 사업으로 빚어진 비참한 현실은 외면한 채, '4대강 사업은 세계가 부러워할 정도로 성공한 사업'이라며 무수히 많은 '셀프칭찬'을 쏟아 냈다. 2009년 4월 그는 "4대강을 개발해 물을 보관하고 생태계를 보존한다고 했더니 세계에서 '경제회복 사업으로 한국이 가장 훌륭한 안을 내놨다'고 평가한다"고 밝히는 등 후안무치한 주장을 반복했다. MB는 감사원에서 '4대강 사업은 총체적 부실', '대운하를 염두에 뒀다'고 진단하고, 한겨울에도 사라지지 않는 녹조라떼 등 부실 증거가 쏟아지니까, 은근슬쩍 '4대강 사업 성공은 기다려야 한다'며 말을 바꾼 것이다.

MB의 발언을 시기별 키워드로 살펴보자. 2007년 한나라당 대선 후보 시절의 키워드는 '내륙 항구'였다. MB는 한반도 대운하야 말로 '국운 융성의 길'이라며, 충주 등 다니는 곳곳마다 항구 건설을 언급했다. MB가 대운하를 추진에 목을 맸던 이유는 무엇이었을까? 물류 혁명, 관광 활성화, 수질개선 등을 내세웠지만, 사실 진짜 목적은 주변 지역 개발, 즉 토건진영의 막대한 이익을 창출하기 위한 것이다. 운하와 내륙 항구를 만드는 데에 예산이 들어간다. 이어 내륙 항구와 연결되는 도로 등 인프라와 주변 개발에 막대한 혈세가 들어갈 수밖에 없다. 이러한 개발 사업에 들어가는 혈세는 그야말로 '밑 빠진 독'처럼 얼마가 들어갈지 알 수 없는 상황으로, 토건세력에게 있어서는 미래 먹거리일 뿐이다.

2008년 6월 대운하가 국민의 촛불에 좌절된 이후, '4대강 정비 사업'이란 이름으로 4대강 사업이 추진됐다. 이때 MB의 키워드는 '4대강 재창조'였다. 2008년 12월 22일 국토부 업무보고 자리에서 MB

는 "명칭이 4대강 정비 사업이지만 나는 4대강 재탄생이라고 본다"
며 "환경파괴가 아니라 오히려 환경이 살아나는 사업"이라 말했다.
이후 '4대강 재탄생'이란 말은 MB를 비롯해 공직자, 전문가들이 4대
강 사업을 홍보하기 위해 가장 많이 사용했던 단어 중 하나가 됐다.
MB는 4대강 사업에 있어서 사이비 교주를 자처했다. 4대강 사업은
홍수 및 가뭄 극복, 경기 활성화, 기후변화 대비, 일자리 창출, 수질
및 생태계 개선 등 모든 것을 이룰 수 있는 '전지전능한 권능'을 갖고
있다는 식으로 주장했다. 이른바 '4대강 만능론'이다. 국민이 낸 세금
으로 국민이 반대하는 4대강 사업 홍보를 위해 '대한뉴스'를 부활시
켜 극장과 TV를 통해서 홍보하는 등 물량을 쏟아 냈다. 그러나 이러
한 만능론에 대해 종교계, 전문가, 시민단체들은 동의하지 않았고,
시민들의 반응도 냉담할 뿐이었다. 이때 MB가 등장시킨 것이 바로
'반대를 위한 반대' 키워드였다.

2009년 11월 4대강 사업에 대한 반대 여론이 높아질 무렵, MB는
공중파, 케이블 방송에서 동시 생중계한 '대통령과의 대화'에서 4대
강 사업에 대해 비판하는 정치권, 학자, 환경단체를 '반대를 위한 반
대' 집단으로 몰아세웠다. MB의 '반대를 위한 반대' 키워드는 4대강
비판 진영을 낙인찍는 무기였다. 이를 받아 4대강 찬동 인사와 언론
들은 '반대를 위한 반대'는 "좌파들의 상투적인 이념 전술"이라는 색
깔론까지 꺼내 들었다. 이들은 '고인물이 썩는다'라는 인류 역사를
통해 확인된 경험적 상식이자, 과학적 진실을 지적하는 이들에게 '좌
파 빨갱이'라고 매도한 것이다.

2011년 10월 22일 남한강 이포보에서 '4대강 새 물결 맞이 행사'
를 전후해 MB의 키워드는 '셀프칭찬'이었다. 이날 그는 "4대강에 천

지개벽이 일어났다"며 "4대강을 행복한 생명의 강으로 국민에게 돌려 드리게 돼 기쁘다. 대한민국의 4대강은 생태계를 더 보강하고 환경을 살리는 그러한 강으로 태어났다"고 말했다. 2011년 아셈정상회의와 2012년 리우+20 회의 등 국제회의 공간에서도, "4대강 사업 덕분에 홍수와 가뭄 피해를 모두 막았다"고 하는 등 자화자찬은 날로 심해졌다. MB 말이 사실이 되려면, 걸쭉한 상태로 극심한 악취를 풍기는 녹조라떼는 생기면 안 됐다. 교량과 제방이 무너지는 일도, 수십만 마리의 물고기 떼죽음, 큰빗이끼벌레 등도 있어서는 절대 안됐다.

2) 4대강 성공? '분견이 가가대소'할 일

MB 회고록에는 의도적인 왜곡도 많다. MB는 역대정권이 수해가 있을 때마다 하천 정비 계획을 세웠지만 투자 순위에 밀리면서 악순환이 반복됐다고 주장했다. 그는 "일본의 경우 재난 방지 비용 중 88퍼센트가 재난에 대비해 미리 정비하는 예방비용에 쓰인다"면서 "한국은 2003년부터 2007년까지 35퍼센트가 예방비용이고 65퍼센트가 복구비용에 쓰였다. 한국의 방재 방식이 얼마나 후진적인지 극명하게 드러나는 예"라고 밝혔다. MB의 주장이 사실일까? MB가 언급한 것은 2006년 7월 〈조선일보〉의 '소 잃고 외양간 고치는 한국'이라는 보도와 거의 유사하다. 그런데 초점이 다르다. 당시 〈조선일보〉는 "수해 방지 예산도 인명피해가 빈발하는 소小하천보다 큰 하천을 중심으로 투입되고 있다"면서 "소하천 피해액 비중이 전체의 43%에 이르는데도 방재 예산은 전체의 6.6%에 불과하다"고 지적했다. 국회예산정책처 자료를 인용한 〈조선일보〉의 이날 보도를 보면 당시도

대하천, 즉 국가하천 중심으로 방재 예산이 투입돼 비판을 받았다는 것을 알 수 있다. 4대강 사업 이전 국가하천은 97%의 정비율을 보였다. 그럼에도 MB는 취약한 소하천을 두고 국가하천이 취약하다는 논리로 또다시 막대한 예산을 쏟아부었다. 그 결과 홍수 피해는 지금도 소하천을 중심으로 발생하고 있다.

홍수와 관련해 MB는 "산림이 황폐화되면서 비가 오면 토사가 강바닥을 메웠다. 강바닥이 높아지니 우기에는 수위가 높아져 홍수로 수많은 인명과 재산 피해를 냈다"며 4대강 사업의 당위성을 강조했다. 이 대목에서 MB의 사고 체계는 1960년대에 고정된 것이 아닐까 싶다. 산림청 자료에 따르면, 이전 시기 전쟁 및 무분별한 벌목으로 우리나라 산림이 황폐화됐다가 지속적인 조림 등으로 안정화되어, 2000년대 초반 산림청은 우리나라 산림의 공익적 가치를 100조 원으로 평가할 정도였다. 또한 국가기관에서 공식적으로 나온 자료에 따르면 4대강 본류 바닥은 골재 채취 등으로 오히려 낮아졌다. 회고록을 내기 위해 측근들과 숱한 회의를 거쳤다더니 기본적인 것부터 오류가, 어쩌면 의도된 오류를 드러냈다.

MB는 4대강 사업으로 가뭄을 해결했다고 주장했다. "몇 년에 한 번씩 가뭄이 찾아오면 강바닥에 양수기가 잠기지 않아 농민들은 물을 끌어 올릴 수 없었다. 제한급수로 많은 국민들이 샤워도 제대로 못 하고 한 해 가뭄 피해액만 몇 천억 원에 달했다"며 가뭄을 해결하기 위해서라도 4대강 사업을 해야 했다고 밝혔다. 하지만 실상은 그렇지 않다. 4대강 본류 주변은 가뭄 피해가 본래 없었고, 정작 본류에서 먼 가뭄지역은 보에 물이 있어도 이를 공급할 시설이 없었다.

MB는 4대강 사업 계획 과정에 대해 "세계 금융위기로 경제 살리

훼손된 단양 쑥부쟁이 서식지. 멸종위기종 단양 쑥부쟁이 서식지가 4대강 공사 때문에 훼손
됐다. ⓒ 이철재

기가 시급한 상황에서 계획을 세우느라 시간을 허비할 여력이 우리
에겐 없었다"며 "4대강 사업을 통해 금융위기를 극복했다"고 강조
했다. 거짓말도 앞뒤 상황을 잘 따져 보면서 해야 하는데, MB는 무
조건 억지만 썼다. 4대강 사업의 시작은 MB 스스로 10년 전부터 준
비해 왔다는 대운하였다. MB는 '조령에 터널이 없기 때문에 대운하
와 4대강은 다르다'라고 주장하지만, 전문가들은 "운하가 아니면 설
명이 불가능한 것이 4대강 사업"이라 지적한다. 이는 감사원 감사 결
과 및 국토부 내부 문건에서도 확인되고 있다. MB의 주장대로라면
대통령 되기 10년 전부터 글로벌 금융위기 극복을 위해 대운하와
4대강 사업을 준비했다는 얘기가 된다. 이에 대해 서울대 경제학과

이준구 교수는 "대단한 경제학자 납시었다"며 "분견이 가가대소할 일", 즉 '지나가던 똥개가 소리 내 웃어 댈 일'이라 꼬집기도 했다.

MB 회고록은 녹조문제, 큰빗이끼벌레 등 4대강 사업으로 인한 부작용을 부정하는 등 처음부터 끝까지 문제투성이다. 반대로 건설사 담합, 보 누수 및 세굴 현상 등의 문제는 언급조차 하지 않았다. 다시 말해 '진실'은 하나도 없다. 어쩌면 MB가 노리는 것은 '거짓말도 100번 하면 진실이 된다'는 논리를 실행하는지도 모른다. MB를 비롯해 MB 아바타들, 즉 4대강 사업에 적극 부역했던 이들이 정계, 학계, 언론, 공직사회 등에 다수 포진돼 여전히 승승장구하는 만큼, 뻔뻔한 거짓말을 계속하면 할수록 국민들에게 최면효과를 발휘할 수 있을 거라 믿고 있는지도 모른다. 그래봤자 '손바닥으로 하늘 가리기'일 뿐이다. 4대강 사업은 단군 이래 최악의 사업이란 평가처럼, 이 사업을 강행하면서 혈세를 낭비하고 국토를 파괴하며 민주주의를 훼손한 책임은 반드시 져야 한다. 그런 의미에서 MB가 다음에 책을 낼 때는 반드시 '옥중서신'이 되길 기대해 본다. 그렇게 만들어야 할 책임이 우리들에게 있다.

3. 4대강 찬동 정치인은 누구인가

1) MB의 '아바타'들

"나는 평소에 탈세가 범죄이듯 공직자가 예산을 낭비하는 것도 일종의 범죄라고 생각하고 있습니다. 더구나 가장 어려운 사람에게 가야 할 돈을 횡령한 것은 용서받지 못할 범죄입니다. (…중략…) 열심히 일하다가 실수한 공무원에게는 관대하겠지만, 의도적인 부정을 저지른 공무원은 일벌백계할 것입니다. 앞으로는 횡령금의 두 배까지 물게 하고 예산 집행에 실명제를 도입해 끝까지 책임을 지게 하겠습니다"

누구의 말일까? 국가 예산을 '눈먼 돈'으로 인식하는 분위기 속에서, 예산 낭비를 범죄로 생각해 횡령금의 두 배를 물게 하겠다니 반가운 일이다. 게다가 시민단체와 전문가들이 요구한 실명제까지 도입한다는 것도 매우 긍정적이다. 하지만, 실현되지 않았다. 아니 실현될 수 없었다는 것이 더 정확한 표현일 것이다. 왜냐면 이 말은 MB가 2009년 3월 라디오 정례 연설에서 했던 말이기 때문이다. 전문가들은 MB정권 때 4대강 사업 30조 원(직접 공사비 22조 원 + 간접사업비 8조 원) 및 유지관리비, 자원외교, 방산비리 등으로 189조 원이 낭비됐을 것으로 분석하고 있다. 의도적인 횡령 또는 배임 혐의까지 적용 가능하다는 입장이다. 다시 말해 MB 본인이 국민 혈세 낭비에 가장 크게 기여했다는 것이다. 최고 권력자가 혈세 낭비에 앞장선 상황에서 예산을 낭비한 공직자들을 일벌백계할 수 있을까? 사실 MB 스스로 혈세 낭비를 조장했다고 보는 것이 더 타당할 듯하다.

앞서 분석한 MB의 '4대강 키워드'는 그의 측근들에게 그대로 영향을 미쳤다. 정종환 전 국토부 장관, 이만의 전 환경부 장관, 권도엽 전 국토부 장관이 대표적이다. 이들은 'MB 아바타'로 불릴 정도였다. 정종환 전 장관은 4대강 공사 현장에서 365일 24시간의 속도전 탓에 20여 명의 노동자들이 사망하는 사고가 이어지는 상황에서 "(사망 사고를) 분석해 보면 사고다운 사고는 몇 건 없었고, 대부분 본인 실수에 의한 사고(2010.10 국정감사)"라고 말했다. 이어 "서두르기 때문에 일어난 것은 아니다. 야간작업을 해서 사고가 난 것은 없다(2011.4. 국회 법사위 회의)"며 노동자들 탓만 했다. 정 전 장관의 말이 사실일까? 2010년 2월 당시 민주당 주승용 의원은 국토부 4대강 추진본부가 공사를 독촉하기 위해 CCTV를 설치해 공사 현장을 365일 24시간 내내 감시했다고 밝혔다. 경실련과 민주노총 전국건설노동조합은 "정부의 무리한 4대강 공사 강행으로 불법적인 다단계 하청과 과적, 과속, 과로가 만연하면서 20명의 노동자가 목숨을 잃었다"며 "4대강 속도전 사업은 인위적인 살인행위"라고 지적하기도 했다.

정종환 전 장관은 "운하와 4대강 살리기 사업은 누가 봐도 다르다.(2008.12.5.)", "4대강 살리기 사업과 대운하는 전혀 상관없다(2009.3.31.)"고 하는 등 4대강 사업은 대운하가 아니라는 점을 강변해 왔다. 그러나 2013년 9월 감사원은 4대강 사업이 대운하를 염두에 뒀다는 감사 결과를 밝혔다. MB가 4대강 준설 수심을 운하와 유사한 5~6m로 하라는 지시가 있었다는 자료가 이미경 민주당 의원 등에 의해서 공개되기도 했다. 주무 장관으로서 이런 내용을 몰랐다고 할 수 있을까?

이만의 전 환경부 장관도 만만치 않은 'MB 아바타'였다. 이 전 장관은 2009년 3월 〈매일경제〉 기고를 통해 "정부는 4대강 살리기 사업을 통해 날로 악화되는 물 문제에 근원적으로 대처하고자 한다"며 "수량 부족, 수질 악화, 생태계 훼손 등 강의 본래 기능을 상실한 4대강부터 그 건강성을 회복하고 홍수와 가뭄에 안전한 하천을 만

4대강 찬동 인사 선정. 파워블로거, 전문가, 시민 등이 참여한 'MB씨 4대강 비리수첩 제작단'에서 4대강 찬동 인사를 선정해 발표했다. ⓒ 이철재

들겠다"고 MB의 4대강 만능론을 그대로 따라 했다. 2010년 국감 때 4대강 사업의 사전환경성평가, 환경영향평가 부실이 지적되자 그는 "그동안 환경영향평가를 해 온 환경부 역량에 비춰 볼 때 4대강 사업은 매우 단순한 공정에, 매우 단순한 평가를 요하는 사항"이라며 "(4대강)사업이 잘못되면 내가 책임지겠다", "역사적 심판을 받겠다" 고까지 밝혔다. MB에게 충성하기 위해 해서는 안 될, 참으로 무서운 말을 내뱉었던 것이 이 전 장관이다.

이만의 전 장관의 주장과 달리 4대강 사업 환경영향평가는 부실로 일관됐다. 단 6개월여 만에 모든 것을 끝내려다 보니, 제대로 평가될 수조차 없었다. 그에 따라 환경영향평가에 누락된 멸종위기종들이 많았고, 공사 중 폐사하는 사건이 속출했다. 2009년 11월 4대강 환경영향평가가 통과되자 야당과 시민단체가 "환경 국치일國恥日" 이라 반발했던 것도 이 때문이었다.

이만의 전 장관은 스스로를 국토부 장관으로 착각한 환경부 장관이었다. 오죽했으면 환경부 과장급 이상 간부들이 이 전 장관 면전에서 "우리가 국토부 2중대냐"라는 볼멘소리를 했을까 싶다. 그는 4대강 사업이 잘못되면 "역사의 책임을 지겠다"고 했지만, 2013년 10월에는 "4대강 사업에 대해 0.1%도 부끄럼 없다"는 입장을 보였다. 책임질 생각이 전혀 없다는 것이다. 후안무치란 말은 이 전 장관을 두고 하는 말이었다.

권도엽 전 국토부 장관도 차관 시절부터 언론 기고를 통해 4대강 사업을 적극 찬동했다. 2009년 6월 '4대강 살리기, 그 오해와 진실'이라는 〈문화일보〉 기고에서 그는 "더 늦지 않게 하루라도 빨리 삽을 뜨고 괭이질을 시작해서 그동안 무관심 속에 방치됐던 우리의 강을 강답게 제대로 가꿔 보자"라며 4대강 사업 추진을 강력히 추동했다. 2011년 11월 상주보에서 누수현상이 발견된 이후, 16개 보에서 크고 작은 문제가 드러나자, 권 전 장관은 자연스러운 '물 비침 현상'일 뿐이라며 "별일 아니다", "안전에는 문제없다"는 말만 되풀이했다. 권 전 장관이 '누수'를 '물 비침 현상'이라 한 것은 국민을 기만하는 말장난일 뿐이다. 물론 콘크리트 구조물도 물이 스며든다. 댐 전문가들의 투수계수(어떤 물질에 물이 스며드는 속도) 분석에 의하면 콘크리트 구조물에 물이 1m 스며들기 위해서는 적어도 1년 이상이 걸린다고 한다. 독일의 한스 베른하르트 교수는 한국 정부가 보에서 물이 새는 것을 '물 비침 현상'이라 표현 한 것을 두고 "물이 새어 나오면 누수지 무슨 그런 말이 있나"며 "걱정은 많이 했지만 그 정도일 줄을 몰랐다"면서 깊은 우려를 표하기도 했다. 갓 지은 콘크리트 구조물에서 물이 줄줄 새는 현상은 이 사업이 얼마나 속도전에 치중했는지, 그리고 얼마나 날림으로 했는지 단적으로 보여 주는 사례이다.

2) 새누리당 권력층은 4대강 찬동 인사

"정치가 코미디를 그만둬야 합니다"

개그맨 김제동은 '코미디언이 왜 현실 사회 문제에 개입하려 하는가?'라는 보수 언론의 악의적 질문에 대해 위와 같이 답했다. 불행히도 우리나라에는 정치인이 코미디를 벌이는 사례가 너무 많다. 최근 '진박 감별사'라는 희대의 코미디 제목을 달고 박근혜 대통령이 말한 '진실한 사람'을 구분하고 다니는 최경환 새누리당 의원이 대표적이다. 최 의원은 박근혜 정권 내에서 새누리당 원내대표, 경제부총리(기획재정부 장관) 등을 거친 친박의 '실세 중의 실세'다. MB정권에서도 새누리당의 전신인 한나라당 수석 정책조정위원장과 지식경제부 장관을 지내기도 했다.

최 의원은 2008년 12월 "수해가 날 때마다 정부를 나무라는데 이번에 하는 김에 제대로 해서 항구적으로 예방하는 예산을 잡은 것뿐"이라며 당시 4대강 예산 처리 문제가 쟁점으로 떠오르던 시기에 MB 친위대를 자처했다. 이어 "하천개발의 경우 경기부양의 효과가 높다.(2008.12.9.)", "(4대강 사업은) 대운하 사업이 아닌 지역경제 살리기(2009.2.20.)"라면서 4대강 사업이 경제를 활성화시킬 수 있다는 허황된 주장을 반복했다. 그가 지식경제부 장관 시절인 2009년

12월, MB가 언급한 '로봇물고기'에 대해 "강뿐 아니라 바다 쪽도 활용 가능성이 높고 굉장히 유망한 분야로 적극 투자할 생각"이라며 "수중로봇은 충분히 경쟁력을 갖추고 있다"고 말한 바 있다. 최경환 의원이 강조한 '로봇물고기'는 사기극으로 결론 났다. 원래 계획대로라면 1초에 2.5m를 이동해야 하는데, 2014년 8월 경 감사원 감사 결과 고작 23Cm밖에 이동 못 하는 '불량'이었다. 여기에 투입된 57억은 낭비됐고, 검찰은 로봇물고기 연구 과정에 비리 혐의가 있어 수사를 진행하기도 했다. MB와 최경환 의원이 언급한 '로봇물고기'는 단지 과학기술의 실패만이 아니었다. 이는 다음의 MB의 발언을 통해서 확인할 수 있다.

"4대강 사업을 반대하는 건 '반대를 위한 반대'를 하는 것일 뿐이다. 제대로 계획을 세워서 제대로 하면 예산도 절감할 수 있고 성공할 수 있다. 반대하는 사람들은 우리나라 기술력을 너무 과소평가하고 있다. 수질 모니터링 체계를 위해 로봇물고기 등도 풀어 모니터링할 것이다. (2009.11.27. MB. 대통령과의 대화)"

MB의 발언에서 확인 할 수 있듯이 '로봇물고기'는 MB가 국민의 뜻을 저버리고 강행하는 4대강 사업의 첨단 기술력을 강조하는 것이자, 4대강 사업을 비판한 이들을 '반대를 위한 반대' 프레임으로 만들기 위한 MB의 야심작이었다. 최경환 의원 역시 같은 취지에서 로봇물고기를 강조한 것이다. 로봇물고기 사기처럼, 4대강 사업도 사기 사업이었다. 이에 대한 책임을 져야 하는 것은 당연한 것이 아닐까.

새누리당 유력 정치인 중 '4대강 사업은 역사적 과업'이라고 주장한 이가 있다. 바로 차기 유력한 대권 후보로 거론되는 김무성 새누리당 대표다. 그는 한나라당 원내대표였던 2010년 8월, 4대강 사업을 '역사적 과업'이라 칭하면서 "반드시 성공시켜야 한다"며 적극적인 찬동의지를 밝혔다. 당시는 한나라당이 6월 지방선거에서 4대강 사업 등 때문에 참패했던 상황으로, 김 의원의 발언에서 국민의 반대 뜻을 무시하고 4대강 사업을 그대로 밀어붙이려는 MB정권의 아집이 묻어났다.

김 전 의원은 2007년 한나라당 대선후보 경선 당시 박근혜 캠프 좌장을 맡을 정도로 친박계 핵심이었다. 그랬던 그가 원내대표를 맡으면서 MB맨을 자처하고 나섰다. 김 의원은 4대강 사업 비판 여론이 높았던 2010년 5월 라디오 인터뷰를 통해 "이명박 대통령은 우리나라 최고의 토목공사 전문가인데 자신 있다는 것 아니냐"면서 "청계천 신화도 (MB가) 우리에게 만들어 줬는데 우리 국민들께서 한번 믿고 맡겨 봐야 하는 것"이라 말했다. MB를 향한 맹목적인 충성 선언이었다. 이어 야당의 4대강 비판을 '정치적 반대'라 폄하했다. 2010년 12월 한나라당 최고위에서 "4대강 사업에 대한 야당의 발목잡기는 상식을 넘어서는 것"이라며 "이는 예산심의 의결이라는 판을 깨서 한나라당 정권을 파탄 내자는 당리당략적 의도"라고 말한 바 있다. 정권이 바뀌어도 4대강 사업에 대한 김무성 대표의 맹신은 그대로였다. 2014년 10월 농림축산식품해양수산위원회 국정감사에서 그는 "이명박 대통령이 제일 잘한 일이 4대강 사업을 완성한 것이라고 생각한다"며 변함없는 4대강 찬동 인사임을 드러냈다. 참고로 2014년 11월 시민환경연구소가 전국 1000명을 대상으로 실시한 여론조사에서 응답자의 80%가 "4대강 사업은 효과 없다"고 응답했다.

3) MB보다 더 'MB스런' 인사들

MB 못지않게 4대강 사업을 맹신했던 한 대학교수가 있었다. 그는 환경단체, 학계, 공직의 요직을 두루 섭렵할 만큼 처세술에 능한(?) 인사였다. 그는 환경단체가 사회적 영향력이 강했던 2000년대 초반, 중앙의 모 환경단체에서 '생명의 물 살리기 운동본부장'과 그 단체의 '이사'를 지냈다. "매우 중립적이면서 합리적이었다"는 것이 당시 그를 섭외한 환경단체 관계자의 말이었다. 2000년대 중반에는 우리나라 물 분야 학술단체를 대표하는 한국수자원학회장이 됐다. 이후에도 그의 상승 곡선은 계속됐다. MB정부가 4대강 추진본부를 꾸리자, 그곳의 본부장으로 취임했다. 이 자리는 정치인과 공직자들과의 관계, 특히 MB에게 모든 걸 맞추지 않으면 오를 수 없는 자리였다. 그래서였을까? 한때 '합리적'이라 평가받았던 그는 4대강 사업으로 수질, 가뭄, 홍수 문제 등 모두 해결할 수 있다고 주장한 대표적 4대강 만능론자가 됐다. 임기 중 4대강 관련된 숱한 문제점이 쏟아졌지만, 모든 문제는 별일 아니며 또 보완 가능하다면서 진실을 왜곡했다. 그가 바로 심명필 전 4대강 추진본부장이다. 그는 대학교수 시절인 2008년 12월과 2009년 1월 각각 언론 기고에서 "우리 하천은 무관심 속에 방치돼 왔다"며 4대강 사업의 당위성을 강조했다. 4대강 추진본부장이 돼서는 정치인으로서 4대강 찬동에 열을 올렸다. 2012년 12월 4대강 본부장을 퇴임하면서 그는 4대강 사업에 대해 "100점 만점에 95점(A+)"이라며 "하천 준설을 통해 일 년 내내 물이 흐르는 강을 만들고 홍수, 가뭄에 견딜 수 있는 수자원 관리가 이뤄졌다"고 평가했다. 그의 발언은 그가 '뼛속까지 4대강 찬동 인사'란 것을 보여 주고 있다. '뼈그맨'처럼 그는 '뼈4맨'이라 해야 할 것 같다.

'4대강 편파' 선거관리위원회 규탄 기자회견. MB정권은 4대강 사업 강행을 위해 행정 조직까지 동원했고, 선거 시기에도 4대강 사업을 홍보하는 등 문제를 일으켰지만, 선거관리위원회는 이에 대해 별다른 제재를 하지 않아 시민단체들이 항의하기까지 했다. ⓒ 4대강 범대위

　　MB정부 환경부는 환경부라고 말하기 어려웠다. 그렇게 만든 핵심적 인물 중에 한 명이 바로 현 환경부 차관 정연만이다. 정 차관은 자연보전국장이던 2009년 11월 4대강 사업 환경영향평가를 통과 시킨 핵심 장본인이다. 환경영향평가 통과 브리핑 당시 필자는 기자 브리핑 룸에 있었는데, 4대강 사업 환경영향평가가 얼마나 부실했는지, 보수언론인 〈조선일보〉, 〈중앙일보〉 기자들마저 크게 분노했을 정도였다. 정연만 환경부 차관의 그간의 발언을 보면 그가 결코 4대강 사업을 마지못해 찬성한 것만은 아니라는 것이 드러난다. 그는 4대강 환경영향평가 부실 지적에 대해 "최근 생태 영향과 계절적 특성을 반영한 환경영향평가를 위해서 환경부에서 하고 있는 수

생태계 건강성 조사자료나 전국 자연환경 조사자료 등을 충분히 검토한 바 있다"며 부실 환경영향평가를 적극 옹호했다. 이어 2010년 8월 〈KTV〉 좌담회에서는 "4대강 사업은 수자원확보 문제, 재난 대응, 수질 개선, 수생태 회복 등 복합적 사업"이라며 4대강 만능론을 펼쳤고, 100년을 버텨 온 왜관철교가 붕괴 직후인 2011년 8월에는 '4대강 살리기 사업 논란 끝내자'라는 제목의 언론 기고를 통해 "4대강 살리기 사업의 목표 중 하나인 홍수 피해 방지가 이번 장마를 계기로 효과가 입증되었다"며 "환경성평가 협의내용이 제대로 이행되고 환경부에서 추진하고 있는 사업이 완료된다면 충분히 목표가 달성될 수 있을 것으로 생각된다"고 말한 바 있다. 정연만 차관 같은 환경부 내 4대강 찬동 인사가 있기에, 환경부 내부에서 '환경부가 국토부 2중대냐'라는 자조 섞인 말이 나온 것이다. 정연만 차관은 자신의 입신양명을 위해 환경부의 본래 역할을 훼손한 대표적 인사다. 연일 계속되는 침수와 수질 악화 등 4대강 사업 부작용으로 농민들이 고통받고 있고, 시민들이 불안해하는 상황에서, 실패한 4대강 사업에 대한 책임을 져야 할 인사가 환경부 차관으로 버티고 있다는 것은 도저히 납득이 안 되는 일이다. 그가 박근혜 정부에서 차관으로 한 일 중에 하나가 설악산 국립공원 내 케이블카 허용이었다. 그는 환경부의 존재 이유를 스스로 부정하는 인사라는 것을 다시 한번 확인시켰다.

MB와 박근혜 정권 시기, 4대강 사업에 부역한 인사들이 참 많다. 불행히도 대다수는 MB마냥 낯이 두꺼워 여전히 기세등등하다. 유인촌 전 문화관광부 장관의 경우 2010년 11월 4대강 사업으로 문화재 훼손 우려가 높음에도 "4대강 공사를 안 했으면 문화재도 안 나타났을 것"이라는 궤변을 늘어놓았다. 4대강 사업을 위해 물 부족 국가라는 허구 논리를 내세웠던 유영숙 전 환경부 장관, 4대강 사업에 비판적이었다가 국무총리가 된 후 180도 변한 정운찬 전 국무총리 등도 빼놓기 어려운 4대강 찬동 인사다.

나성린 새누리당 의원은 2009년 10월 국감에서 "백마강에 물이 없다. 삼천궁녀가 지금 낙화암에서 떨어졌다면 맨땅에 헤딩이고, 머리가 깨져서 죽게 된다"며 4대강 사업의 효과를 강조하기 위해 궤변을 늘어놓았다. 같은 해 11월 나 의원은 국감장에서 "4대강 사업이 향후 50년간 총 500조 원 이상의 편익을 얻을 수 있는 미래수익 창출 사업"이라는 황당한 발언을 늘어놓았다. 서울대 환경대학원 홍종호 교수는 2013년 9월 〈SBS〉 스페셜 '4대강의 반격'에 출연해 4대강 사업의 비용-편익(B/C)은 0.2 수준, 즉 100원 투자하면 20원 이상 나오지 않는 사업이라 평가했다. 이런 사업이 500조 원 이상의 미래수익을 창출할 수 있을까? 거짓말이든 뭐든 상관없이 어떻게 해서든 4대강 사업을 띄우려는 나성린 의원의 억지가 한심하다.

4) 4대강 사업이 미래 먹거리라고?

2013년 3월 '누드 사진' 파문을 일으킨 심재철 새누리당 의원 역시 4대강 찬동 인사다. 친이계인 심 의원은 18대 국회 예결산특위 위원장이었을 당시 4대강 사업 예산 통과를 위해 MB친위대를 자처했다. 그는 2009년 10월 〈매일경제〉와의 인터뷰에서 "홍수 피해가 1억이면 복구에 5조 원 가량 들었다"며 "4대강 사업 예산은 국가 발전을 위해 제대로 쓰이는 것"이라 말했다. 4대강 사업 예산 배정의 당위성을 강조하기 위해 허위, 과장된 주장을 펼친 것이다. 심 최고위원은 4대강 반대가 '정치적 반대'라고도 주장했다. 2009년 11월 〈폴리뉴스〉와의 인터뷰에서 그는 야당이 4대강 사업 예산 심의를 뒤로 늦추자고 요구하는 것을 두고 "과거 청계천 효과도 예상치 못한 위력을 발휘하지 않았나"며 "2011년에 4대강 사업이 모습을 드러내면 다시 한 번 청계천 효과로 이듬해 대선, 총선에서 야당의 패배가 불 보듯 뻔하기 때문에 최대한 이를 지연시키려는 의도"라고 말한 바 있다.

4대강 사업의 대부분이 예비타당성 조사[1]가 면제되고 졸속으로 추진되고 있다는 비판에 대해 그는 "4대강 사업의 본질은 홍수 예방이고, 재해 예방은 예비타당성 조사 없이 얼마가 들더라도 무조건 해야 되는 것"이라며 "그동안 문제가 생길 때마다 찔끔찔금 하천 정비 사업을 해 왔는데 강은 상류부터 하류까지 일관되게 한꺼번에 정비해야 효과가 있다"고 밝혔다. 앞서 언급했지만, 4대강의 강 바닥은 이전까지 골재 채취로 전반적으로 낮아졌다는 점에서 그의 말은 4대강 사업을 띄우기 위한 거짓말이었다. 4대강 사업의 근본적 문제점은 국책사업의 타당성 및 합리성 등을 사전에 점검할 수 있는 예비타당성 조사 등을 MB정권이 법률을 변경해 가면서 회피했다는 점에서 시작했다. 4대강 사업에 적극 찬동했던 심재철 의원의 이러한 태도는 국민의 혈세를 낭비케 만든 장본인이라 해도 과언이 아닐 것이다.

MB 시절 4대강 추진 부본부장과 국토부 차관을 거쳐 국회의원 배지를 단 김희국 새누리당 의원도 마찬가지다. 2009년 2월 그는

---

1 국가 예산이 500억 이상 투입되는 사업을 대상으로 사전에 타당성을 조사하는 제도

4대강 찬동 인사 'OUT' : 환경운동연합에서는 선거 시기 4대강 찬동 인사 심판 촉구 캠페인을 벌이기도 했다. ⓒ 환경운동연합

"우리나라의 도로, 철도, 항만, 항공은 이미 세계적인 수준이지만, 하천은 1980년대 수준에도 못 미친다"며, 4대강 사업 추진을 위해 '강이 죽었다'는 MB의 논리를 그대로 따라 했다. 이어 4대강 반대 여론이 높아진 2010년 6월 지방선거 이후에는 "정치적인 이유로 반대하더라도 최근 진행되고 있는 4대강 사업의 실질적인 내용을 파악한다면 반대 입장을 고수할 수 없을 것"이라면서, 4대강 반대를 '정치적 반대'라 왜곡한 바 있다. 김희국 의원의 가장 큰 과오는 4대강 사업에 수공을 참여케 한 것이다. 그는 2009년 10월 언론 인터뷰에서 "4대강 사업으로 철도, 도로, 복지 예산이 줄어든다고 문제가 되고 여러 자치단체의 반발도 거세지면서 여당 안에서 4대강이 선거를 망친다는 말까지 나왔다. 국책 사업인 4대강의 예산 확보가 쉽지 않은 상황으로 몰리고 있어 (수공이 참여하도록) 내가 아이디어를 냈다"고 말했다. 그는 "초기에 수공이 반대했으나, 8조 원에 대한 이자 부담을 정부가 책임지고, 강 주변 개발 사업으로 원금을 갚아 가는 방안을 제시해 수공이 받아들였다"고 밝혔다. 정부가 수공에게 물어 줘야 할 이자만 매년 4천억 원 가량으로 하루 10억 원씩 쌓이는 꼴이다. 또한

8조 원 원금 회수를 위한 방법으로 제시된 '친수구역 활용에 관한 특별법(이하 친수법)'으로 전 국토의 23.5%가 개발 대상이 됐다. 특히 친수법은 수질오염에 민감한 수변 지역 개발이라는 특징 때문에 수질악화 등 4대강 사업의 부작용이 가속화될 수밖에 없는 상황이다. 이러한 상황은 결국 '국민의 공복'이 아닌 'MB의 사복'을 자임한 김 희국 의원에서 비롯된 것이다.

5) 4대강 사업이 수출 효자 종목?

MB정권의 명운이 달렸던 4대강 사업에 국무총리부터 도지사까지 적극적으로 찬동했다. 대표적으로 김황식 전 총리는 4대강 사업에 대한 국민적 반감이 높은 상황에서도 MB의 유체이탈 화법을 연상시키는 발언을 이어 갔다. 2011년 4월 김 전 총리는 "4대강 사업은 축복"이라 치켜세우더니, 2011년 10월 백제보 개방행사에서 "4대강이 우리 민족의 생명수로 다시 태어나고 있는 것"이라며 MB의 '4대강 자화자찬' 키워드를 그대로 따라 했다. 2012년 3월 '물의 날' 기념식에서는 "4대강 사업은 물 부족과 홍수에 대한 걱정을 덜어 주고, 나아가 수질 개선을 통해 국민들에게 좋은 물을 공급하고자 하는 매우 의미 있고 필요한 사업"이라며 4대강 만능론을 펼치더니, 같은 해 8월에는 "4대강은 홍수와 가뭄 해소 등 소기의 목적을 달성했다고 본다"며 4대강 사업은 성공했다는 입장을 밝혔다. 당시는 4대강 사업으로 확보된 13억 톤의 물이 가뭄에 아무런 도움이 되지 않는다는 것이 드러난 상황이었다. 4대강 사업의 부작용이 더 많이 드러나던 2014년 3월 김 전 총리는 새누리당 서울시장 경선 출마 기자회견에서 "사업 시행과정에 담합과 일부 부실공사가 있었지만 4대강 사업 자체는 기후변화에 대응하고 경제활성화를 위해 필요하고 합당한 사업"이라며 "4대강 사업은 이명박 정부를 위한 게 아니라 국가의 장래를 위한 치수사업"이라 밝혔다. 김 전 총리의 발언은 4대강 사업을 맹목적으로 찬동해 온 자신의 책임을 회피하고자 하는 꼼수일 뿐이다.

4대강 사업에 대해서는 새누리당 정몽준 의원도 다르지 않았다. 2009년 12월 정 의원은 야당의 4대강 비판을 "외국에 있으면서 국내 언론 보도를 보면 야당은 4대강 사업이 성공할까 봐 반대한다고 한다"며 폄하했고, "야당이 4대강 사업을 환경적 재앙이라고 반대하고 있는데 재앙이 아니다"라며 4대강 사업을 적극 합리화시켰다. 정 의원의 호언장담과 달리 4대강 사업은 환경재앙으로 귀결되고 있음이 속속 확인되고 있다. 그럼에도 정몽준 의원은 4대강 사업이 적절하다는 입장을 계속 밝혔다. 그는 2009년 12월 "탈산업 사회 관점에서 보면 4대강 사업은 가장 적합한 사업"이라 강조하더니, 2010년 3월에는 "4대강 사업은 죽은 강을 살리고 수자원을 확보하는 좋은 사업"이라며 MB 4대강 재창조 논리를 그대로 되풀이했다. 2010년 1월에는 "4대강 사업에 대해 무조건 반대하고 이상하게 보는 경우가 있는데 이는 잘못된 것"이라며 "4대강 사업을 올해부터 시작해 내후년까지 진척하면서 직접 보면 필요성을 인식하게 될 것"이라고 말했다. 이어 같은해 5월에는 "우리나라 5천년 역사에 한 번도 제대로 치수사업을 해 본 적이 없다고 생각하면서 지금의 4대강 살리기 사업은 오히려 늦은 감이 있다고 생각한다"고 밝히기도 했다. 정치가 사기가 돼서는 안 되는데, 정 의원은 4대강 사기에 적극 앞장섰던 것이다.

새누리당 조원진 의원은 2009년 10월 국정감사장에서 "보를 설치한다고 해서 반드시 수질이 나빠지거나 홍수가 발생하는 것은 아니다"라고 하더니 "4대강 사업을 하지 않으면 경북, 경남 등의 주민들이 수질 때문에 물을 먹을 수 없다"며 상식과 진실을 왜곡해 4대강 사업을 지지했다. 4대강 사업 때문에 독성 녹조가 만연한 상황을 조원진 의원은 어떻게 설명할까? 그는 2010년 10월 4대강 사업 때문에 불어난 수공의 빚 문제를 추궁하는 국감장에서 "4대강 사업을 잘해서 관리를 잘하면 원전 세계수출문제, KTX 세계수출문제와 맞먹는 세계수출 효자종목이 생기는 것"이라는 황당한 4대강 찬동 발언도 이어 갔다. 그는 4대강 주변은 물론 심지어 상수원 보호구역까지 개발할 수 있는 친수법에 대해서도 적극 찬성 입장을 보였다. 2010년 12월 "친수법을 반대하는 것은 1천 320만 명의 낙동강 주민은 물론 4대강을 끼고 살아가는 주민들의 마음을 잘 모르고 하는 행동"이라며 야당의 친수법 반대 입장을 비난한 바 있다. 이는 하류 주민의 식수는 어찌되던 상관없이 낙동강을 대규모 개발해 자신의 치적으로 삼고자 하는 욕심에서 비롯된 것이다.

　현 울산시장 김기현은 새누리당 의원 시절인 2013년 1월 감사원이 사실상 '총체적 부실'이라 4대강 사업의 문제를 지적하자, '4대강 사업은 잘됐다'며 끝까지 억지를 부린 인사다. 2009년 11월 대정부 질문에서 김 시장은 "4대강 살리기 사업은 단순한 토목공사가 아닌 미래의 '먹거리 사업'이자 '환경 친화적 사업'이라 할 수가 있다"면서 "4대강 사업으로 1,500만 명이 직·간접적으로 혜택을 볼 것"이라는 황당한 주장을 펴기도 했다. 4대강 사업으로 혜택을 본 것은 김기현 시장 등 새누리당 일부 정치인들뿐 아닌가. 그의 억지 발언은 4대강 사업 공사 과정에서 여러 문제가 드러났던 시기에도 계속됐다. 시민단체와 야당이 4대강 사업 중단을 요구하는 상황에서 그는 2010년 7월 TV토론에서 "4대강 살리기 사업은 생명 살리기, 자연친화적으로 식수도 확보하고 또 농업용수도 확보하고 또 아울러서 홍수도 막고 하는 다목적 취지를 가진 종합프로젝트이기 때문에 중단할 수 없다"고 단언하기도 했다. 김기현 시장이 혈안이 돼 띄우려던 4대강 사업의 현실은 그의 말과 달리 아무런 쓸모가 없는 상태다. 오히려 4대강 사업 때문에 식수원이 오염되고, 혈세만 낭비됐다. 혈세 낭비는 지금도 계속되고 있다.

6) 4대강 사업으로 수질이 개선됐다는 황당 주장도

새누리당 김관용 현 경북도지사 역시 4대강 찬동에 가장 앞장섰던 인사였다. 그가 만일 대운하와 4대강 찬동 경연대회에 나선다면 상위권에 오를 것이 명확한데, 현실을 무시한 채 황당하게 발언하는 MB의 유체이탈화법과 똑같기 때문이다. 그는 2007년 12월 "경부대운하는 교통의 발달과 산업화에 따라 끊어진 물길을 복원하는 프로젝트"라고 밝힌 것처럼 대운하부터 적극 찬동했던 인사다. 국민들의 저항으로 대운하가 잦아들던 시기에도 김 지사는 "(낙동강은) 돈이 물처럼 흐르는 강으로 거듭나야 한다.(2008.6.)"며 운하 추진을 요구했다. 이어 4대강 사업이 추진될 때인 2008년 12월에는 "4대강 정비 사업은 가라앉은 건설 경기를 살리고, 홍수 복구로 해마다 수조 원씩 들어가는 치수사업을 친환경적으로 정비하는 계기가 될 것"이라면서 "물길 살리기 예산은 조기에, 그것도 과감하게 집행되길 기대한다"며 적극 찬동 입장을 밝혔다. 2009년 12월 4대강 선도사업으로 진행된 기공식에서는 "낙동강 살리기 사업은 생명을 잃어 가던 강을 '영남의 젖줄'로, '문명의 물길'로 다시 살리는 사업"이라 4대강 사업을 극찬했다. 2011년 2월 언론 인터뷰에서는 "낙동강 살리기가 마무리되면 한강과는 비교도 안 될 만큼 풍성한 결실을 안겨 줄 것으로 확신한다"고 말하기도 했다. 그의 말처럼 낙동강은 현재 한강과는 비교가 안 될 정도로 극심한 녹조라떼로 몸살을 앓고 있다.

구미보 부실. 2011년 구미보 날개벽 사이로 물이 새는 사건이 발생했다. 현장을 확인한 전문가들은 부실 설계와 속도전에 따른 부실 공사를 원인으로 지목했다. ⓒ 4대강 범대위

김관용 지사에게 4대강 사업은 전지전능했다. 못 할 것이 없었고, 못 하는 것이 없었다. 그러나 그 전지전능함은 허황된 거짓이자, 사기로 드러났다. 그가 찢기고, 파이고, 사라지는 우리 강의 현실과 4대강 사업 때문에 침수 피해를 당해도 하소연조차 못 하고 있는 낙동강 주변 농민의 아픔을 제대로 인식한다면, 지금 당장 도지사를 사퇴하고 국민들에게 석고대죄 해야 할 것이다.

재선의 홍준표 경남도지사는 한반도 대운하는 비판하면서, 대운

하를 염두에 둔 4대강 사업은 적극 찬동한 인사다. 그는 2007년 당시 한나라당 대선 후보 경선에 나서면서 "(지금은) 개발의 시대가 아니라 환경의 시대"라며 "청계천은 '환경복원'이라 국민이 열광했지만 대운하는 대재앙이자 환경파괴"라 지적한 바 있다. 하지만 한나라당 원내대표가 되면서 변절하기 시작했다. 대운하에 대한 국민의 저항이 거세진 2008년 5월 홍 지사는 "(대운하가) 환경복원이 된다면 문제가 되지 않는다"며 "이 대통령이 말하는 것은 운하 개념이 아니고 환경복원적으로 받아들여진다"고 말을 바꿨다. 이어 2010년 4월에는 "(4대강) 하천정비사업의 목적은 첫째 수량 확보, 둘째 친환경 사업 추진, 셋째 일자리 창출"이라며 MB의 4대강 만능론에 편승했다. 그는 한나라당 대표가 되면서부터는 4대강 찬동 강도가 더욱 강해졌다. 2011년 8월 홍 지사는 "4대강 사업과 관련해 삽질, 토목정권이라는 야당의 선동에 현혹되지 말라"며 "올해 비는 2배 왔는데, 수해는 1/10로 줄었다. 4대강 공사가 수해를 막았다. 선동에 속지 말라"고 주장했다. 당시는 예년 수준의 강우량에 왜관철교 교량과 상주보 제방이 붕괴되는 등 4대강 사업의 피해가 속출할 때였다. 그럼에도 같은 해 9월 정당대표 라디오 연설에서 그는 "4대강 사업이 대한민국 친환경 치수사업이었다는 것을 새삼 확인할 수 있다"며 강력한 4대강 사업 찬동 의사를 밝히기도 했다. 그는 지난 2012년 총선에서 낙선한 뒤 보궐선거를 통해 경남도지사 자리를 꿰찼다. 하지만, 주민들의 식수원이 4대강 사업으로 만들어진 '녹조라떼'에 의해 불안해진 상황에 대해서 문제의 핵심을 왜곡하기에 이르렀다. 2013년 8월 녹조현장을 둘러 본 홍 지사는 "(4대강 사업으로) 오히려 수량이 풍부해짐으로써 자정 능력이 높아져서 과거에 견줘 녹조현상이 완화됐다"는 궤변을 늘어놓았다. 라디오 인터뷰에서는 "보 때문에 유속이 느려져서 녹조가 발생했다는 주장은 정치적인 주장"이라며 "녹조 문제는 경상남도에서 적절히 대처해서 별 문제가 없다고 결론이 났다"고도 말했다. 같은 조건이라면 '고인 물이 썩는다'라는 기본적 상식도 부인한 것이 바로 홍준표 지사다. 그는 자신이 4대강 사업에 적극 찬동했던 경력 때문에 거듭 황당한 궤변을 늘어놓고 있다. 매년 낙동강에는 날이 추워지는 11월까지 녹조가 번성하고 있는 것이 확인됐다. 홍준표 지사가 문제의 핵심을 왜곡하면서 황당한 발언을 하고 있는 동안, 주민들의 식수원은 계속해서 오염될 수밖에 없다.

제주도지사 원희룡 전 새누리당 의원은 당 내 소장파로서 '여당 내 야당 역할'을 해 왔다는 평가를 받아 왔다. 그러나 4대강 사업에 대해서는 MB와 다르지 않았다. 2008년 12월 언론 기고를 통해 그는 "우리나라는 물 부족 국가"이기 때문에 "4대강 사업은 필요하다"는 입장을 밝혔다. 2009년 8월에는 "4대강 살리기 사업을 반대하는 것은 마치 수영선수한테 수영하지 말라는 것과 다름없다"는 궤변을 선보였다. 이어 2010년 7월에는 주민 의견을 빙계로, 4대강 사업 반대를 정치적, 사상적 반대라 표현하기도 했다. MB정권이 주로 썼던 치졸한 색깔론을 펼친 것이다. 2010년 9월 불교계가 마련한 토론장에서 원 지사는 "많은 분들이 4대강 사업이 강을 죽인다고 걱정하지만, 내년 6월이면 모두 검증될 것"이라며 "오히려 대통령 임기 내에 공사를 끝내기 때문에 정부의 책임과 부담은 더 커진다. 5~6년 기다려 달라는 것도 아니고, 곧 공사가 마무리되면 그때 충분히 사업을 검증할 수 있다"고 말했다. 4대강 사업이 끝나면 효과가 검증된다던 원희룡 지사는 현재의 심각한 후유증으로 몸살을 앓고 있는

4대강 상황을 어떻게 평가할 것인가? 대통령의 강점이 토목사업이기 때문에 4대강 사업을 해야 한다던 그는 이 사업으로 22조 원이 낭비된 것을 어떻게 책임질 것인가?

4. 4대강 찬동 사회 인사

4대강 사업을 책임질 정치인 중에는 한반도 대운하부터 4대강 사업까지 끊임없이 왜곡된 주장을 펼쳤던 이재오 새누리당 의원도 있다. 이번 20대 총선에서 대구지역 국회의원 후보를 준비하고 있는 막말의 달인 김문수 전 지사도 있고, 경남도지사 시절부터 적극적으로 4대강 사업을 찬동했던 새누리당 김태호 의원과 새누리당 정병국 의원, 강만수 전 기획재정부 장관 등도 빼놓기 어려운 찬동 인사다. 또한 4대강 사업은 친서민 사업이라던 박재완 전 기획재정부 장관, 보를 만들면 수질이 개선된다고 주장했던 새누리당 조해진 의원 등도 있다. 4대강 찬동 인사들 중에는 야권도 있다. 'MB어천가'를 부른 박준영 전 전남도지사가 대표적이며, '4대강 사업은 국토개조작업'이라 했던 정용화 호남미래연대 이사장도 있다. 심각한 것은 이들은 모두 4대강 사업 찬동에 대해 별다른 책임의식이 없다는 점이다. 감사원이 4대강 사업을 총체적 부실이라 판정했을 때 김범일 전 대구시장 등은 끝까지 '4대강 사업은 잘된 사업'이라며 MB에게 충성하기도 했다. 여기에 전문가 한 명도 가세했다. 바로 박재광 미국 위스콘신대 교수가 그 당사자다.

1) 4대강 때문에 살기 좋은 나라 된다던 박재광 교수

박재광 교수는 2013년 1월 〈문화일보〉에 '4대강, 나무 아닌 숲을 봐야'라는 기고를 통해 "외국에서도 인정한 사업이 성급한 감사원의 판단으로 폄훼되고 해외 수주에 실패하게 된다면 국가적으로 큰 손실이 될 것"이라 주장하며 4대강 사업에 대해 끝까지 찬동했다. 외국에서 4대강 사업을 인정했다는 것이 사실일까? 2011년 2월 MB는 라디오 연설을 통해 "유엔환경계획(UNEP)이 4대강 사업을 기후변화에 대비한 친환경적 모범사례로 평가했다"고 밝혔다. 이에 대해 베른하르트 교수는 2011년 자신의 논문 「하천공사 연구. 대한민국 4대강 사업」을 통해 "유엔환경계획은 한국의 녹색뉴딜사업 전반에 대해 단지 정치적인 견해를 표명했을 뿐, 4대강 사업에 대한 구체적 평가는 없다"고 밝혔다. 그러면서 "유엔환경계획이 연속적인 보 건설과 전구간의 준설을 긍정적 사례로 분류하는 것은 불가능하다"고 지적했다. 유엔환경계획의 목표가 환경적으로 '건전한 정책environmentally sound policies'과 '지속가능한 발전sustainable development'이기 때문이라는 것이다. 외국에서 긍정적이라 표현한 것은 단지 정치적 수사일 뿐인데, 이를 마치 4대강 사업 전체가 긍정적이라 말하는 것은 아전인수식 해석의 극치를 보여 주는 것이다.

박재광 교수가 감사원이 4대강을 폄훼했다고 밝힌 그날, 공교롭게도 법원에서는 박 교수가 4대강 비판 전문가를 폄하했다고 판결했다. 1심 법원에 이어 2심 법원은 "2010년 10월 국감에서 박재광 교수가 4대강 사업 비판전문가들을 '학자 자격을 갖추지 못했다', '전문가로 포장됐을 뿐'이라 한 것은 허위 사실"이라며, 1,700만 원을 배상하라 판결했다. 입때껏 박 교수의 4대강 찬동 주장은 상대편 전문가

잘려 나간 버드나무 군락지. 상주 낙동강변 버드나무 군락지가 4대강 사업 때문에 잘려 나갔는데, 4대강 사업 기간 동안 이런 일은 비일비재했다. ⓒ 유원일 의원실

에 대한 인신공격성 발언이 대부분이었다.

　박 교수는 『나의 조국이여 대운하를 왜 버리려 합니까』(2009.7.)라는 책을 통해, "대운하가 본격적으로 탄력을 받게 되면 오는 2050년에는 세계 5대 경제 대국에 한국이 포함될 것"이라면서 4대강 사업이 아닌 대운하로 가야 한다고 밝히기도 했다. 그는 4대강 사업 비판을 '근거 없는 선동', '반대를 위한 반대'라 규정하며, 언론 기고와 인터뷰, 토론회 등에서 4대강 사업에 대한 적극적인 찬동 주장을 끊임없이 펼쳤다. 특히 그는 4대강 사업에 대한 여론이 악화될 때마다 등장했다. '녹조라떼'라는 신조어가 등장할 때 그는 '4대강 사업으로 수질 개선됐다'(2012.8.9. 〈동아일보〉), '녹조와 4대강 사업은 무관하다'(2012.8.14. 〈문화일보〉) 등 왜곡된 입장을 지속했다. 2013년

3월 〈문화일보〉에 그는 '대안 없는 반대는 이제 그만'이라는 기고를 통해 "더 이상 원전과 4대강 사업 등을 둘러싼 논란으로 국론을 분열시켜선 안 된다"며 "원전 폐쇄는 국민을 고통 속에 빠뜨리고 일자리를 잃게 하며, 4대강 보 해체는 국토를 또다시 홍수와 가뭄에 시달리게 만들고 국민의 안식처를 없앨 것"이라 주장했다. 4대강 전도사에 이어 원전 전도사를 자처하는 상황이다.

박재광 교수는 2010년 4월 낙동강 소송에 정부 측 증인으로 나와 "앞으로 3년 뒤에 한국 전체가 4대강 때문에 너무 살기 좋은 나라가 된다"고 주장했다. 박 교수의 주장과 달리 3년이 지나 4대강 사업은 실패한 국책사업의 대표 주자가 됐으며, 그에 따른 혈세 낭비, 생태계 파괴, 상식과 이성의 마비, 민주주의 훼손이라는 심각한 후유증을 겪고 있다. '4대강 사업 때문에 너무 살기 힘든 나라'가 돼 버린 것이다. 박재광 교수의 왜곡된 주장에 대해 국제적 하천 전문가인 한스 베른하르트 교수는 객관성 부족을 꼬집기도 했다. 박 교수는 2010년 5월 한나라당 특강에서 "4대강은 퇴적토에 의해 동맥경화에 빠진 만큼 깊게 파는 게 가장 현명하고 옳은 길"이라며 "물을 흐르도록 만드는 것을 생태계 파괴라고 반대하는 것은 어불성설"이라 주장했다. 이를 두고 베른하르트 교수는 "토사가 운반되어 쌓이는 퇴적토를 동맥경화에 비유한다는 사실은 논리에 객관성이 얼마나 부족한지 단적으로 보여 준다"고 꼬집었다. 전문가라고 하지만, 전문가에게 가장 중요한 '객관성'이 없다는 지적이다. 박재광 교수가 입때껏 보여 준 모습은 참으로 황당하고, 경망스럽다. 박재광 교수도 표현의 자유를 누려야 한다. 그러나 그 '표현의 자유'가 거짓까지 포함돼서는 안 된다. 4대강 사업을 왜곡하고, 막말을 서슴지 않았던 전문가가 엄중한 책임은 뒤로하고 망언을 계속할 수 있는 현실은 대한민국의 현재 수준을 그대로 보여 주고 있다.

2) 4대강 막말 종결자, 박석순 교수

박재광 교수의 4대강 궤변과 막말에 필적할 만한 인사가 국립환경과학원장을 지낸 바 있는 박석순 이화여대 교수다. 박석순 교수는 2012년 3월 발간한 자신의 책『부국환경이 우리의 미래다』에서 4대강 사업을 비판해 온 환경단체를 가리켜 '친북 좌경화된 환경단체'라 매도했다. 4대강 사업을 비판한 전문가들에 대해서는 '위선의 환경주의자', '사기꾼'라는 표현을 사용했다. 박 교수의 막말은 한두 번이 아니었다. 2008년 3월 전국적으로 한반도 운하를 비판하는 대학교수 2400여 명이 뜻을 모아 '운하반대교수모임'을 결성했다. 이 정도 규모는 1987년 6월 민주항쟁이후 처음 있는 일이었다. 그러나 박석순 교수는 이를 두고 "참여하는 교수를 보니 문국현 씨의 선거 전략 중에 하나가 아닌가 싶다"며 운하반대교수모임의 취지를 폄훼했다. 이어 박 교수는 건설기술연구원 김이태 박사의 '4대강 정비 사업은 대운하'라는 양심선언을 두고 "무능고백", "이름도 없는 이상한 연구원", "한심" 등의 용어를 써 가며 원색적으로 비난하기도 했다.

박석순 교수의 4대강 광기는 MB의 그것과 닮았다. 한반도 대운하를 추진할 때 토론회 등에서 '배가 지나가면 수질이 개선된다'는 그의 주장은 과연 그를 전문가라고 부를 수 있을까라는 의문이 들게 할 정도였다. 그는 2009년 9월 "4대강 정비 사업은 반드시 필요하다. 4대강 정비는 당초 한반도 대운하에서 물류기능만 빠졌다"면서 "4대강 살리기 반대는 한마디로 반대를 위한 반대일 뿐"이라며 4대강 광기를 드러냈다. 그는 4대강 사업 만능론의 주창자였다. 그는 2009년 11월 〈서울신문〉 기고를 통해 "4대강에 보와 준설이 필요한 것은 잃어버린 강의 기능을 찾기 위함이다. 퇴적된 토사를 걷어 내고 맑고 풍부한 물을 채우는 것이야말로 기후변화 시대에 대비하고 인간과 자연이 공생하기 위해 반드시 필요하다"면서 MB와 같은 논리를 펼쳤다. 그는 4대강 사업으로 왜관철교 붕괴, 지류지천 역행침식 현상이 버젓이 발생했음에도 불구하고, '준설을 통해 물그릇이 커져서 홍수 예방효과가 있다'고 주장하기도 했다. 또한 4대강 사업으로 수질이 개선됐다는 억지 주장을 펼쳤다. 2012년 8월 〈한국경제〉 '녹조현상 네 탓 말고 과학적 이해를'이라는 제목의 기고에서 그는 "4대강 사업은 오히려 녹조현상을 줄이는 데 기여했다는 것이 과학적인 설명에 가깝다. 수변정비, 퇴적물 준설, 유입 오염원 차단, 하수 고도처리 등으로 영양물질이 감소했고, 보가 수심을 깊게 하고 수량을 풍부하게 해 폭염에도 수온 상승을 억제했기 때문"이라고 주장한 바 있다.

박석순 교수는 자신의 발언을 뒤집는 데도 일가견이 있다. 그는 2006년 11월 〈동아일보〉에 "인공적으로 한강과 낙동강을 이으면 생태계 교란이 생길 수 있다"라고 했으나, 1년도 안 된 2007년 4월 '경부운하 건설로 생물종이 이동해 고유종이 멸종하고 생물다양성이 저하될 것'이라 우려하는 어류 전문가의 지적을 "과학적 근거가 없다"며 억지를 썼다. 또한 2006년 7월 〈조선일보〉에 준설이 수질 개선에 실효성이 없다는 식의 주장을 펼쳤으나, 대운하와 4대강 사업이 추진될 때는 적극적으로 준설을 해야 한다는 식으로 말을 바꿨다.

정부의 4대강사업 완공선언에 대한 운하반대전국교수모임 기자회견
외국인 석학 5인의 4대강 의견발표 및 운하반대전국교수모임 성명서 발표
일시: 2011년 10월 24일(월) 10:30   장소: 환경재단 레이첼카슨홀   주최: 운하반대전국교수모임   후원: 환경재단

정민걸   최영찬   김정욱   이원영

전국 2400여 명의 대학교수들로 구성된 운하반대교수모임은 한반도 대운하부터 4대강 사업까지, 이 사업이 망국적 사업임을 적극 알려 나갔지만, 일부 4대강 찬동 인사들은 운하반대교수모임의 취지를 왜곡하거나 막말을 퍼붓기도 했다. ⓒ 운하반대교수모임

　박석순 교수는 남 탓도 잘한다. 배가 지나가면 수질이 개선된다는 주장에 대해 2012년 2월 〈한겨레〉 남종영 기자가 "그런 논문이라도 나온 게 있나요? 국립환경과학원장으로서, 과학적으로 그런 판단을 내리고 있는 겁니까?"라고 물어봤다. 이에 박 교수는 "(논문이 있는지에 대해선) 나는 모릅니다. (선박으로) 수질 개선하겠다는 건 아닙니다. 나한테 묻지 마십시오. 장석효 씨(전 도로공사 사장으로 4대강 A급 찬동 인사)에게 물어보십시오. 2006년에 유럽에 대운하 견학을 갔습니다. 그때 독일의 운하 전문가가 그렇게 얘기를 해 줘서 홍보 동영상에 (장석효 씨가) 집어넣은 겁니다. 나는 동영상을 설명하면서 말했을 뿐입니다. '그게 사실이다, 하지만 막 좋아지는 건 아니다'라며 해명해 주는 거였습니다"라며 책임 회피에 급급했다.

『부국환경이 우리의 미래다』라는 책에서 4대강 비판 환경단체와 전문가를 '친북 좌경화된 환경단체', '위선의 환경주의자', '사기꾼' 등 으로 비난한 것이 국정감사에서 지적이 되는 등 사회적으로 문제가 되자 이 또한 엉뚱하게 남 탓으로 돌렸다. 2012년 10월 30일 라디오 인터뷰에서 그는 "(4대강 비판 진영에 대한 원색적 비난 등은) 이게 보면 이상돈 교수님이, 지금 중앙대학교 이상돈 교수님이 쓰신…"것 이라며 말을 흐렸다. 중앙대 이상돈 교수는 4대강 사업에 대해서 매우 강한 비판 입장을 피력해 왔다.

2013년 10월 환경운동연합은 박석순 교수가 『부국환경이 우리의 미래다』라는 책을 통해 단체의 명예를 훼손시켰다며 소송을 제기 했다. 4대강 사업을 적극 찬동했던 책임을 묻겠다는 의미도 담고 있 었다. 이에 대해 박석순 교수가 발끈했다. 그는 자신의 페이스북을 통해 '환경운동연합 공동대표를 역임했던 이가 (자신의) 책의 추천 사를 썼는데, 무슨 명예훼손이냐'면서 "환경운동연합은 정말 이해가 안 된다"고 항변했다.

그의 말이 사실일까? 『부국환경이 우리의 미래다』의 추천사는 환 경운동연합 공동대표를 지낸 바 있는 이화여대 최재천 석좌교수가 쓴 것이 맞다. 그러나 최재천 교수의 추천사는 여느 책의 추천사와 같지 않다는 점을 유념해야 한다. 추천사에서 최재천 교수는 공개석 상에서 "같은 학과 3년 후배(박석순 교수)의 청을 거부하기는 대단히 어려웠다"면서 "어쩔 수 없이 (추천사를) 쓰게 되었다"고 밝혔다. 최 교수는 "박석순 교수와 환경을 바라보는 관점이 많이 달라졌다. 4대 강 정책에 관하여 첨예하게 다른 의견을 갖고 있다"면서 박 교수의 책에 추천사를 쓰기 어려웠던 근본적인 이유를 언급했다. 최재천 교수는 그럼에도 추천사를 쓰게 된 이유에 대해 "관점이 다르다고 해서 소통 자체를 거부하는 것은 지식인의 취할 태도가 아니라고 생각한다"면서 "이게 학문을 하는 태도이어야 하기 때문"이라 밝혔다. 최재천 교수는 자신의 생각과 다르더라도 소통하는 것이 '통섭'이자 '융합'이라고 것이다. 불행히도 최 교수는 소통 대상으로 최악을 선택했다. 앞서 지적했듯이 박석순 교수는 자신과 생각이 다른 이들에 대해서 소통보다는 원색적 비난과 매도로 일관했기 때문에 말이다. 박석순 교수는 지금도 자신과 반대되는 이들을 '종북좌파', '환경생벌이'라면서 여전히 극단적이면서도 원색적 비난을 멈추지 않고 있다. 그것도 자신이 책임져야 할 부분에 대해서는 왜곡으로 일관하면서 말이다.

3) 4대강 방패막이에 나선 전문가들

『신갈나무 투쟁기』라는 책이 있다. 한 언론사에서는 이 책이 "철저하게 나무의 관점에서 쓰여졌다"고 평했다. 저자는 생태학자인 차윤정씨다. 아이러니하게도 자연을 인간의 관점을 벗어나 사고하자던 그는 4대강 살리기 추진본부 환경부본부장이 되면서부터 정반대의 행보를 취했다. 사실 차 전 부본부장이 처음부터 4대강 사업을 찬동한 것은 아니었다. 그는 MB가 4대강 사업을 강행하던 2009년 10월 〈한국일보〉에 '흐르는 강물처럼'이란 칼럼에서 "이제 강을 수로와 수심과 수변으로만 다듬는 '사업'을 한다고 예산까지 구체화하였다. 뭘 어떻게 해서 자연의 아름다운 강보다 더 아름다운 강을 만든단 말인가"라며 "자연은 투자의 대상이 아니라 보호의 대상"이라 지적했다. 4대강 사업에 대한 비판적 입장을 밝힌 것이다. 그랬던 그가

4대강 본부 환경부본부장에 취임하면서 입장이 180도 변했다. 그는 2010년 5월 환경부본부장에 취임하면서 "금빛 모래는 인간에게는 정서적 공간일지 몰라도 수생태와 생물에게는 생존이 어려운 가혹한 환경이라는 또 다른 측면을 볼 필요가 있으며, 습지도 큰 물이 있어야 유지가 된다"며 "지금의 강은 퇴적토사 등으로 노후화되었는데, 그렇다고 지금의 강을 버릴 수는 없는 일이니 우리가 다시 젊게 만들어 줘야 한다"고 주장했다. 금빛 모래는 소월이 '엄마야 누나야 강변 살자'에서 노래하던 우리 강의 정서적 특징뿐만 아니라 어류들의 산란공간이자, 수질을 정화시키는 강의 핵심적 요소들이다. 생태학자라는 차 전 부본부장은 이를 부인하면서 4대강 사업의 준설과 수량 확보가 필요하다는 입장을 밝힌 것이다. 또한 MB와 그의 추종자들이 입버릇처럼 말하는 '우리 강은 썩은 퇴적토로 방치돼 죽었기 때문에 재창조해야 한다'는 논리를 그대로 따라 했다.

박재광, 박석순, 차윤정 이외에도 4대강 사업에 적극 찬동한 전문가는 너무나 많다. 환경운동연합 등에서 2011년 9월까지 조사한 4대강 찬동 인사 A, B급 282명 중 전문가는 67명으로, 정치인 다음으로 가장 많은 수를 보였다. 2012년 2월 '4대강 민관점검단'에 참여한 전문가들이 대표적이다. 당시는 보에서 누수현상과 대규모 세굴 현상이 발견돼, 새누리당 비대위 내에서도 안전성 문제가 지적되던 시기였다. 이에 국토부는 '민관 합동 특별점검단'을 통해 객관적이고, 전문적인 점검을 하겠다고 밝혔다. 하지만 여기에 참석한 윤세의 경기대 교수, 윤병만 명지대 교수, 신현석 부산대 교수 등은 4대강 사업에 적극 찬동해 왔던 인사들이었다는 점에서 애초부터 4대강 점검단은 '무늬만 점검단'으로서 '4대강 사업은 안전하다'라는 걸 결론짓고 구성됐다는 지적이 있었다.

윤세의 교수는 4대강 사업이 시작되던 2008년 12월 〈서울신문〉에 '대대적 하천정비 시급하다'라는 제목의 기고를 통해 "4대강 하천 구간에 대한 하천정비 사업의 조기 시행이 필요하다"면서 4대강 사업 지지 의사를 밝혔다. 또한 2011년 8월 〈동아일보〉 '집중호우 일상화된 한국의 하천관리, 강우 일정한 독일과 다르게 접근해야'라는 기고에서 독일의 베른하르트 교수의 4대강 사업 비판을 "순수한 학자인지 의구심이 든다"며 당시 국토부의 베른하르트 교수 비난 입장에 동조했다. 윤병만 명지대 교수 역시 언론 기고를 통해 4대강 찬성 입장을 분명히 해 왔다. 그는 세굴 현상과 가뭄에 무용지물인 4대강 사업을 두고 2012년 12월 〈서울경제〉에 '가뭄·홍수 이겨 낸 4대강'이란 기고를 통해 "4대강 사업은 성공적으로 완공됐다고 할 수 있다"고 주장했다. 2013년 1월 감사원이 4대강 부실을 지적한 것에 대해서도 "보 본체에는 문제가 없어 보인다"면서 MB정권의 논리를 그대로 따랐다.

부산대 신현석 교수도 대표적인 4대강 찬동 인사다. 4대강 국민소송단이 진행한 낙동강 소송에서 정부 측 증인으로 참석한 그는 4대강 사업을 통한 수질 개선 효과를 주장했고, 왜관철교가 붕괴와 구미 단수사태 등이 발생한 2011년 7월 〈동아일보〉와의 인터뷰에서는 "(4대강 사업으로) 준설 안 했다면 이번 집중호우 때 낙동강 하구는 홍수주의보가 아닌 홍수경보가 내려졌을 것"이라 말한 바 있다.

이름만 대면 알 수 있는 전문가들도 4대강 찬동 인사 A급에 포함됐다. 이들 중에는 한때 비교적 공정하다고 평가받던 이들도 있다. 대운하 때는 비판적 의견을 냈다가 4대강 사업에 대해서는 지지 입

촛불 든 흰수마자. 4대강 사업 때문에 한반도 고유종 흰수마자의 멸종위기가 가속화될 수밖에 없었다. ⓒ 김규정

장을 표명한 공동수 경기대 교수(전 한강물환경연구소 소장), 대운하 추진에 선두 주자였던 곽승준 고려대 교수(전 대통령 직속 미래기획위원장), 졸속 4대강 마스터플랜의 책임 연구원이었던 김창완 전 건설기술연구연 수석연구원 등이다. 이밖에도 4대강 사업이 녹색성장이라던 김형국 서울대 환경대학원 교수(전 녹색성장위원장), '4대강 만능론' 주창자 박태주 부산대 교수(전 한국환경정책평가연구원장)와 한건연 경북대 교수, 운하의 운송유량이 (하천의) 생태유지유량이라던 이창석 서울여대 교수 등도 4대강 찬동 인사다.

책임을 회피하려는 전문가도 있었다. 2013년 1월 〈연합뉴스 TV〉에 출연한 연세대 조원철 교수는 4대강 사업에 의한 수질악화를 은폐해 온 이명박 정부를 두고 "범죄행위"라며 "(MB는)개념 없다"고 까지 말했다. "대운하 건설로 우리 국토가 생태적 균형을 이루는 중요한 계기가 될 것(2008.4.6.)"이라며 한반도 대운하와 4대강 사업을 적극 찬동했던 그의 주장 치고는 참으로 황당하다. 이어 나온 말에서 조 교수의 속내가 드러났다. 그는 '누가 책임을 져야 하는가?'라는 질문에 "이명박 정권이 아니고 이명박 대통령"이라 단언했다. 4대강 사업의 실패의 책임은 MB정권, 즉 MB와 부화뇌동했던 정치인, 전문가 등이 아니라 MB 본인이 져야 한다는 것이다. 잘못된 사업에 대한 반성이 아니라 전형적인 '꼬리 자르기'이자, '책임 회피'인 셈이다. 서울대 환경대학원 윤순진 교수는 "4대강 사업을 강행할 수 있었던 원인 중에 곡학아세하는 전문가 집단이 있었기에 가능했다"고 비판했다. 불행히도 4대강 곡학아세 전문가들은 지금도 교수, 전문가라는 칭호를 여전히 사용하고 있다.

4) MB의 4대강 광기를 그대로 복사한 수공

"위에서 시킨 일만 했을 뿐이니 4대강 찬동 명단에서 모두 빼라"

이 말은 2014년 초, 4대강 찬동 인명록 발표를 앞두고 수공 노조 관계자라는 인사가 요구한 내용이다. "수공 관계자 명단이 들어간 4대강 찬동 인명록을 발표하면 노조원들과 항의하러 올라갈 테니 알아서 하라"는 협박멘트까지 날리면서 말이다. 그의 주장은 '자신들은 죄가 없는데, 왜 수공을 들먹거리나'라는 것이다. 그야말로 '깃털'이라는 건데, 그 말이 정말일까? 4대강 사업으로 훈·포장 및 표창장을 받은 인사는 무려 1,354명이다. 이중 수공은 훈장 14명, 포장 11명, 대통령 표창 25명, 국무총리 표창 49명, 국토부장관 표창 19명 등 총 118명으로 국토해양부(88명)를 제치고 단일 기관으로서는 가장 많은 비중을 차지하고 있다. 뿐만 아니라 4대강 찬동 인사로 선정된 공기업 및 건설사 A, B급 26명 중 수공은 9명이나 포함돼 있다. 이러한 자료는 수공이 절대 깃털일 리 없다는 것을 말해 준다. 2013년 10월 국감에서 당시 민주당 박수현 의원은 수공이 4대강 사업의 효과가 없거니와 수질악화 및 법적 문제가 발생할 수 있다는 사실을 알면서도 4대강 사업에 8조 원을 투입했다고 지적했다. 4대강 사업의 문제를 뻔히 알고 있었음에도 참여했다는 것은, 수공이 4대강 사업의 또 다른 몸통이라는 것을 의미하는 것이다.

수공 관계자들의 4대강 사업 관련 발언을 보면 MB의 4대강 광기를 그대로 빼다 박았다. 김건호 전 수공 사장은 2011년 10월 언론 인터뷰에서 "4대강 사업은 기후변화에 선제적으로 대응해 수자원을 충분히 확보하는 동시에 치수대책을 수해복구 위주에서 사전예방으로 전환하자는 것"이라면서 MB의 4대강 추진 논리와 4대강 사업으로 모든 것을 다 이룰 수 있다는 '4대강 만능론'을 주장했다. 수질 악화 등이 드러나던 시기인 2012년 3월 인터뷰에서는 "4대강 살리기 사업은 오염된 물로 인해 죽어 가는 강의 생명과 생태계를 복원하고, 깨끗한 물을 확보하는 것이 핵심 목표이다. 오히려 환경을 살리는 사업"이라며 현실과 정반대되는 주장을 펼치기도 했다.

최병습 수공 전 설계지원처장은 언론 기고를 통해 "4대강 사업을 하면서 얻은 또 하나의 성과는 수자원 분야 사업에 대한 높아진 신뢰(2012.12.16.)", "올 초부터 계속된 폭염으로 발생한 104년 만의 가뭄에도 풍부한 수자원을 확보함으로써 물 부족에 대비했다(2012.10.17.)"고 주장했다. 지은 지 몇 달 되지도 않는 상황에서 물이 새고, 갈라지고, 파여 나가는데 '높아진 신뢰'라고 말하는 것과 4대강 사업으로 확보한 물을 가뭄지역에 공급할 수조차 없는 상황에서 '물 부족을 대비했다'고 칭하는 것은 사기와 다를 바 없다. 4대강 사업의 효과를 분석한 바 있는 한 전문가는 "4대강 사업으로 인해 국민들은 전문가들을 불신하게 됐다"며 "4대강 찬동 전문가들이 엉터리 주장을 했기 때문에 전문가들 사이에서도 불신이 생겼다"고 평가했다. 한마디로 '무한 불신의 시대'가 도래했다는 것이다.

염경택 수공 전 4대강사업본부장은 "4대강 사업을 반대하는 일부 민간단체와 전문가들은 비과학적 논리와 왜곡된 주장으로 국민을 현혹하고 있다.(2010.7.31.)"며 4대강 비판 진영 비난에 앞장섰다. 정작 왜곡은 본인들이 하고 있었음에도 말이다. 수공의 거짓말과 막말은 도를 넘었다. 2011년 7월 과도한 준설로 두 번에 걸쳐 구미에서 단수 사태가 발생했을 때 김건호 전 사장과 박병돈 전 구미권관리단장은 '준설 구역이 아니기 때문에 4대강 사업 탓이 아니다'라고 했다가 거짓말이라는 것이 들통 나기도 했다. 2010년 9월 장용식 수공 전 경남본부장은 4대강 사업과 관련해 "국가예산은 먼저 빼먹는 게 임자", "경남도는 4대강 사업에 반대해 국가혜택을 받지 못했다"라고 말해 구설수에 오르기도 했다. 이는 수공이 국민의 혈세를 어떻게 인식하고 있는지를 단적으로 보여 주는 사례이다. 2012년 7월 수공은 4대강 사업의 문제를 지적해 온 가톨릭관동대 박창근 교수를 허위 사실에 의한 명예훼손으로 고소했다. 4대강 사업을 비판하는 전문가의 입을 틀어막자는 심보로, 수공의 4대강 찬동 행태를 단적으로 보여 주는 것이다.

5) 4대강 사업 찬동 공직자

'국민의 공복公服'이라는 공직자들은 국민에게 복무해야 하는 것이 당연하다. 그러나 현실은 전혀 그렇지 않았다. 4대강 사업에 있어서는 자신의 입신양명을 위해 영혼을 매각한 공직자들이 너무도 많았다. 안시권 전 4대강 추진본부 기획국장은 "4대강 살리기는 시급한 물 문제를 해결하고 국토를 새롭게 재탄생시키는 사업(2009.12.2.)"이라며 낯부끄러운 찬가를 불렀다. 이어 "2012년 사업이 끝나면 대운하 사업인가 아닌가, 성공하나 실패하나 알 수 있을 것이고 그동안 반대했던 분들은 다 기록에 남을 것(2010.3.31.)"이라며 성공을 확신하기도 했다.

4대강 사업 기간 동안 공직자들의 뻔뻔하고 황당한 주장은 계속됐다. 이들은 4대강 사업의 여론이 나빠질 때마다 언론 기고와 인터뷰를 통해 진실을 왜곡하려 했다. 이성해 전 4대강 추진본부 정책총괄팀장은 "우리 강은 수십 년간 준설을 하지 않고 방치된 상태에서 퇴적토가 유독 많이 쌓여 있다", "퇴적토 더미야말로 홍수가 나면 큰 장애가 되므로 홍수 방지 차원에서라도 빨리 치워야 한다(2011.5.27.)"며 사실과 전혀 다른 주장을 했다. 김정훈 전 부산지방국토관리청 하천과장은 "4대강 살리기는 세계에서도 선제적 국가전략으로 각광을 받고 있다(2009.4.27.)"며 거짓된 정보로 4대강 사업을 띄우려 했다. 국토부와 산하 기관 공직자들의 거짓된 4대강 주장은 용서할 수 없는 범죄다. 국토부의 공식적인 자료를 통해서도 4대강의 바닥이 낮아졌다는 걸 누구보다도 더 잘 알고 있는 집단이 이들이었고, 4대강 사업이 운하를 염두에 뒀다는 것도 모를 리 없었기 때문이다.

환경부 공직자들도 마찬가지다. 오종극 환경부 상하수도정책관은 2010년 4월 언론 기고를 통해 "4대강 살리기 사업은 바로 기본적인 이·치수 기능을 확보하면서 하천의 생명력을 회복하려는 사업"이라 주장했다. 오종극 국장의 주장은 MB의 4대강 '재창조' 주장과 이어져 있다. 이는 환경부 고위 공직자로서 해서는 안 될 말들이다. 왜냐면 이전 시기 4대강 사업과 같은 대규모 준설, 댐 건설 등은 하천 생태계에 악영향을 미친다는 것을 환경부 스스로 알고 있었기 때문이다. 이상팔 전 낙동강유역환경청장은 2011년 5월 멸종위기종인 귀이빨대칭이의 집단 폐사 공동조사를 요구하는 환경단체에게 "4대강 사업을 반대하는 시민단체와는 공동조사 못 한다"고 선언했다. MB의 불통을 그대로 따라 한 것이다.

심각한 것은 4대강 사업에 부역한 공직자들은 반성과 책임은커녕 여전히 승승장구하고 있다는 점이다. 안시권 전 4대강 본부 국장은 국토부 건설정책국장으로 막강한 권력을 휘두르고 있다. 이성해 팀장은 국토부 수자원국 수자원개발과장을 거쳐 부산국토관리청장이 됐고, 오종극 국장은 한강유역환경청장을 거쳐 다시 상하수도정책관이 됐다. 이상팔 전 청장은 국립생물자원관장을 거쳐 환경보전협회 사무총장으로 변신했다.

서울대 환경대학원 김정욱 명예교수는 "4대강 사업의 가장 큰 문제점 중에 하나가 우리 사회의 정의를 실종케 한 것"이라 분개한 이

유도 여기에 있다. 국민을 기만하고, 혈세를 낭비케 한 이들이 여전히 요직에 있다는 것은 우리 사회의 정의가, 사회적 상식이 그만큼 떨어졌다는 것을 단적으로 드러내는 것이다.

5. 4대강 찬동 인사에게 역사의 책임을

MB는 퇴임 후에도 기회 있을 때마다 4대강 사업을 왜곡해 왔다. 이런 왜곡된 주장을 계속할 수 있는 이유는 우리 사회 곳곳에 4대강 사업을 적극적으로 찬동했던 이들이 여전히 자리를 잡고 있기 때문이다. 중앙대 이상돈 명예교수는 2013년 8월 언론 인터뷰를 통해 4대강 사업의 배후로 '수자원 마피아'를 지적했다. 정치인, 정부 부처 공직자, 전문가, 대형 토건회사들이 끈끈한 관계가 있기 때문에 4대강 사업이 추진될 수 있다는 진단이다. 그들은 4대강 사업의 결과 '녹조라떼', '물고기 떼죽음' 등 처참한 상황이 벌어지고 있음에도 결코 반성하지 않는다. '4대강 사업이 잘못되면 역사의 책임을 지겠다'던 이만의 전 환경부 장관과 정종환 전 국토부 장관은 오히려 4대강 사업을 더욱 확대해야 된다는 취지의 발언을 이어 가고 있다.

최근 낙동강에서는 전에 없던 물고기 기생충 창궐이 심각한 문제가 되고 있다. 썩은 저수지에 기생충이 드글드글하는 건 어쩌면 당연할지도 모른다. 문제는 원래 우리 강은 저수지가 아니었고, 우리 강을 썩은 저수지로 만든 이들은 자기 죄를 회피하고 있다는 점이다. 우리 강을 썩은 저수지로 만든 상당수는 20대 총선에서 국회의원이 되겠다고 기를 쓰고 있다. 4대강 A급 찬동 정치인인 김무성, 최경환 등 새누리당 내에서 실세 권력을 잡고 있는 이들부터 김문수, 나성린, 이재오, 정몽준, 정두언, 정옥임, 조원진, 조해진, 주호영 등등 모두를 거론하기 힘들 정도로 많다. 정치는 '사기'가 되어서는 안 된다. 불행히도 '4대강 정치'는 '대국민 사기극'이었고, 그 사기극에 앞장섰던 것이 이들이었다.

소위 전문가들도 마찬가지다. 심명필 전 4대강 추진본부장은 퇴임 직후 대한토목학회장에 올라 임기를 마쳤고, 곧바로 인하대학교 총장 후보에 오르는 일이 벌어졌다. 심 전 본부장은 22조 원의 국민 혈세 낭비에 있어 이 전 대통령과 함께 가장 큰 책임을 져야 할 인사라는 점에서 그의 끊임없는 권력욕에 혀를 내두를 판이다. 학계 내 대표적인 4대강 찬동 인사인 박석순 이화여대 교수, 박재광 미국 위스콘신대학 교수 역시도 4대강 사업의 문제점이 드러났음에도 이를 계속해서 부정하는 발언을 해 왔다. 이들의 행태는 '방귀 뀐 놈이 성내는' 차원을 넘어, 역사의 죄를 진 인사

남한강 물고기 떼죽음. 물고기 떼죽음은 4대강 사업 공사 기간 동안뿐만 아니라 공사 이후에도 일상적으로 발생하고 있다. 그럼에도 4대강 찬동 인사는 4대강 사업이 성공한 일이라 주장하는 황당함을 보이고 있다. ⓒ 마용운

들이 여전히 우리 사회에서 '갑질' 행세를 하려는 것과 다르지 않아 보인다.

곡학아세로 4대강 사업의 진실을 왜곡했던 이들이 학술단체의 장이 되는 일도 벌어졌다. '4대강 사업은 미래 물 문제, 홍수예방, 수질 개선과 국민의 삶의 질을 향상시킨다'며 4대강 만능론을 주장했던 명지대 윤병만 교수는 2015년 1월 한국수자원학회장이 됐다. 생태 하천 복원을 주창하다 정반대 사업인 4대강 사업을 적극 찬동했던 우효섭 전 건기연 원장은 응용생태공학회장이, 역시 4대강 사업을 적극 찬동했던 공주대 정상만 교수는 한국방재학회장이 됐다. 또한 대운하와 4대강 사업을 칭송했던 서울여대 이창석 교수가 한국생태학회장이 됐다. 학문적 진실을 추구해야 하는 학술단체들이 4대강 사업 진실 왜곡을 앞장선 이들을 단체의 장으로 뽑은 것은 이 단체들의 자정 능력이 없다는 것을 말해 준다. 국내 학술단체가 이런 상황이라면 앞으로도 권력자가 원하면 언제든 진실을 왜곡할 가능성이 매우 높을 수밖에 없다.

공직사회에서 4대강 사업에 찬동했던 이들 역시 자신의 과오를 외면하고 있다. 환경부 내부에서 '국토부의 2중대냐'라는 소리가 나오게 만들었던 핵심 인사인 정연만 환경부 차관은 박근혜 정부 내내 그 자리를 유지하고 있다. 환경부 및 국토부 공직자들 중에서 퇴임 후 사회단체 요직으로 자리를 옮기거나, 부처 내 핵심 부서로 승진하는 경우도 확인되고 있다.

4대강 사업을 찬동했던 정치인 및 공직자들 중에는 대학 교수로 자리를 옮겨 간 이들도 있다. 고흥길 전 MB정권 특임장관은 가천대학교 석좌교수, 김지태 전 환경부 물 국장은 경기대 교수, 김형오 전

한나라당 의원은 부산대 석좌교수, 박연수 전 소방방재청장은 고려대 그린스쿨대학원 교수, 박재완 전 기획재정부 장관은 성균관대 교수, 이병욱 전 환경부 차관은 세종대 교수, 허남식 전 부산시장 동아대 석좌교수 등이 그들이다. 이들의 사례는 국민을 현혹시키고, 진실을 왜곡하고, 민주주의를 후퇴시키고, 국토의 자연환경을 개판으로 만들었음에도 자기 무리의 이익만 챙긴 이들이 여전히 승승장구하고 있다는 것을 말해 준다.

'고인 물이 썩는다'라는 인류의 경험적 진실과 과학적 상식을 부정해 놓고, 여전히 거짓으로 일관하는 것은 우리 사회의 '이성의 파괴'이자 '사회 정의의 상실'을 말하는 것이다. 이성과 상식이 마비된 집단은 오래 갈 수 없다는 것이 인류의 수많은 역사를 통해 증명돼 왔다.

4대강 찬동 인사들은 역사의 책임을 져야 한다. 그것이 우리 사회의 이성을 회복하고 상처받은 정의를 조금이나마 다시 세울 수 있는 방법이다. 4대강 사업은 민주주의를 후퇴시켜야만 할 수 있었던 사업이었다. 따라서 4대강을 제대로 흐르게 하는 것이 곧 상처 입은 민주주의를 바로 세우는 것이 된다. 4대강 사업은 불법과 비리의 복마전이며, 국민의 혈세를 낭비케 했다는 점에서 4대강 사업의 진실을 밝힐 수 있는 국정조사, 청문회 등은 여전히 필요하다. 그리고 막힌 강을 다시 흐르게 해야 한다.

이철재 에코 큐레이터 / 환경운동연합 생명의 강 특별위원회 부위원장

3장

4대강
찬동 언론

1. 4대강 찬동 언론 조사

1) 언론은 제 역할을 했나

지난 MB정권이 불도저식으로 밀어붙인 4대강 사업은 물리적 공사가 끝난 이후에도 악영향이 계속되고 있다. 흐르는 물을 가둬 둔 탓에 국민들의 먹는 물은 '녹조라떼'가 말해 주듯이 수질 악화 현상에 직면하고 있다. 일상적인 물고기 떼죽음 현상과 이전까지 볼 수 없었던 생물종의 출현, 습지 감소 등은 4대강 사업으로 우리 강의 생태계가 큰 상처를 받았음을 말해 주고 있다. 또한 근원적인 홍수 방어와 가뭄을 대비한다던 4대강 사업은 그 효과에 대해서도 여전히 의문이 제기되고 있다.

MB정권은 4대강 사업을 통해 일자리 창출 및 지역 발전 등 경제성장을 달성할 수 있다고 강변했지만, 국민 혈세 22조 원이라는 천문학적 금액이 투입됐음에도 이 사업이 경제성장에 도움이 됐다는 증거는 찾아보기 어렵다. 오히려 미래 전략적 발전과 서민 생활에 쓰여야 할 세금이 낭비됐다는 평가가 지배적이다. 뿐만 아니라 4대강 사업에서 발생한 각종 편법 및 불법, 비리와 부정은 우리 사회가 입때껏 어렵게 쌓아 온 사회적 이성과 합리성이라는 신뢰 시스템을 훼손시켰다. 이는 4대강 사업의 후유증이 단지 우리나라 물 정책뿐만 아니라, 정치, 사회, 역사, 문화 전반에 걸쳐 악영향을 미치고 있다는 것을 의미한다. '총체적 사기극', '국토환경에 대한 반역, 반란'이란 평가가 달리 나오는 것이 아니다.

이러한 4대강 사업의 악영향은 이미 예견됐다. 예측의 한계가 너무나 분명한 자연을 대상으로 졸속으로 기획하고, 검증절차를 요식행위로 넘기고, 속도전으로 강행했기 때문에 필연적으로 발생할 수밖에 없는 문제였다. 한반도 대운하에 이어 4대강 사업에 대해서도 국민적 반감은 결코 낮지 않았다. 국민과 소통 없이 독선적으로 밀어붙이는 사업에 대해 국민들은 동의하지 않았던 것이다. 이런 상황에서 4대강 사업은 어떻게 강행될 수 있었을까? 우리나라는 국민이 우려하는 사업을, 그것도 뻔히 예견된 파국을 피하지 못할 정도로 후진적 사회였던가?

4대강 사업을 신봉했던 이들은 4대강 사업이야말로 모든 것을 이룰 수 있는 전지전능한 만능이라 주장했다. 심지어 스스로 신이라도 된 듯 자연을 재창조하겠다는 발언도 서슴지 않았다. 불행히도 이러한 허황된 주장을 확대, 재생산 하는 데 일익을 담당했던 것이 바로 우리나라 언론이었다. 언론은 사회적 공기公器로서 비판을 생명으로

굴착기만 사는 강. 4대강 사업은 우리 강에 살고 있던 물고기와 새들을 쫓아내고 굴착기만 살게 했다. ⓒ 한숙영

해야 했다. 진실을 제대로 전달하고 권력의 독주를 막아서는 역할을 해야 했다. 그것이 언론으로서의 존재 의미였다.

하지만, 대다수 언론은 4대강 사업의 열렬한 신봉자를 자처했다.

'한반도 대운하'에 대해 '타당성 검증'과 '국민적 합의'를 강조하면서 비판적이었던 언론사들은 4대강 사업에 대해서는 이명박 정권 이상으로 속도전을 주문했고, 우려의 목소리는 별일 아닌 것으로 왜곡했다. 4대강의 비참한 상황을 외면했고, 상처받는 이들의 목소리에는 귀를 닫아 버렸다. 더욱이 4대강 사업의 문제를 지적하는 이들에게는 '반대를 위한 반대', '상습시위꾼', '종북좌파' 집단으로 낙인찍으며, 합리적인 비판 목소리마저 차단하려 했다. 그들에게 4대강 사업은 '신성불가침'의 영역이었다. 이는 스스로 언론이길 포기했다는 지적이 틀리지 않음을 말해 주는 것이다. 또한 이러한 모습은 민주사회에서 있어서는 안 될 부끄러운 행태였다.

심각한 것은 그들은 변하지 않았다는 것이다. MB의 말을 신봉해 '4대강 사업은 대운하가 아니다'라고 강변했던 언론들은 2013년 7월 감사원의 '4대강 사업은 대운하를 염두에 뒀다'는 평가에 대해 강하게 부정하거나, 일부러 외면하려 하고 있다. 여전히 합리적 의심을 부정하면서, 부정부패, 비리로 얼룩진 4대강 사업을 적극 옹호하고 있다. 그러면서 자신들이 주장했던 오류에 대해서는 일말의 반성조차 없는 상황이다. 그렇기 때문에 세월호 참사에서도 진실을 외면하고, 자식 잃은 부모들의 목소리를 예의 '종북좌파' 낙인찍기로 대응했던 것이다. 4대강 사업에 대한 언론의 왜곡 행태를 보면, 세월호 참사 이전에도 우리 사회에는 '기레기'[1]라 불리는 집단이 이미 존재했다는 것을 알게 해 준다.

4대강 사업을 왜곡했던 언론 조사는 역사를 기록하자는 의미다.

---

1 '기자+쓰레기'의 합성어로 진실 왜곡을 일삼는 기자를 일컫는다.

아마도 4대강 사업에 맹목적으로 찬동했던 일부 언론은, 그들의 낯 뜨거운 과거가 드러날 수 있기에, 이러한 활동을 마뜩찮게 볼 것이다. 이전 4대강 사업 찬동 인사들을 정리한 '4대강 찬동 인사 인명사전'에 대해서 일부 언론은 "철없는 짓", "저급한 수준의 대응"이라며 폄훼하기도 했다. 그러나 역사는 기록돼야 기억될 수 있다는 점에서 4대강 사업에 대한 언론의 불편부당한 행태 역시 기록되어야 한다. 그래야 역사를 제대로 평가할 수 있기 때문이다. 또한 이는 4대강 사업의 부작용 줄이기 위한 사회적 성찰의 하나다. 우리 사회에 언제까지 4대강 사업과 같은 말도 안 되는 행태가 반복되어야 하겠는가?

2) 4대강 찬동 언론 조사는 어떻게 진행됐나?

4대강 찬동 언론 조사는 4대강 찬동 인사 조사만큼이나 쉽지 않았다. 여담이지만, 4대강 찬동 언론사 조사 기간 동안, 방대한 분량 탓에 몇 달 동안 밤낮 없이 분석에 매달리다 보니, 허리 사이즈가 1인치나 줄어들었다. 육체적으로 무리한 탓에 다이어트가 됐으니 좋을 법도 하지만, 심적 고통이 상당했다. 언론사들이 언론으로서의 책임을 방기하고, 4대강 사업에 대해 허황되고, 악의적인 주장을 펼친 행태에 스트레스가 컸기 때문이다.

4대강 찬동 언론 조사는 2007년 8월부터 2014년 12월까지 만 89개월 동안 〈조선일보〉, 〈중앙일보〉, 〈동아일보〉, 〈문화일보〉, 〈한국경제〉, 〈매일경제〉, 〈한겨레〉, 〈경향신문〉, 〈국민일보〉, 〈세계일보〉, 〈한국일보〉, 〈서울신문〉 등 12개 언론매체의 사설, 칼럼(기자, 논설위원 기명 칼럼 및 외부 기고)을 분석 대상으로 삼았다. 조사는 해당 언론

4대강 사업 이후 번성하고 있는 큰빗이끼벌레. 4대강 사업에 찬동했던 언론은 4대강 사업 이후 우리 강에서 벌어진 급격한 생태계변화에 대해서 침묵하거나, 여전히 왜곡하고 있다. ⓒ 이철재

사 누리집과 언론 뉴스 제공 누리집인 카인즈(www.kinds.or.kr)와 포털사이트 등에서 '대운하'와 '4대강'을 키워드로 조사했다. 이 기간 동안 검색된 사설 및 칼럼은 대략 8만여 건에 달했고, 이중 '대운하'와 '4대강'을 단순히 언급한 것을 제외하고 모두 1,746건의 사설, 칼럼을 추려 냈다. 이들을 대상으로 1차로 '찬성', '중립', '반대'로 분류했다. '대운하와 4대강 사업에 대한 지지 입장'은 '찬성'으로 평가했고, '찬반 양측 입장을 모두 담고 있는 경우'와 '모호한 입장'은 '중립'으로, '대운하와 4대강 사업에 대한 비판 입장'은 '반대'로 정리했다.

2차 평가는 '프레임' 분석이다. 2014년 발생한 세월호 참사와 관련해 일부 언론사들은 본질이 아닌 엉뚱한 문제에 초점을 맞춰 보도했다. 세월호 유가족과 그들을 지지하는 이들에 대한 신상 털이식 보도를 통해 세월호 진상 규명 요구는 국가를 흔들려는 전문 시위꾼들의 상투적인 전술로 만들고 싶었던 것이 일부 언론의 속내다. 이는 특정 세력을 보호하거나, 또는 자신들만의 이익을 지키고자 할 때 자주 등장하는 수법이다. 이러한 일부 언론 보도는 상식의 문제를 '이념 문제', '니 편 내 편'이라는 틀을 지어 버린다. 여기서 틀 짓기가 바로 프레임이다. 프레임은 어떤 특정 언어와 연상되는 사고의 체계를 의미한다. 언론사들이 구축하려 했던 프레임을 확실히 드러내는 사례가 4대강 사업이다. 4대강 사업과 관련한 프레임을 분석해 보면 언론들이 상식을 어떻게 매도해 왔는지 확인할 수 있다.

참고로 본 원고는 2015년 6월 4일 대한하천학회, 환경운동연합, 전국언론노동조합 등이 주관, 주최한 '4대강 왜곡 언론 조사결과 발표 기자회견'내용을 바탕으로 수정, 보완한 것이다. 4대강 왜곡 언론 조사 및 분석은 필자가 담당했다.

3) 4대강 홍보성 기사를 쏟아 낸 언론

4대강 찬동 언론 분석은 12개 매체 언론사의 사설과 칼럼을 분석 대상으로 삼았다. 두 가지 이유에서다. 첫 번째는 언론사의 사설과 칼럼은 언론사 입장을 대변해 왔다는 점에서 이를 분석하면 각 언론사가 '대운하'와 '4대강' 사업에 대해 어떤 프레임을 취했는지 명확하게 확인할 수 있기 때문이다. 학술적으로 연구할 때도 주로 사설과 칼럼을 분석한다. 두 번째는 물리적 한계 때문이다. 12개 매체의 '대운하'와 '4대강' 관련 일반 기사까지 합치면 조사 기간 동안 어림잡아 15만 개 이상 될 것이다. 이를 모두 분석하는 것은 현실적으로 쉽지 않다.

사실 몇몇 보수언론과 경제신문 등은 일반기사와 기획기사를 통해서 MB정권의 4대강 사업을 홍보해 왔다. 스스로 기관지를 자처하면서, 중요 시기 4대강 사업 띄우기에 혈안이 됐다. 2011년 7월 26일 〈동아일보〉 '4대강 사업으로 홍수 안전도가 올랐다'는 기사가 대표적이다. 이날 〈동아일보〉는 이 내용을 1면 톱기사와 4면, 5면에 할애했다. 4대강 유역의 토목, 환경 분야 전문가 8명을 추천받아 4대강 사업 이후 안전도를 평가해 보니 6명은 '홍수 안전'에 2명은 '보통'이라 평가했다는 것이 핵심 내용이다. 〈동아일보〉는 전문가 섭외에서 "객관성을 확보하기 위해 그동안 4대강 사업에 적극 찬성하거나 반대한 교수보다는 중립적인 견해를 가진 교수를 각 대학으로부터 추천받았다"고 밝혔다. 하지만 〈동아일보〉의 주장과는 달리 평가 전문

표 2 '대운하' 프레임 구분

구분		기준
권위주의	옹호	대운하 사업 추진의 필요성, 당위성 강조
	비판	일방적인 대운하 추진 비판적 입장
대운하 효과	옹호	대운하 사업의 경제적(물류비 개선, 일자리 창출, 경제 성장) 및 환경적(수질개선, 생태계개선) 효과 주장
	비판	대운하 사업의 경제적, 환경적 효과 비판
민주적 합리주의		대운하 추진에 있어 검증과 국민 동의 강조
환경·생명·보전		환경생명 관점에서 강 보호
낙인·비난		대운하 비판 진영에 대한 비판, 비난
책임		대운하 관련 책임 주장
미래 대안		대운하의 대안 주장
갈등논쟁		대운하 사업에 대한 찬반 논란

표 3 '4대강' 사업 프레임 구분

구분		기준
권위주의	옹호	4대강 추진을 위한 통치의 수단으로써 국가 권력 및 대통령의 권위 옹호 경우('운하가 아니다' 등)
	비판	권위주의 방식에 대한 부정적 입장 (일방적, 속도전 추진에 대한 비판 포함)
녹색성장 만능주의	옹호	4대강 사업을 통해 경제 활성화, 물 부족, 홍수 및 가뭄 해결, 환경 복원, 강 살리기 가능하다는 입장
	비판	4대강 사업으로는 목적 이룰 수 없다는 입장
환경·생명·보전		4대강 사업에 있어 환경 및 생명, 문화재 보호 입장
낙인·비난		4대강 비판 진영에 대한 비판, 비난 ('반대를 위한 반대', 정략적 반대 등)
되돌리기 불가		이미 투자한 비용 때문에 되돌릴 수 없다는 경우
지역 요구		지역의 요구에 따라 4대강 추진해야 한다는 경우
민주적 합리주의		추진 과정에서의 사회적, 국민적 합의 필요성 강조
미래 대안		미래세대 및 미래를 위해 대안
책임		4대강 사업에 대한 책임 거론 ('엄벌', '국정조사' 등)
안전		4대강 사업 관련 안전 문제 (누수, 오니층 등)
갈등논쟁		4대강 사업에 대한 찬반 논란

가의 객관성은 의심스러웠다. 〈동아일보〉가 섭외한 전문가 대부분은 4대강 사업과 직간접적으로 연관돼 있었다. 예를 들어 부산대 토목공학과 신현석 교수는 4대강 A급 찬동 인사로서, 4대강 국민소송단이 제기한 낙동강 소송에서 정부 측 증인으로 나서 4대강 사업에 대한 강력한 찬성 의사를 밝혀 왔다. 영남대 환경공학과 김승현 교수는 한반도 대운하 추진 시 한나라당 자문단에서 활동했던 인사다. 또 다른 전문가 역시 정부기관 발주 프로젝트와 직간접으로 연결돼 있는 인사들이다. MB정권 시절 한 생태분야 대학교수는 단지 환경

"우리 이대로 농사짓게 해 주세요". MB정권에 의해 팔당 유기농민들이 강제로 쫓겨났지만, 대다수의 언론들은 이에 대해 침묵했다. ⓒ 한숙영

단체와 관계됐다는 이유만으로 연구 지원비가 모두 중단되는 일도 있었다. 이런 상황에서 이들 전문가가 MB정부의 입장에서 자유롭기는 쉽지 않았다.

언론사들의 노골적 4대강 띄우기는 2011년 10월 22일 '4대강 새 물결 맞이 행사'를 즈음해서 'MB식 4대강 사업=성공'이란 도식을 만들기 위해 특히 심각했다. 〈아주경제〉 '한반도 물길 새로 튼다' 시리즈, 〈한국일보〉 '낙동강시대 활짝 열렸다…이제 생명의 강으로', 〈한국경제〉 '굽이굽이 남한강 70리 길 주말 하이킹 떠나 볼까', 〈매일경제〉 '금강 백제보 개방…4대강 시민의 품으로 돌아왔다', 〈동아일보〉

'강변 R&D센터…수상관광…4대강에 지역발전 배 띄워라', 〈머니투데이〉 '한강·금강·영산강·낙동강…확 바뀐 4대강에 끌린다' 등 이 시기 언론사의 기사 제목만 봐도 그 노골성을 확인할 수 있다. 〈SBS〉 환경전문기자였던 박수택 논설위원이 "MB시대는 '언론 의병'이 필요했던 시기였다"라고 진단하는 것도 이 때문이었다.

4대강 사업에 대해 방송사들은 어땠을까? 방송사들의 4대강 관련 보도 내용을 분석한 바 있는 서울대 환경대학원 윤순진 교수는 "방송 언론도 마찬가지였다"고 평가했다. 방송사들도 4대강 사업 띄우기에 혈안이 됐다는 것이다. 방송 언론은 MB정권부터 이상해지기 시작했다. 시사 프로그램은 줄줄이 문을 닫고, 권력의 문제를 다룬 방송은 여지없이 '종북딱지'가 붙고, PD와 기자들은 줄줄이 해고당하고 손해배상 소송이 제기됐다. 이런 과정을 거치면서 막대한 혈세가 낭비되고, 생태계 파괴, 민주주의 훼손 등 문제가 심각했던 4대강 사업에 대해 공영방송은 침묵으로 일관했다. 정확히 말하자면 MB에게 장악돼 침묵으로 동조했다. 한편으로 권력 앞에 자발적으로 복종을 선언하면서, 낯 뜨거운 찬가를 부르기에 바빴다. 2011년 10월 22일 〈KBS〉는 '4대강 새 물결 맞이 행사'를 내부의 비판에도 불구하고 전국에 생중계 했고, 앞서 '열린음악회' 등을 4대강 홍보에 동원시키기도 했다. 〈MBC〉는 'PD 수첩'의 '4대강 6m 수심의 비밀'이라는 방송을 못 나가도록 압박했다. 〈SBS〉는 4대강 사업의 문제점을 보도한 자사 환경전문기자를 내근직으로 돌려서 더 이상 보도하지 못하도록 했다. 방송의 이런 현상은 박근혜 정권 들어서도 계속되고 있다. 우리나라 방송은 권력 앞에서는 '굽신' 댔고, 진실은 '배신' 했다. 이것이 우리나라 방송언론의 부끄러운 현실이다.

2. 4대강 찬동 언론은 누구인가?

1) 언론사들의 대운하 평가

'대운하'와 '4대강 사업'은 2007년 대선정국부터 2016년 3월 현재까지 우리 사회의 '뜨거운 감자'다. 정치인, 전문가, 사회인사, 시민단체, 시민들과 해외에서도 이에 대해 많은 의견을 분출했고, 언론과 방송을 통해 수차례 찬반토론이 벌어지기도 했다. 시기별로 이슈화되는 주제도 다양했다.

그럼 언론사들은 MB가 '국운 융성의 길'이라 주장했던 '한반도 대운하'에 대해 어떤 입장이었을까? 한반도 대운하는 2007년 8월 당시 한나라당 대선 후보 경선에서 뜨거운 논란거리였다. 경선에서 승리한 MB는 전국을 돌며 "충주는 항구다"처럼 내륙 항구를 키워드로 대운하 홍보에 여념이 없었다. 그러나 시간이 갈수록, 대운하에 대한 비판 여론이 크게 일었다. 대운하의 경제성, 타당성, 환경성에 의문이 제기되면서, 정작 대선 기간 동안에는 대운하 공약은 메인이 아니라 서브 공약으로 격하됐다.

〈동아일보〉는 MB정권의 든든한 우군이었다. 임기 내뿐만 아니라 퇴임 후에도 변함없는 우애(?)를 보일 정도로 끈끈했다. 이런 〈동아일보〉도 대운하에 대해서는 부정적이었다. 〈동아일보〉는 대선 직후인 2007년 12월 23일 사설 '대운하, 국민 설득과 대합의 과정 없었다'에서 "핵심 문제는 사업 타당성이다. 운하가 발달한 유럽과 달리 한국은 계절별 강수량 차가 커 갈수기渴水期에는 배를 띄우기 힘들다"면서 "대통령 선거에서 공약으로 내걸고 승리했으니 국민 합의를 얻은 것이라고 생각하면 오산"이라 지적했다. 이어 "2012년까지 경부운하 건설 과정에서만 40만 개의 일자리가 생긴다. 자칫 건설경기는 이명박 정부 때 즐기고 비용은 다음 정부가 치르는 구조가 될까 걱정"이라 밝혔다. 〈동아일보〉의 비판은 첫째, 대운하의 사업은 타당성이 부족하고, 둘째, 대선 직후 당선인 및 당선인 측근들이 '이명박 당선이 곧 대운하 찬성'이라며 '대운하'를 밀어붙이려 하는 것에 대해서도 국민적 합의가 없었다는 점을 들고 있다. 마지막으로 대형 토건 사업으로 인한 미래 재정 악화도 우려하고 있다. 〈동아일보〉는 2008년 4월 11일 사설 '대운하 일방적 추진 안 된다'에서 부정적 입장을 더욱 명확하게 피력했다. 이어 2008년 4월 30일 '대운하 기업 뜻에 따를 거면 國土部 필요 있나'라는 사설에서 "대운하는 사람의 신체로 치자면 대동맥에 비견될 정도로 국토의 운명을 가를 국책사업"이라면서 "(정종환 장관이) '기업 사업계획서를 근거로' 대운하를 추진하겠다는 것은 일말의 비겁함까지 엿보게 한다"며 대운하에 대한 부정적 견해를 이어 갔다.

〈동아일보〉만이 아니라 '한반도 대운하'에 대해서는 조사 대상 12개 언론매체 대부분이 부정적 입장이 우세했다. 진보 언론으로 분류되는 〈한겨레〉, 〈경향신문〉외에 보수언론인 〈조선일보〉역시 부정적 입장이 강했다. '4대강 사업'에 가장 적극적으로 찬동했던 〈문화일보〉도 '대운하'에 대해서는 타당성 검증과 국민 합의를 강조했다. 〈문화일보〉의 2008년 1월 15일 '대운하 사업, 국민적 납득·합의 중시한다'라는 사설에서 "(대운하는) 국민적 납득과 합의의 전제가 정교한 타당성 조사가 선행"되어야 함을 강조했다. 경제, 환경 측면을 치밀하게 분석해야 타당성이 입증된다는 지적이다. 〈중앙일보〉와 〈매일경제〉 등도 비교적 중립적 입장이 많았다. 그러면서도 MB가 '한반도 대운하'를 국민적 합의 및 검증 없이 밀어붙이는 것에 대해 부정적 입장을 보이면서, 서둘지 말고 검증부터 착실히 할 것을 주문했다. 전체적으로 봤을 때도 대운하 관련 사설 및 칼럼 214건 중에 긍정 11건(4.9%), 중립 57건(25.3%)에 불과했지만, 부정은 157건(69.8%)으로 높은 상황이었다.

표 4 매체별 대운하 찬반 건수(%)

구분	대운하 (2007.8~2008.5)			
	찬성	중립	반대	계
조선	2(16.7)	4(33.3)	6(50.0)	12
중앙		2(40.0)	3(60.0)	5
동아	1(9.1)	3(27.3)	7(63.6)	11
문화	1(25.0)	3(75.0)		4
한경	2(40.0)	1(20.0)	2(40.0)	5
매경		9(100.0)		9
국민	2(12.5)	8(50.0)	6(37.5)	16
서울	2(9.5)	10(47.6)	9(42.9)	21
한국	1(7.1)	7(50.0)	6(42.9)	14
세계		1(7.7)	12(92.3)	13
경향		2(5.6)	34(94.4)	36
한겨레		5(7.4)	63(92.6)	68
계	11(4.9)	57(25.3)	157(69.8)	214

'대운하'관련 프레임을 분석해 보면 '한반도 대운하'를 속도전으로 밀어붙이는 것에 대한 비판이 담겨 있는 '권위주의 비판' 프레임은 〈조선일보〉를 비롯해 12개 언론사에서 고르게 나타났다. 이어 '대운

하 효과'를 강조하는 '대운하 효과 옹호' 프레임보다 '대운하 효과 비판' 프레임도 대부분 언론사에서 높게 나타나고 있다. 이어 전체적으로 '대운하'의 국민적 합의를 강조하는 '민주적 합리주의' 프레임이 도드라졌다. 이는 적어도 '대운하'에 대해서는 거의 모든 언론사들이 비판적이었다는 것을 확인시켜 주는 대목이다. 언론사들의 '한반도 대운하' 비판과 검증 요구, 국민적 합의 강조는 당시 14조 원이라는 천문학적 혈세가 예상되는 사업에 대한 언론사로서의 당연하고도 합리적 의심에서 출발했다. 그러나 아이러니하게도 22조 원(연계사업 8조 원을 합치면 30조 원)으로 대운하 사업에 계획된 14조보다 혈세가 더 많이 투입된 '4대강 사업'에 대해서는 이러한 합리적 의심은, 철저한 검증이라는 언론사로서의 기본적 책임은 실종됐다.

〈동아일보〉가 '한반도 대운하'를 비판한 논조는 '4대강 사업'에 그대로 적용 가능했다. 강줄기를 파헤치는 4대강 사업 역시 인체의 대동맥과 비견될 국토의 운명을 가를 국책사업이기 때문에 더욱 철저한 검증 과정이 필요했다. 〈동아일보〉는 예산 낭비 등을 방지하기 위한 예비타당성 조사를 강조했는데, '4대강 사업'의 90%는 이런 예비타당성 조사를 거치지 않았다. 또한 경제성 분석은 아예 생략됐다. 그럼에도 〈동아일보〉는 4대강 사업을 적극 지지하는 이중적 모습을 드러냈다.

2) 대운하 문제 있지만, 4대강은 적극 찬동한 언론

대운하에 대해 '타당성 검증 부족', '환경성 및 경제성 문제', '국민적 합의 부족' 등을 들어 부정적 입장을 보였던 언론사들은 '4대강 사업'에 대해서는 '찬성', '반대'로 입장이 극명하게 갈렸다. '중립' 입장도 구분을 해야 한다. 분석의 공통성을 위해 찬반 양측의 입장이 담겨 있거나 모호할 경우 '중립'으로 분석했지만, 〈중앙일보〉, 〈동아일보〉, 〈문화일보〉의 중립은 대부분 양비론적 시각으로 사실상 찬성적 입장이었다. 예를 들어 여당과 야당이 4대강 예산을 두고 갈등을 빚고 있을 때, 이들 언론사는 여, 야 모두를 싸잡아 비난하면서 서로 양보할 것을 종용했다. 일견 중립적으로 보일 수 있겠지만, 권력을 잡고 있으면서 4대강 사업을 강행하려는 측이 여당이고, 이들이 자원 동원면에서 월등히 앞선다는 점에서, 양비론 및 기계적 중립은 사실상 힘 있는 쪽의 손을 들어 주는 것과 다르지 않았다.

표 5 매체별 4대강 사업 찬반 건수(%)

구분	4대강 (2008.6~2014.12)			
	찬성	중립	반대	계
조선	24(28.2)	33(38.8)	28(32.9)	85
중앙	29(49.1)	15(25.4)	14(23.7)	58
동아	107(84.3)	13(10.2)	7(5.5)	127
문화	89(95.7)	4(4.3)		93
한경	55(77.5)	14(19.7)	2(2.8)	71
매경	18(42.9)	15(35.7)	9(21.4)	42
국민	40(40.0)	32(32.0)	28(28.0)	100
서울	41(35.7)	52(45.2)	22(19.1)	115
한국	45(24.7)	51(28.0)	86(47.3)	182
세계	11(17.5)	31(49.2)	21(33.3)	63
경향	1(0.4)	6(2.5)	229(97.0)	236
한겨레	6(1.7)	24(6.7)	330(91.7)	360
계	466(30.4)	290(18.9)	766(50.7)	1,532

12개 매체의 4대강 관련 사설과 칼럼은 1,532건으로 이중 찬성은 466건(30.4%), 중립 290건(18.9%), 반대 766건(50.7%)을 보이고 있다. 반대 비중이 높은 것은 〈한겨레〉, 〈경향신문〉이 '대운하'와 마찬가지 관점에서 4대강 사업을 평가하면서 강하게 문제를 지적했기 때문이다.

　　4대강 사업에 대해 가장 강하게 찬동 입장을 보였던 언론은 〈문화일보〉, 〈동아일보〉 순이다. 이들 매체의 사설 및 칼럼에서 드러난 '4대강 사업' 찬성 비율은 〈문화일보〉 95.7%(93건 중 89건), 〈동아일보〉 84.3%(127건 중 107건)를 보였다. 〈문화일보〉는 반대 입장 자체가 아예 단 한 건도 없었으며, 〈동아일보〉는 전체 127건 중 반대 의견은 단 7건에 불과했다. 이들의 4대강 사업 찬성 논리는 보는 이를 낯 뜨겁게 만들었다.

　　대표적으로 '4대강 프로젝트 착공, 녹색투자의 전범 보여야'라는 2009년 11월 9일 사설에서 〈문화일보〉는 "4대강 프로젝트는 이명박 정부의 대표적인 전략사업이지만 우리는 이 정부 차원을 넘어 국토의 혈맥을 재정리하는 백년대계 역사百年大計役事라는 의의를 강조한다"고 주장했다. 2009년 11월은 환경영향평가를 졸속으로 끝내고 4대강 사업이 착공하던 시기였다. 〈문화일보〉가 '대운하'에 대해 우려했던 '국민적 합의'는 없었고, '정교한 타당성 조사'역시 없었다. 〈문화일보〉의 이날 사설은 언론사의 사설이라 믿기 힘들 정도다. 마치 'MB어천가' 또는 이명박 정부의 4대강 사업 홍보 문구를 그대로 연상시키는데, 언론으로서 기본적으로 갖춰야 할 객관성조차 상실한 낯 뜨거움의 극치였다.

　　내용적으로도 마찬가지다. 〈문화일보〉는 '4대강 사업'에 대해 전체

역행침식으로 무너지는 지천. 4대강 사업 기간 동안 4대강 본류로 유입되는 지천 대부분에서는 극심한 역행침식이 벌어져, 'MB아가라', 'MB캐년'과 같은 신조어가 만들어지기도 했다. ⓒ 이철재

93건 중 절반에 가까운 45건(48.4%)을 '녹색성장 만능주의 옹호' 프레임을 사용했다. 4대강 사업이 기후변화 대비, 수질 개선, 홍수 및 가뭄 극복, 경기 활성화 등 모든 것을 이룰 수 있다는 것이 '녹색성장 만능주의 옹호' 프레임이다. 이러한 프레임을 드러내는 것이 '4대강 정비, SOC 사업 모델 돼야(2008.12.11. 사설)', '일자리·환경 함께 살려 나가야 할 4대강 프로젝트(2008.12.30. 사설)', '4대江, 치밀하고 과감한 추진력이 관건이다(2009.4.28. 사설)' 등의 사설이다. 모든 것이 다 좋은 건, 모든 것이 다 나쁠 수도 있다는 합리적인 의심, 검증의식은 배제됐다.

〈문화일보〉는 4대강 비판을 '정략적 반대'며 '반대를 위한 반대'
라는 '낙인·비난 프레임'으로 전체 93건 중 35건(37.6%)에 할애했다.
2010년 8월 12일 자 '민주당 4대강 대안은 반대를 위한 반대일 뿐
이다'라는 사설에서 〈문화일보〉는 야당이 내놓은 '4대강 사업 대안'
을 강하게 비난했다. 당시 민주당은 보 건설을 최소화하고 홍수에
취약한 지류, 지천을 우선 정비할 것을 제안했다. 이에 대해 〈문화일
보〉는 "보·준설은 4대강 사업의 사실상 핵심"이라면서 "썩은 강 바
닥을 들어내고 수량을 확보하기 위해서는 4대강 사업을 중단할 수
없다"고 주장했다. 이는 MB정권의 논리를 그대로 대변한 것이다.

3) 4대강 사업을 '신성불가침'으로 만든 언론

'반대를 위한 반대'라는 '낙인·비난 프레임'을 가장 많이 쓴 언론
은 〈동아일보〉였다. 〈동아일보〉는 '4대강 사업'과 관련한 사설 및 칼
럼 등 전체 127건 중에 49건(38.6%)을 '낙인·비난 프레임'으로 사용
했다. 이는 4대강 비판 진영의 목소리는 어떠한 경우라도 수용하지
않겠다는 의사를 강하게 드러낸 것이다. 4대강 찬동 인사 박재광 교
수의 기고를 많이 다뤘던 것도 〈동아일보〉였다. 2008년 11월 28일
자 사설 '4대강 치수사업 정쟁화 말라'에서 〈동아일보〉는 4대강 정비
사업을 대운하라고 하는 것은 "합리적 근거를 찾기 어려운 정치 공
세라고 본다"며 "치수 사업은 지방의 경기 부양과 일자리 제공 효과
도 기대되는 민생 사업"이라면서 4대강 사업을 찬동했다. 당시는 〈조
선일보〉마저 대운하 가능성을 의심하는 상황이었지만, 〈동아일보〉
는 철저하게 MB정권의 논리를 앵무새처럼 따라 했다. 그러면서 '야
당의 4대강 사업의 대운하 의심은 정치 공세'일 뿐이라고 주장했다.

농민의 시름. 〈동아일보〉, 〈문화일보〉는 4대강 사업으로 모든 걸 이룰 수 있다는 만능론을 펼쳤지만, 현실은 그렇지 않았다. 영산강 승촌보 때문에 물이 차서 농사를 망친 농민이 한숨을 내쉬고 있다. ⓒ 이철재

이런 프레임은 4대강 A급 찬동 인사인 〈동아일보〉 배인준 주필이 앞장섰다. 그는 '면면히 이어지는 반대의 추억(2009.12.2.)'이라는 기명 칼럼에서 "작금엔 전공 분야를 가리지 않고 거의 파당화派黨化한 교수들이 떼 지어 국가정책에 반대하는 사례가 많다 보니, 진짜로 뭘 알고 그러는지 의문이 생길 지경"이라며 4대강 사업을 비판한 운하 반대교수모임 등을 겨냥해 비난했다. 4대강 반대 여론 등으로 당시 한나라당이 지방선거에서 패배한 2010년 7월 1일에는 'MB의 많지 않은 선택'이란 칼럼에서 '야당이 청계천처럼 4대강 성공을 두려워 반대한다'는 억지도 썼다. 역시 4대강 A급 찬동 인사인 황호택 당시

논설실장도 2010년 7월 4일 '금강호에서 4대강을 바라본다'라는 칼럼을 통해 "야당은 두 선거에서 4대강 사업이 청계천 효과를 낼까봐 두려워하는 눈치"라며 4대강 비판을 '정치적 반대'로 폄훼했다.

〈동아일보〉는 4대강 사업으로 모든 걸 다 이룰 수 있다는 '녹색성장 만능주의 옹호' 프레임을 전체 127건 중 41건(32.3%) 사용했다. 2012년 6월 25일 '104년 만의 가뭄에 홍수도 대비해야 하는 치수비상'이라는 사설에서 "이명박 정부에서 '4대강 사업'을 통해 물그릇을 크게 확장했다. 해마다 이맘때면 가뭄에 시달리던 낙동강 경북 지역은 상주보 구미보 등의 효과를 톡톡히 보고 있다는 소식이다. 작년엔 사업이 마무리되지 않은 상태에서도 홍수 조절 효과가 뚜렷했다"면서 현실을 왜곡해 4대강 사업 효과를 주장했다.

〈동아일보〉는 4대강 사업을 반대했던 환경운동가들에 대한 비난도 이어 갔다. 이런 비난은 특히 2010년 6월 지방선거 이후 더욱 강도가 높아졌다. '죽는 강 살리기 발목잡기가 환경운동인가(2010.7.23. 사설)', '환경 운동꾼들의 위선(2010.8.5.)' 등은 환경운동진영이 4대강 사업을 왜 반대했는지는 언급하지 않고, 오로지 비난만 퍼부은 사례이다. 이는 〈동아일보〉가 MB정권을 위해 철저하게 복무했고, 이를 위해 4대강 사업은 '절대 건드려서는 안 된다'는 의도를 그대로 드러내는 것이다.

4) 지방선거 이후 4대강 찬동한 언론들

'4대강 사업'에 대한 반대 비율보다 찬성 비율이 높게 확인된 언론은 〈한국경제〉, 〈중앙일보〉, 〈국민일보〉, 〈서울신문〉 순으로 이어졌다. 〈한국경제〉는 77.5%(71건 중 55건), 〈중앙일보〉 50.0%(58건 중 29건),

표 6 2010년 6월 지방선거 전·후 〈조선일보〉, 〈중앙일보〉, 〈한국경제〉 찬반변화

구분	조선일보		중앙일보		한국경제	
	전	후	전	후	전	후
긍정	5	19	9	20	4	51
중립	18	19	8	6	11	3
부정	14	10	11	4	0	2
계	37	48	28	30	15	56

〈국민일보〉 40.0%(100건 중 40건), 〈서울신문〉 35.7%(115건 중 41건) 순이다. 특이한 점은 〈조선일보〉, 〈중앙일보〉, 〈한국경제〉는 2010년 6월 지방선거 이후 논조의 변화를 가져왔다는 것이다. 이들 언론사는 이전까지 4대강 사업에 대해 총론적으로 찬성하면서도 속도전에 따른 문제점을 함께 언급하기도 했다. 그러나 야권이 우세한 결과를 얻은 지방선거 이후 4대강 사업 찬성 비율이 급격히 상승했다. 〈조선일보〉는 지방선거 전 찬성이 5건이었지만, 이후에는 19건으로, 〈중앙일보〉도 9건에서 20건으로 증가했다. 〈한국경제〉는 4대강 찬성 칼럼이 지방선거 이전 4건이었지만, 이후에는 51건으로 거의 대부분의 사설과 칼럼이 4대강 찬동일색으로 변했다.

우선 〈조선일보〉의 변화를 살펴보자. 〈조선일보〉의 '4대강 프레임'을 보면, 찬성과 반대, 중립적 프레임이 비교적 고르게 분포했다. 그러나 이를 시기별로 세밀하게 분석해 보면 〈조선일보〉의 달라진 행태가 확인된다. 2010년 6월 지방선거 이전 4대강 사업에 대해 〈조선일보〉는 '4대강 사업이 강 살리기'라는 것에는 긍정했지만, 수질 악화 우려 및 일방적으로 추진하는 것에 대해서는 비판적 입장이

었다. 이에 따라 2010년에는 4대강 사업을 단계적으로 추진하자는 대안을 제시하기도 했다. 2010년 3월 21일 〈조선일보〉 김대중 고문은 '4대江 한 곳만 먼저 하자'라는 칼럼에서 "4대강 사업은 국민적 합의 없이 밀어붙이기식式으로 갈 수 없는 문제"라며 "이 대통령은 4대강 사업을 2단계로 추진하는 융통성을 보였으면 한다"고 밝혔다. 대운하라는 의문이 계속되고, 사업비도 증가하는 등의 논란이 있기 때문에, 이미 시작한 곳을 중단하고 단계적으로 추진하자는 제안이다. 민간진영 전문가들도 일부 이러한 주장을 했었고, '시범 사업 후 확대'라는 점에서 김대중 고문의 주장은 그래도 합리성이 있었다.

무너진 다리. 4대강 사업 기간 동안 지천에서는 역행침식으로 인한 교량 붕괴가 자주 일어났지만, 이에 대한 언론은 침묵으로 일관했다. ⓒ 이철재

하지만 〈조선일보〉는 2010년 6월 지방선거 이후부터 4대강 사업에 대한 강한 찬동 입장을 밝히면서, 4대강 사업 비판에 대해 '4대강 반대 = 좌파'라는 색깔론까지 등장시켰다. 〈조선일보〉는 스스로 우려했듯이, 4대강 사업의 속도전과 일방주의 때문에 발생할 수 있는, 상식적으로 예견할 수 있는 문제점을 왜곡하거나, 회피하면서 4대강 사업을 적극 옹호했다. 2011년 9월 15일 박정훈 기사기획 에디터는 '4대강 난리 난다던 사람들의 침묵'이라는 칼럼에서 "4대강 사업 반대 진영이 돌연 조용해졌다"면서 그 이유를 반대 진영이 주장한 4대강 홍수 피해가 없었기 때문이라 주장했다. 그는 "반대 측은 4대강에 대한 관심 자체를 잃은 것처럼 보인다"면서 "좌파의 치고 빠지기"라며 "국가 백년대계를 좌우할 4대강 논쟁도 결국 이념 싸움으로 흘러 안타깝다"고 주장했다. 〈조선일보〉 박정훈 에디터의 이 칼럼은 MB정권의 4대강 홍보잡지에 그대로 실려, 반대 진영을 공격하는 도구로 사용됐다.

박 에디터의 주장처럼 4대강 유역에 큰 피해가 없었고, 반대 진영은 4대강과 무관한 사례들로만 트집을 잡고 있었던 것일까? 박 에디터의 기사에는 2000년 대 초반 태풍 루사와 매미 때도 멀쩡했던 왜관철교와 남지철교 붕괴 내용은 쏙 빠져 있다. 어이없게도 두 번씩이나 발생한 구미 단수 사태도 없다. 'MB캐년', 'MB아가라'라는 신조어가 만들어질 만큼 심각한 4대강 전역의 지천 침식 현상[2]도 누락됐다. 또한 민간단체와 야당이 함께 국제적 전문가를 초청해 4대강

---

2 4대강 본류를 깊게 준설함에 따라 지천과 높이 차가 발생했는데, 이 때문에 지천의 바닥과 제방이 더 많이 깎여져 버리는 침식 작용이 발생했다. 역행침식이란 말로도 사용된다.

현장을 조사하고 해법 마련을 위한 국제심포지엄을 벌였던 내용도 빠져 있다. 〈조선일보〉 박정훈 에디터의 칼럼은 같은 해 10월 22일로 예정된 '4대강 새 물결 맞이' 행사를 위한 정권의 언론 전술에 편승한 것이다. 그리고 4대강 사업은 이념 논쟁이 아니라 '물이 고이면 썩는다'를 부정하는 이들과의 상식논쟁이었다. 이런 상식조차 부정한 것이 바로 〈조선일보〉였다.

5) 4대강 속도전 우려했던 〈중앙일보〉, 〈한국경제〉의 변화

〈중앙일보〉의 논조는 "이미 대운하는 명분을 잃었다. 대운하는 당초 약속대로 4대강 유역 정비사업으로 전환해야 한다"는 2008년 9월 3일 사설처럼 대운하는 반대지만, 4대강 사업은 찬성이었다. 그러면서도 MB가 일방적으로 밀어붙이는 것에 대해서는 우려의 입장을 보여 왔다. 2009년 6월 9일 '4대강 살리기 불필요한 오해부터 불식해야'라는 사설에서 〈중앙일보〉는 '대운하 전초전'이라는 4대강 사업의 의구심이 해소되지 않는 이유로, 첫째, 대운하 무산 직후 시작된 점, 둘째, 사전에 국민 공감대 형성이 없었고, 셋째, 무리하게 추진하고 있는 점을 꼽았다. 4대강 정비 사업이 16조 원이었다가 22조 원으로 증가한 것도 의구심을 증폭시킨다고 지적했다. 〈중앙일보〉는 이때까지만 해도 4대강 사업에 대한 '합리적 의심'을 갖고 있었다.

하지만 〈중앙일보〉는 〈조선일보〉와 마찬가지로 2010년 6월 지방선거 이후 'MB정권의 구원투수'를 자임하고 나섰다. 〈중앙일보〉는 '4대강 사업은 대운하가 아니다'라는 것을 강조하면서 비판 진영의 비판이 비과학적이라며 비난 수위를 높였다. 2010년 8월 6일 사설에

'그 곱던 모래는 사라지고'. 4대강 사업으로 추진된 영주댐 때문에 내성천에는 고운 모래가 유실되고, 굵은 자갈만 남은 상태가 됐다. 4대강 찬동 언론은 내성천 문제에 대해서는 침묵하거나 왜곡으로 일관했다. ⓒ 이철재

서 "4대강 사업은 수량 확보, 수질 개선, 홍수 예방, 수변水邊 이용을 위해 필요한 백년대계의 국토개발"이라 규정했다. 이어 밀어붙이기 방식과 홍보 부족 등 문제가 있지만, "어디까지나 4대 강 사업은 압도적 표차로 당선된 정권이 전문가의 실력을 모아 책임을 지고 진행하는 정권 국책사업"이라 주장했다. 〈중앙일보〉는 MB와 4대강 찬동 전문가들의 권위를 적극 옹호하면서, "민주당·민노당과 일부 시민·종교단체는 4대강을 토목·환경의 과학이 아니라 정치·선동의 영역으로 끌어들여 비생산적인 투쟁을 벌였다"며 4대강 반대 진영을 '정치적 반대'라 비난했다. 이전까지 주장했던 "(정부가) 수질오염 가능성

이나 생태계 훼손의 우려에 대해서도 진지하게 답해야 한다"라는 최소한의 '합리성'은 찾아볼 수 없게 됐다.

〈중앙일보〉 허남진 논설주간은 2010년 10월 19일 '결대로 쳐라' 칼럼에서 "개인적으로 4대강 사업은 꼭 필요한 사업이라고 생각한다"며 "할 바엔 그 분야 전문가인 MB야말로 최고 적임자"라며 MB 지지 프레임을 형성시켰다. 4대강 A급 찬동 인사 김진 〈중앙일보〉 논설위원의 주장은 더 강했다. 그는 2011년 6월 27일 〈김진의 시시각각〉 과격한 당권후보 유승민'이라는 칼럼에서 당시 한라당 당권을 도전한 유승민 의원(당시 한나라당 내에서 유승민 의원은 이한구 의원과 함께 4대강 사업에 대해 부정적 의견을 피력해 왔다.)을 향해 "많은 경제·환경·토목 학자는 4대강 개발의 가치와 경제성을 인정한다"며 4대강 사업을 옹호했다. 김진 논설위원이 언급한 많은 경제, 환경, 토목 학자들이란 4대강 사업에 적극 찬동했던 전문가들이다. 2011년 8월 1일 〈김진의 시시각각〉 민주당, 대운하는 어디 갔나'에서는 막말을 퍼부었다. 그는 MB정권의 홍보 논리대로 '올 홍수에 4대강 사업 때문에 큰 피해가 없었다'며 "이제 과제가 달성되면 4대강은 한국인에게 소중한 자산이 될 것"이라 치켜세웠다. 이어 "4대강 반대론자들은 그동안 터무니없는 주장으로 정권을 공격해 댔다. 가장 대표적인 게 4대강 개발이 대운하 1단계라는 것"이라면서 4대강 반대 진영을 "터무니없다"는 식으로 공격했다. 김진 논설위원의 논리는 앞서 언급한 〈조선일보〉 박정훈 기사기획에디터의 주장과 비슷하다. MB정부가 "4대강 사업은 근원적인 홍수방어 대책"이라 했으면서도 지류지천에서 발생한 홍수 피해에 대해서는 언급하지 않았다. '대운하가 아니다', '4대강 사업에 효과가 있다'는 건 김진 논설위원이 MB정권의 성공을 바라면서 스스로 그렇게 믿고 싶었던 것뿐이다.

〈한국경제〉도 앞서 〈조선일보〉, 〈중앙일보〉와 비슷했다. '한반도 대운하'가 '4대강 사업'으로 전환된 초기 〈한국경제〉는 4대강 사업의 당위성은 인정하면서도 '타당성 조사 없이 졸속으로 추진하게 되면 부작용이 심각할 것'이라 지적한 바 있다. 2009년 4월 27일 '4대강 살리기 불신부터 해소시켜야'라는 사설에서 〈한국경제〉는 이전 대형 국책사업이 졸속으로 추진됐다가 혈세를 낭비하는 등 실패한 사례를 바탕으로 4대강 사업의 우려점을 지적했다. 이는 언론으로서 비교적 균형 있는 시각이라 할 수 있었다. 하지만 지방선거 이후 〈한국경제〉 입장은 '4대강 반대는 정략적 반대'라는 것으로 귀결됐다. 〈한국경제〉는 2011년 7월 19일 사설 '4대강 저주하던 자들은 지금도 말이 많고'에서 "이명박 정부가 추진한 4대강 살리기 사업의 성과가 입증됐다"며 "'홍수기에 두고보자'며 4대강 꼬투리 잡기에 몰두해 온 사이비 자연정령 숭배자들은 지금도 반성은커녕 사소한 문제들을 침소봉대하며 거짓을 전파하기에 여념이 없다"면서 막말 수준으로 4대강 비판 진영을 비난했다. 여기에 〈한국경제〉 정규제 논설위원도 가세했다. 그는 2011년 7월 25일 '4대강 천안함과 강단 좌파들'이란 기명칼럼에서 "4대강 효과 때문에 큰 물난리가 없었다"고 MB정부 홍보 논리를 따라 했다. 이어 그는 "문제는 이 당연명제에 속할 뿐인 소수의 사례를 들어 4대강 사업 전부를 잘못된 일로 비약시키는 되먹잖은 버릇"이라며 4대강 반대 진영이 4대강 사업의 작은 문제를 침소봉대해 문제를 일으켰다는 논조로 막말을 퍼부었다. 4대강 사업으로 민주주의를 훼손되고, 국토환경이 파괴되는 일이 그저 작은 문제라면, 도대체 큰일이 뭘까 싶다.

6) 4대강 사업은 문제가 없어야 했던 언론

2013년 1월과 7월 감사원은 '4대강 사업은 총체적 부실', '4대강은 대운하를 염두에 뒀다'며 감사 결과를 공개했다. 4대강 사업을 적극적으로 찬동했던 언론들은 감사원 감사 결과를 수용하는 듯했다. 하지만 시간이 갈수록 '감사원이 정치적 감사를 했다'는 MB와 그 측근들의 프레임에 동조했다.

4대강 사업에 가장 맹목적으로 찬동했던 〈동아일보〉는 2013년 1월 19일 '4대강, 감사 결과 존중하고 고쳐서 더 푸르게'라는 사설에서 4대강 추진본부 심명필 본부장이 4대강 사업에 대해 100점 만점에 95점이라 평가했던 내용을 언급하면서 "곧이곧대로 믿기 어렵다"는 입장을 밝혔다. 그러면서 '4대강 사업의 문제는 무리한 속도 때문에 생겼다'고 진단했다. 〈조선일보〉 역시 2013년 1월 18일 '임기 내 한꺼번

무너진 자전거 도로. MB정부는 4대강 사업을 통해 근원적으로 홍수를 방어하겠다고 했지만, 4대강 사업 이후에도 지천에서는 끊임없이 홍수 피해가 발생하고 있다. ⓒ 이철재

에 끝내려 한 과욕이 빚은 4대강 부실'이라는 사설에서 감사원 감사 결과를 인용하면서 4대강 사업의 문제를 지적했다. 〈중앙일보〉는 2013년 3월 13일 '도마 위 4대강 사업 임기 내 과욕 탓'이라는 사설에서 MB정권의 욕심 때문에 4대강 사업의 문제가 벌어졌다고 밝혔다. 〈문화일보〉도 "과속의 후유증(2013.1.18. 사설 '不實 지적된 4대江, 치밀한 보완으로 不安 해소해야')"이라며 4대강 사업의 문제를 지적했다. 여기서 언론사 스스로의 반성은 빠져 있다. 4대강 사업은 '국가 백년대계'라며 좌고우면하지 말고 강력한 속도전으로 밀어붙일 것을 촉구했던 언론은 성찰과 반성은 없고, 오로지 정권 탓만 했다.

그러나 그것도 오래가지 않았다. 그들은 자신의 낯부끄러움을 감추기 위해 '감사원이 정치적으로 감사를 벌였다'라는 프레임을 동원하기 시작했다. 2011년 4대강 1차 감사 때는 문제없다고 했던 감사원이 정권이 끝날 무렵, '총체적 부실'이라 지적한 것은 권력의 눈치보기란 것이다. 〈조선일보〉는 2013년 1월 18일 사설 '감사원, 대통령 사업 눈치 보기 감사 부끄럽지 않은가'라며 감사원을 비판했고, '감사원 감사 결과를 존중하자'던 〈동아일보〉는 단 며칠 뒤인 2013년 1월 25일 '청와대-감사원, 4대강 이전투구 너무 나간다'라는 사설을 통해 감사원 흔들기에 집중했다. 〈중앙일보〉도 감사원이 '4대강 사업은 대운하를 염두에 뒀다'는 감사 결과를 밝힌 2013년 7월 12일 '4대강도 감사원도 이대론 국민 신뢰 못 받는다'라는 사설을 통해 양비론을 펼치면서도 감사원을 더 비난했다. 〈문화일보〉 역시 같은 날 '4대강 사업 두고 정권 따라 결론 달리 내는 감사원'이란 사설을 통해 감사원 비판에 앞장섰다. 〈한국경제〉는 2013년 1월 18일 사설 '4대강 감사 어떻게 했길래 이 소동인가'와 같은 해 10월 16일 'MB

줄줄 새는 세종보. 4대강 사업의 부실과 날림의 흔적이 곳곳에서 드러나고 있다. 세종시 세종보의 경우 매년 보수 공사가 진행될 정도도. ⓒ 이철재

사법처리 검토했다는 감사원의 놀라운 발상'이라는 사설을 통해 역시 감사원 흔들기에 동참했다.

　이들 언론의 지적은 감사원이 스스로 자처했던 것도 분명하다. 그러나 또 다른 면에서 이들 언론들이 감사원을 흔드는 것은 MB에게 유리한 프레임을 유지시키려는 의도와 자신들의 책임을 회피하려는 의도가 동시에 존재했다. 정작 감사원이 2011년 4대강 사업 1차 감사 결과를 발표했을 때, 이들 언론은 별다른 문제 제기를 하지 않았다. 1차 감사는 MB의 측근 중의 하나인 은진수 전 감사위원(2007년 대선 당시 이명박 캠프 법률지원단장을 지냈다.)이 감사를 맡고, 1년 동안 발표를 미뤄 오다가 '별 문제 없다'는 식의 결론을 낸바 있다. 사실 누가 봐도 의구심을 가질 수밖에 없는 상황에서, 특히 '합리적 의심'을 가져야 할 언론이라면 이러한 감사원 부실 감사 문제점에 대해 분석하고 지적했어야 했다. 그러나 이들 언론은 4대강 사업을 위해 침묵했고, 2차, 3차 감사만을 두고 감사원의 문제라고 지적하는 것이다.

주요 언론들의 불편부당함은 이후에도 계속됐다. 대표적으로 4대강 사업의 물리적 공사가 끝난 직후부터 심각해진 녹조현상에 대한 태도였다. 이른바 '녹조라떼'에 대해 주류 언론들은 '4대강 탓이 아니다'라고 강변했다. 역시 MB정권과 4대강 사업의 기관지를 자처한 〈동아일보〉가 앞장섰다. 〈동아일보〉는 2012년 8월 9일 '녹조 괴담과 진실 제대로 가려 불안 없애라'라는 사설에서 "일부 환경단체들이 낙동강 녹조에서 독성물질을 검출했다고 발표하면서 4대강 사업이 녹조의 원인이라는 이른바 '녹조 괴담'이 인터넷에서 확산되고 있다"며 녹조현상을 '괴담'으로 치부했고, 괴담의 진원지를 환경단체로 돌렸다. 이어 '녹조라떼 논란, 언제까지 4대강 탓만(2012.8.13. 기자칼럼)', '모든 게 이명박 때문?(2012.8.14.)' 등에서 녹조는 4대강 사업 때문이 아니라 주장했다.

2013년 8월 6일 윤성규 환경부 장관이 "녹조는 수온, 영양물질, 물의 정체 등 다양한 요인에 의해 발생하지만, 특히 4대강 사업으로 인한 보狀 때문에 더 나타난다"라고 밝히자 〈문화일보〉는 2013년 8월 8일 '4대강 보로 녹조 심화됐다는 윤 환경장관, 경솔하다'라는 사설을 통해 "(윤성규 장관이) 환경운동단체를 비롯한 4대강 사업 반대론자들이 도식화해 온 '녹조 심화의 원인=4대강 사업'에 공식적으로 맞장구를 친 셈"이라며 비난했다. 이어 "세계적인 환경공학자인 박재광 미국 위스콘신대 교수만 해도 4대강의 보와 녹조를 직결시키는 것은 억지라고 지적한다"면서 대표적인 4대강 찬동 인사인 박재광 교수의 주장을 인용했다. 사실 이때까지만 해도 윤성규 환경부 장관은 4대강 문제를 정확하게 표현했다. 같은 조건일 때 유속이 떨어지면 수질이 나빠지는 것은 이전부터 환경부가 인정했던 사안이다. '고인 물이 썩는다'는 지극히 상식적인 것이다. 〈문화일보〉는 이러한 상식을 부정했는데, 도대체 4대강 A급 찬동 인사인 박재광 교수가 언제부터 '세계적인 환경공학자'가 됐는지 모를 일이다. 독일의 국제적 하천전문가인 한스 베른하르트 교수(칼스루헤 대학)는 박재광 교수를 두고 객관성이 부족하다고 지적할 정도였다. 더욱이 도가 지나친 심한 막말을 일삼아 교수라고 부르는 것조차 부끄러운 인사를 두고 '세계적인 환경공학자'라 치켜세우는 것은 〈문화일보〉 편에서 말해 줄 전문가가 그만큼 없었다는 것을 반증하는 것이기도 하다.

〈동아일보〉도 비슷한 논조였다. 2013년 8월 9일 '환경장관, 4대강 녹조 원인 데이터로 제시해야'라는 사설에서 녹조는 4대강 사업 때문이 아니라고 주장했다. 비슷한 시기 〈조선일보〉도 '4대강 녹조 지금대로 그냥 놔두라는 환경장관(2013.8.10.)'이라는 사설에서 녹조는 이전부터 있었기 때문에 4대강 탓이 아니라 주장했다. 이어 2014년 9월 2일 자 기자칼럼 '올해도 거듭되는 4대강 탓'에서는 "4대강 사업으로 유수성 어종은 줄고 정수성 어종은 느는 등 생태계가 급변하는 건 사실"이라면서도 "하지만 4대강에서 일어나는 생태계 변화를 몽땅 '4대강 폐해'로 몰아가면서 목소리부터 높이는 건 그 누구에게도 도움되지 않는 무책임한 선동일 뿐"이라는 속 보이는 주장을 펴기도 했다.

3. 언론이 죽은 사회

1) 진실을 외면한 언론

4대강 사업은 22조 원이라는 막대한 혈세가 들어가는 사업이라 믿겨지기 어려울 정도로 부실한 사업이었다. 계획은 졸속이었으며, 사전 타당성 및 환경성 검토는 외면하거나 부실로 일관했지만, 돌관 공사를 하듯 속도전으로 올인했다. 공사 과정에서 크고 작은 사건사고는 물론 인명사고까지 발생했고, 각종 비리가 끊이지 않게 드러난 것이 4대강 사업이다. 이런 사안에 대해 소위 주류 언론은 무엇을 했나 싶다.

2010년 8월 6일 〈동아일보〉는 '4대강 가치 극대화 위해 정부 더 분발하라'는 사설에서 "4대강 사업 과정에서 혹시라도 관료적 편의주의, 업계 이권다툼, 뇌물과 부패행위가 나타난다면 국민은 결코 용납하지 않을 것"이라 밝혔다. 이러한 우려가 현실이 됐지만, 〈동아일보〉는 4대강 사업과 MB정권, 이어 4대강 사업 및 4대강 찬동 인사를 비호하는 박근혜 정부에 대해 무비판으로 일관하고 있다. 오히려 4대강 사업을 더 확대해야 한다는 뻔뻔함을 보이고 있다.

〈조선일보〉와 〈중앙일보〉도 마찬가지다. 〈조선일보〉는 MB정권 초기 4대강 사업에 대해 수차례 사설과 칼럼을 통해 수질 및 환경적 측면을 우려했다. 〈중앙일보〉는 2010년 8월 6일 '4대강 사업, 끝까지

죽은 자라. 4대강 사업 이후 우리 강에서는 생명의 죽음이 일상화됐다. 4대강 사업에 적극 찬동했던 우리 사회의 언론도 죽은 것과 다름없다. ⓒ 이철재

환경에 매달려라'란 사설에서 "4대강 사업의 성공 여부는 16개의 보가 아니라 '맑은 물' 확보에 달려 있다는 사실을 잊으면 안 된다"라고 강조했다.

〈조선일보〉와 〈중앙일보〉는 지금의 4대강 물이 '맑은 물'이라고 생각하고 있는가? 국민들이 식수로 사용하고 있고, 우리의 고유종이 살아가는 터전인 4대강이 엉망이 됐는데, 이에 대해 누구 하나 책임을 지려고 하지 않고, 이들에게 책임을 따져 묻지 않는 것이 언론이라 할 수 있는가?

4대강의 현실은 참담하다. 물리적 공사가 끝난 이후에는 전에 없던 이상 현상들이 발생하고 있다. 녹조는 4대강 사업 이전보다 더 짙

어지고, 더 오래가고, 더 광범위하게 발생하고 있다. 토종 어류가 사라지고, 물고기 떼죽음 사건도 대량으로, 더 자주 발생하고 있다. 또한 예전 댐과 저수지에 발견되던 큰빗이끼벌레가 4대강 본류, 즉 16개 보로 갇힌 곳에서 창궐하고 있다. 이러한 상황임에도 주요 언론들이 여전히 4대강 사업 탓이 아니라 강변하는 것은 '고인 물이 썩는다'라는 상식을 거듭 부정하는 것이다. 이러고도 이들이 '정론직필'의 언론이라 말할 수 있을까.

2) 맹목적으로, 교묘하게, 암묵적으로 찬동한 언론

〈동아일보〉, 〈문화일보〉는 '한반도 대운하'에 대해 타당성 부족, 국민 합의 전제 등 반대 및 중립적 입장을 취했으나, 대운하보다 혈세가 많이 투입되고, 국토 환경 훼손 우려가 높은 '4대강 사업'에 대해서는 매우 강한 찬동 입장을 보여 왔다. 22조 원이라는 막대한 혈세가 투입됐지만, 계획이 졸속으로 진행되고, 사회적 검증 과정은 생략되거나 날림으로 진행됐음에도 오히려 '4대강 사업'을 신성불가침화하는 데 크게 일조했던 것이 바로 〈동아일보〉와 〈문화일보〉였다. 이들은 '4대강 사업은 무엇이든지 이룰 수 있다'는 '4대강 만능론' 전도사였다. '4대강 사업'에 대한 비판적 목소리는 '반대를 위한 반대'로 매도하면서, 4대강 사업 때문에 발생하는 문제점에 대해서는 침묵하거나, 4대강 사업 찬동 인사들을 통해 '4대강 사업'의 진실 왜곡에 앞장섰다. 이런 면에서 〈동아일보〉, 〈문화일보〉는 '4대강 맹목적 찬동 언론'이다.

〈조선일보〉, 〈중앙일보〉, 〈한국경제〉는 '한반도 대운하'에 대한 비판 및 중립적 의견을 바탕으로 '4대강 사업' 초기, 이 사업의 필요성

"4대강 사업 멈춰". 4대강 사업의 예견된 부작용은 한반도 대운하와 다를 바가 없었지만, 우리 사회 메인 언론들은 대운하는 비판했으면서도, 4대강 사업에 대해서는 찬동했다. ⓒ 환경운동 연합

을 인정하면서도 속도전 및 밀어붙이기 방식에 대한 우려와 절차적 타당성과 국민적 합의를 강조한 바 있다. 그러나 2010년 6월 지방선거 이후 정권의 안녕을 위해 이들 언론은 MB정권의 4대강 사업 프레임을 그대로 따라 하면서, 4대강 사업을 적극 옹호했다. 이들은 〈동아일보〉, 〈문화일보〉 못지않게 4대강 사업을 신성시했고, 현재도 이들 언론은 4대강 사업으로 발생되는 녹조, 물고기 떼죽음, 큰빗이끼벌레와 서민 피해 문제 등에 대해 4대강 때문이 아니라고 강변

하고 있다. 예견된 문제점을, 그것도 자신들이 우려하기도 했던 것을 부정하는 것은 여전히 진실을 왜곡하는 것이다.

〈한국일보〉이충재 논설위원은 2013년 1월 23일 자 칼럼 '4대강 어떻게 괴물이 됐나'에서 "보수언론은 4대강 사업에 대한 사실 관계 조차 제대로 보도하지 않았다"고 꼬집었다. 다른 언론사들도 "4대강 사업의 진실을 외면했다"고 지적했다. 일부 언론사를 제외하고 대다 수 언론들이 4대강 사업의 진실을 제대로 보도하지 않았다는 것은 자발적이면서도, 암묵적으로 4대강 사업을 찬동했다는 것을 의미 한다. 〈국민일보〉,〈서울신문〉,〈매일경제〉,〈세계일보〉는 이러한 비판 에서 자유로울 수 없다. 한편으로는 '4대강 사업'을 신성시했던 이들 중에 〈한국일보〉에 속한 이가 있었다는 점에서, 〈한국일보〉이충재 논설위원의 비판은 〈한국일보〉자체에게도 적용된다.

4대강 사업과 같은 부실한 계획이 현실에서 가능할 수 있었던 것 은 맹목적이면서 교묘한 찬동 세력이 있었기 때문이다. 또한 암묵적 으로 찬동했던 이들이 있었기 때문에 가능했다. 특히 권력에 대한 비판과 감시가 주 역할인 언론들이 '4대강 사업'에 대해 맹목적, 암 묵적으로 교묘히 찬동했던 것은 언론으로서의 책임을 방기했다는 것을 의미한다. 이 때문에 우리 사회의 이성은 마비됐고, 지난한 과 정을 통해 확립한 사회적 합리성마저도 크게 훼손됐다.

사회적 이성과 합리성이 마비된 집단은 결코 오래가지 않는다. 이 는 수많은 인류 역사를 통해 이미 보여 줬다. 우리 사회가 이러한 전 철을 피하고, 사회적 이성과 합리성을 회복하기 위해서는 사회적 성 찰이 뒤따라야 한다. 뻔한 사실을 외면하고 부정하는 것은 현 세대, 미래 세대 모두에게 커다란 오점을 거듭 남기는 것과 다르지 않다.

따라서 사회적 성찰의 하나로 '4대강 사업'의 후유증, 현재도 국민의 혈세가 투입될 수밖에 없는 사안에 대해 심층적으로 진단하고, 향후 방향에 대한 고민해야 한다. 그것이 사회적 이성과 합리성을 회복할 수 있는 방안이다.

이철재 에코 큐레이터 / 환경운동연합 생명의 강 특별위원회 부위원장

4장

4대강
미래 대안

4대강 사업을 보는 경제학자의 눈
: 분노, 성찰, 대안

"증인은 4대강 사업의 비용편익비율(B/C)이 0.16~0.24에 불과하다는 연구결과를 발표하였고, 이것이 언론에 보도되었다는 것을 알고 있지요? 개인이 수행한 검증되지 않은 연구결과가 일반에 공개됨으로써 국민을 혼란케 한 것에 대해 책임을 느끼지 않나요?"

2011년 12월 9일 부산고등법원에서 열린 하천공사시행계획취소(낙동강 공사) 항소심에서 원고 측 증인으로 나선 필자에게 정부를 대리한 변호사가 던진 질문이다. 순간 분노가 치밀었다. 정부의 직무 유기를 탓하지는 못할 망정 화살을 반대로 돌리다니. 아마 재판장 판사가 이 질문에 대해서는 증인이 답변할 필요가 없다고 말하지 않았다면 어떤 공방이 오갔을지 모를 일이다. 그 다음 해 2월 부산고법은 "총 사업비 500억 원 이상의 예산이 투입되는 국책사업에 대해 예비타당성 조사를 거치지 않은 것은 국가재정법을 위반해 위법하다"고 판단했다.

필자는 피고 측 변호사의 질문에 이명박 정부가 추진한 4대강 사업을 어떻게 평가해야 할 것인지 잘 드러나 있다고 생각한다. 정부는 대형 국책사업에 대해 법이 정한 사전 경제성 평가를 수행하지 않은 책임에서 결코 자유로울 수 없다. 그럼에도 법정에서 정부의 대리인은 독립적인 연구결과를 제시한 필자에게 적반하장賊反荷杖의 행태를 보였다. 정부는 논쟁적인 국가사업에 대해 절차적, 경제적 정당성을 확보하여 국민을 설득하는 정공법을 취하지 않았다. 대신 국가재정법 시행령 제13조를 개정하여 예비타당성 조사 면제 대상 사업에 '재해예방' 항목을 추가하는 술수를 부렸다. 4대강 사업의 핵심인 보 건설과 준설을 시급을 요하는 재해예방 사업으로 간주함으로써 시간과 비용, 토론이 요구되는 비용편익분석을 생략했다. 최단 기간, 최소 비용으로 대통령 임기 내 공사를 완공하는 것이 유일한 목적이자 기준이라면 이명박 정부의 4대강 사업은 더할 나위 없이 성공한 셈이다.

MB정부가 직무유기한 4대강 경제성 평가

그러나 정부는 건설회사가 아니고, 대통령은 사장이 아니다. 아니, 요새는 건설사도 이해당사자의 목소리를 무시하는 일방적 공사는 하지 않고, 할 수도 없다. 기업의 사회적 책임에 눈감을 수 없고, 영향평가 등 규제가 확립되어 있기 때문이다. 대통령의 속도 제한 없는 독주에 정치인, 행정관료, 전문가, 심지어 언론까지 편승했을 뿐 아니라 기름마저 부었다는 사실에 참담할 따름이다. 다시 고등법원 재판부의 판결문(2011누228 하천공사시행계획취소)을 살펴보자.

"① 대규모 재정이 투입되는 국책사업에 대하여 재해 예방이라는 이유를 들어 예비타당성 조사 대상에서 제외한다고 해석한다면, 이는 모법인 국가재정법의 입법취지에 정면으로 반하고 국가재정법의 위임범위를 벗어난 해석으로 그 효력을 인정할 수 없고, ② 설령 그 효력을 인정한다고 하더라도 이 사건 사업 중 보의 설치는 재해예방사업이라고 볼 수도 없을 뿐 아니라, ③ 보의 설치, 준설 등의 사업이 예비타당성 조사를 면제시킬 정도로 시급성이 인정되는 사업이라고 할 수도 없다. 그런데도 피고들이 이 사건 사업 중 보의 설치, 준설 등의 사업에 대하여 예비타당성 조사를 거치지 아니한 것은 국가재정법 제38조 제1항을 위반하였다고 할 것이다"

재판부는 4대강 사업 예비타당성 조사와 관련한 정부의 주장을 정면으로 부정하고 있다. 필자를 포함한 다수의 경제전문가들이 일관되게 지적한 바와 같다. 왜 정부는 4대강 사업에 대한 경제성 평가를 애써 무시하고자 했을까? 아마도 4대강 사업의 전신인 한반도대운하 경제성 논쟁을 겪은 피해의식 때문일 것이다. 2006년 가을 당시 이명박 전 서울시장이 대선 공약으로 내세운 한반도 대운하 사업에 대한 경제성 논란은 2008년 6월 대통령 스스로 "국민이 반대하면 추진하지 않겠다"는 선언을 하기까지 2년 가까이 지속됐다. 수많은 언론매체와 학술토론회를 통해 물류와 관광효과 등 운하 사업

4대강 대법원 판결 기자회견 ⓒ박용훈

의 편익과, 건설비, 유지관리비, 교량해체 및 재건설비 등 제반 비용
에 기초한 타당성 문제를 둘러싸고 찬반 측 전문가들 간 주장이 오
갔다. 그 과정에서 터무니없이 낮은 비용편익비율(B/C)로 대표된 경
제적 차원의 허구성이 드러났고, 이는 사업에 대한 국민여론을 악화
시켰다. 경제성 공방은 추진 측 입장에서 보면 '남는 장사'가 아니었
던 것이다. 대운하 사업이 4대강 사업으로 탈바꿈하는 과정에서 권
력 내부로부터 예비타당성 조사 무용론이 대두되었을 것임을 충분
히 짐작할 수 있다.

　4대강 사업은 기어이 완공되고 말았다. 필자는 역대 최연소 노벨
경제학상 수상자인 케네스 애로우Kenneth Arrow 교수를 인용하면서
동시다발적 대규모 하천사업의 비합리성을 비판하고 '중단 후 재검
토' 혹은 '소규모 시범사업' 방식을 대안으로 제시했지만 무위였다.

애로우 교수는 그의 "환경보전, 불확실성, 그리고 불가역성不可逆性"이라는 유명한 이론 논문에서 충분한 정보가 확보될 때까지 자연환경을 개발하지 않고 보전함으로써 얻을 수 있는 경제적 가치를 '준옵션가치quasi-option value'로 명명하면서 이를 무시한 일방적인 개발사업의 위험성을 지적했다. 그 어떤 논리와 호소에도 아랑곳없이 세계적으로 유례를 찾아볼 수 없는 초대형 하천공사가 3년 만에 이루어졌다. 왜 이렇게 되었을까?

일차적으로 4대강 사업에 대해 비판적 입장을 견지한 전문가들과 시민사회 활동가들의 설득력과 열정 부족이었을 수 있다. 워낙 경제, 토목, 생태, 수자원 등 진단과 평가에 있어 전문성을 요구하는 사업이었기에 국민의 이해를 돕기 위한 전문가의 역할이 중요할 수밖에 없다. '좀 더 지혜를 짜 낼 수 있었을 텐데, 왜 더 열심히 하지 않았을까' 하는 아쉬움과 자괴감이 지금도 필자를 괴롭힌다.

4대강 사업을 막기에는 이를 주도하는 권력의 힘이 워낙 강고했다는 주장 역시 가능하다. 새만금 사업 등 우리나라에서 그동안 논란을 야기한 국책사업들은 예외 없이 대통령 선거의 대표공약으로 등장했다. 대선 공약화한 사업은 이미 합리적 접근에 따른 경제적, 환경적 타당성 검증의 대상을 넘어선다. 선거 국면에서 개발정책이 유력 정치인의 입을 떠나는 순간 정치와 권력 논리가 지배한다. 예를 들면 필자의 대운하 사업과 4대강 사업 비판에 대해 "원래 이념 성향과 정치적 지향이 다르니 저렇게 나오는 것이다"라는 근거 없는 비난과 같은 식이다. 필자의 분석이 편향되어 있고 객관성을 상실했다는 것이니 경제학자로서는 모욕이다. 대한민국에서 최고 권력자의 이름으로 하지 못할 일은 별로 없어 보인다. 천문학적 예산을 지역에 뿌리는 국책사업의 경우에는 더욱 그러함을 절감한다.

잊혀진 우리의 흰수마자… 미안해

일각에서는 우리 국민의 선호체계에서 환경가치가 차지하는 순위가 너무 낮다고 안타까워한다. "부자 만들어 주겠다"는 대선 후보의 한마디가 다른 모든 가치를 압도한다는 것이다. 유권자 성향이 이러하다면 개발논리 앞에 백약이 무효할지 모른다. 하지만 필자는 삼천리금수강산을 자랑스러워하는 우리 국민을 믿고 싶다. 후손이 대대로 살아갈 이 땅을 균형 있게 관리하고 보전하겠다는 책임의식이 없는 국민이라고 생각하지 않는다. 과거 공사 직전까지 갔던 동강댐 건설을 저지한 경험도 있지 않은가. 당시 국민의 마음을 움직인 것은 강원도 영월군 동강 유역의 빼어난 경관과 생태가치였다. 4대강 사업 논란과 매우 유사한 성격을 지닌 외국 사례를 살펴보자.

1967년 미 의회의 승인을 받아 남부 테네시 강 유역에 용수와 전력 공급, 수자원 관리를 목적으로 '텔리코Tellico댐'이라는 다목적 댐 공사가 시작된다. 건설이 한창 진행되던 1973년 어류魚類학자인 에트니어Etnier 교수는 이 지역에만 서식하는 '스네일 다터snail darter'라는 새 어종을 발견하게 된다. 에트니어 교수는 댐이 완공되면 생태계 변화로 스네일 다터가 멸종하게 될 것이라고 경고했고, 국민 여론이 움직이기 시작한다. 1975년 정부를 상대로 댐 건설 중단 소송이 시작된다. 마침내 1978년 연방대법원은 원고의 손을 들어 준다. 소송 중에도 공사는 진행되어 사실상 완공된 것과 다름없는 댐 사업이 일시

내성천 강수욕과 모래 놀이. 모래가 많은 것이 우리 강의 원래 모습이다. ⓒ 박용훈

에 중단된다.

하지만 대법원 판결 이후 미 의회는 에너지 및 용수공급에 관한 법안을 통과시키면서 '텔리코댐을 생물종 보호법에 저촉되지 않는 예외사업으로 한다'는 수정조항을 포함시킨다. 마침내 1979년 11월 텔리코댐은 완공되고, 이 지역은 수몰된다. 스네일 다터는 어떻게 되었을까? 다행히 이 희귀어종을 근처 강으로 집단 이주시키는 프로젝트가 성공적으로 진행된다. 이 이야기는 미 연방정부가 텔리코댐이 애초부터 경제성 없는 낭비사업이었다는 사후평가 결과를 발표하면서 최고조에 달한다. 처음부터 경제성 평가가 올바로 이루어졌다면 12년에 걸친 공사와 소송, 건설 중단과 재개로 인한 국민 갈등과 사회적 비용은 피할 수 있었을 것이다.

낙동강의 대표적 지천인 내성천에 '흰수마자'라고 하는 멸종위기 1급의 한반도 고유어종이 서식하고 있음을 아는 국민은 많지 않다. 모래톱과 얕은 강이 어우러진 내성천은 회룡포와 같은 독특한 하천 경관과 아름다운 주변 환경으로 세계적으로도 유명하다. 그런데 내성천에 사는 흰수마자 개체수가 급격히 줄어들고 있다는 우려가 계속 증가하고 있다. 낙동강 4대강 사업의 연장선상에서 건설되고 있는 내성천 상류의 영주댐으로 인해 모래 공급이 감소하여 생긴 현상이라는 지적이 많다. 내성천에 펼쳐진 수려한 모래사장은 현재 풀밭과 맨땅으로 바뀌고 있다.

지금부터 40년 전 생존 위험에 직면했던 미국의 스네일 다터는 많은 사람들의 관심의 대상으로 떠오르면서 댐 건설 중지라는 놀라운 결과를 이끌어 냈지만, 현재 4대강 사업의 위협에 노출되어 있는 한국의 흰수마자는 언론의 관심에서조차 비켜나 있다. 미국 정부는 사후적으로 텔리코댐 사업의 경제성 없음을 솔직히 인정했지만, 우리 정부는 4대강 사업과 영주댐의 경제성 여부에 대해 모르쇠와 사업 강행으로 일관하고 있다. 영주댐 사업의 타당성 부재와 내성천 훼손에 따른 생태 및 관광 가치 상실에 대해서는 많은 전문가들이 동의하는 바다. 우리 국민 내면에 자리 잡고 있을 생태적 민감성과 상황에 대한 합리적 문제인식을 믿는다.

자연은 가장 소외되고 고통받는 약자

4대강 사업의 미래는 무엇일까? 일부에서는 4대강 보에 담긴 물이 봄철 가뭄에 유용하게 쓰일 수 있음을 강조하며 4대강 사업의 정당성을 말하기도 한다. 이러한 주장은 22조 원 이상의 재원이 사용된 거대사업에 내재한 기회비용에 대해 무지하거나 애써 무시하는 일차원적 접근이다. 4대강 사업의 기회비용은 1) 같은 재원을 홍수예방과 용수확보를 달성할 수 있는 다른 대안에 사용했을 때 창출할 수 있는 편익을 실현하지 못하는 데 따른 경제적 비용과, 2) 4대강 사업의 부작용으로 거론되는 대규모 수질오염과 수중 생태계 혼란, 관광자원 훼손 등에 따른 경제적 비용을 포함한다. 지금까지의 논의는 전자, 즉 상실된 대안으로 인한 경제적 비용을 제대로 검토하지 않았다는 문제가 있다.

만약 강 곳곳에 댐을 건설한 4대강 사업 방식이 아닌 다른 대안이 동일한 수준의 편익을 보다 적은 비용과 부작용으로 만들어 낼 수 있다면 그 가능성을 진지하게 연구해야 한다. 이미 큰돈 들여 만들어 놓은 구조물이니 사용하다 보면 좋은 점도 있을 것이라는 왜곡된 단순논리에 현혹되어서는 안 된다. 예를 들어 한반도에서 발생할 수 있는 가뭄 위험에 대비해 지리적, 기상학적, 생태적, 경제적 조건을 면밀히 검토, 분석한 후 최적 대안을 마련하는 것이 올바른 접근이다. 반면 4대강에 설치된 16개 보를 당장 해체한 후 자연 하천으로 복원해야 한다는 입장 역시 문제의 여지가 있다. 일시 해체에 따른 경제적, 생태적, 공학적 불확실성이 존재하기 때문이다. 많은 비용을 들여 구축한 대형 구조물을 단번에 없앨 때 국민이 느끼는 심리적 부담감도 있을 것이다.

4대강 사업의 향배는 대략 다음 세 가지 방안으로 압축된다. 첫째, 4대강에 설치된 구조물을 그대로 두되, 그동안 지적된 부작용을 최대한 줄이고 효과적으로 활용할 방법을 모색한다. 둘째, 지금 상태로는 각종 피해가 너무 크다는 판단 하에 보 해체를 고려하되, 가장 문제가 심각한 지역과 대상을 선정하여 복원을 진행한 후 그 결과를 보면서 점진적으로 추진한다. 셋째, 이대로 가면 4대강은 회복 불능한 상태로 훼손될 것이기에 최선의 공법을 선택하여 일시에 보를 해체함으로써 너무 늦기 전에 자연형 하천으로의 복원을 꾀한다.

이 세 가지 중 어느 것이 가장 바람직한가에 대해서는 쉽게 답하기 힘들다. 필자는 물론, 우리 국민과 정부 모두 가장 바람직한 결정을 내리기에는 현재 갖고 있는 정보의 제약이 너무 크다. 그렇다고 손을 놓고 있어서는 안 된다. 일정 수준 검증이 이루어진 사안에 대해서는 의사결정을 미루어서는 안 될 것이며, 충분한 정보 축적이 요구되는 문제에 대해서는 정부와 전문가, 그리고 시민사회의 참여를 통해 합리적이고 투명하게 현재 상황을 분석하고 가능한 대안을 검토해야 할 것이다.

필자는 전자에 해당하는 대표적인 사안으로 영주댐을 적시하고자 한다. 그간 이루어진 타당성 검토와 현장 확인을 근거로 영주댐의 경우에는 비용이 편익을 압도한다는 주장에 필자는 동의한다. 영주댐의 경제적 타당성에 대한 정부와 수자원공사의 강변은 전혀 설득력이 없다. 현장에 가면 단기간에 진행되고 있는 내성천의 생태 파괴를 목도할 수 있다. 반면 후자에 속하는 심층 검토가 필요한 이슈로서 4대강 수질악화에 따른 인체건강 및 생태계 피해 가능성, 4대강 사업을 통한 용수공급의 경제적 타당성 여부, 집중호우에 대한 4대강 보의 홍수대처 능력 정도, 홍수 피해 예방 및 효과적인 용수공급을 위한 별도의 대안 모색 등을 들 수 있을 것이다.

계층 간, 기업 간, 세대 간, 일자리 간, 지역 간 양극화와 격차가 심각한 수준으로 진행 중이다. 사회경제적 약자의 생존과 권리회복을 위해 경제민주화가 시대적 화두로 등장하였다. 그런데 생각해 보자. '침묵하는 이해당사자silent stakeholder'인 생태계의 신음에 귀를 기울이고, 인간과 환경 간의 양극화를 아파하는 모습은 보이지 않는다. 자연이야말로 이 땅에서 가장 소외되고 고통받는 약자이다. 4대강 사업을 보면서 우리 후손은 앞선 세대가 지녔던 생각과 추구했던 가치를 평가할 것이다. 4대강 사업의 미래를 가늠할 국민적 합의를 속히 만들어 가야 한다.

홍종호 서울대학교 환경대학원에서 환경경제 및 지속가능발전에 대해 강의하고 있으며, 지속가능경제·정책연구실(LSEP)을 운영하고 있다. 타당성을 결여한 국책사업의 문제점을 비판해 왔으며, 지속가능한 경제, 국토, 미래를 위한 정책대안을 연구하고 있다. 한국환경경제학회 고문, 한국재정학회 이사, 사회적 금융을 위한 (재)한국사회투자 이사, 대한상공회의소 정책자문위원으로 봉사하고 있다.

02

한국의 4대강
이렇게 살리자

물은 뺄셈을 모른다. 흐를수록 어깨가 넓어지고 깊이가 자라나는 덧셈만 있을 뿐이다. 물은 발원지에서 실개천으로 흘러나와 다른 물길과 몸을 섞으면서 유장悠長해진다. 흐르는 물의 여정旅程은 아름답다. 높은 곳에서 낮은 데로 흘러내리면서 가재와 메기를 품어 안고, 큰물이 질 때면 자신의 몸을 갯버들과 갈대에게 내어 주는 까닭이다.

강은 '물이 흘러가는 길'만이 아니다. 강을 제대로 이해하려면 그것을 에워싸고 있는 대지大地의 모습부터 잘 살펴야 한다. 폭우가 쏟아지면 강물이 넘쳐 대지를 적시면서 강과 대지 사이의 경계선이 희미해진다. 홍수터와 배후습지는 강이 대지의 영토로 발을 들여놓았다가 후퇴할 때 남겨 두었던 흔적이다. 대지와 강은 몸과 혈관의 관계와 같다. 서로 분리되는 순간 둘 다 존재 의미를 상실하게 된다.

지금 우리 강들의 모습은 어떤가. 콘크리트 제방에 포박되어 대지로 넘나드는 능력을 잃어버렸다.

강다운 강이 갖춰야 할 조건

당연한 말이지만 강을 살린다는 것은 강을 강답게 만드는 일이다. 호수는 원圓이나 타원형이지만 강은 선형線形의 생태계이다. 생태학자들은 물길을 따라 형성된 좁고 긴 경관생태계를 회랑回廊이라 부르는데, 이 회랑은 발원지에서 하구에 이르기까지 동물의 이동통로가 되기도 한다.

평지를 흐르는 큰 강은 나무들이 빽빽하게 우거진 숲을 따라 흐르는 상류의 작은 실개천과는 생태적 특성이 다르다. 상류에서는 물길의 폭이 좁고 물 위로 드리워진 나뭇잎들에 가려 햇빛이 약간만 투과되기 때문에 물속에서 광합성이 활발하게 이루어지지 않는다. 그래서 수서식물이나 플랑크톤이 번성하기 어렵다. 이곳에서 결정적인 역할을 하는 것은 수면 위로 낙하한 부러진 나뭇가지와 나뭇잎들이다. 이들은 수서곤충과 어류에게 서식처와 영양물질을 제공한다.

하지만 수심이 깊고 어깨 폭이 넓은 큰 강들에서는 그늘효과가 사라지고 나뭇가지나 나뭇잎의 역할도 매우 제한적이다. 그들을 대신하는 것은, 상류에서 운반되거나 장마에 강물이 넘쳐 대지를 적셨다가 후퇴할 때 쓸려 들어오는 영양물질들이다. 따라서 큰 강에서는 잘게 분해된 유기물질과 플랑크톤들이 먹이사슬의 중추를 이루게 된다. 강다운 강이 갖춰야 할 조건으로 강 연구자들이 꼽는 것은 다음의 4가지이다.

① 종縱적 연속성 : 강은 막힘없이 위에서 아래로 흘러야 한다.
② 횡橫적 전이성 : 물길과 홍수터가 인공제방에 의해 분리되지 않아야 한다.
③ 수직적 연결성 : 오염물질을 붙잡아 두고 강물과 지하수의 교환을 가능하게 하는 모래 및 자갈 퇴적층이 충분하게 존재해야 한다.
④ 계절 변동성 : '자연의 시계'에 따라 수온과 유량이 주기적으로 변화해야 한다.

불행하게도 우리나라에는 위의 4가지 조건을 만족시키는 강이 없다. 1960년대까지 국가정책의 주된 목표는 농업용수 개발과 수력 발전이었다. 산업화와 도시화의 진전으로 물 수요와 강 주변지역의 수해피해가 급증했던 1970년대부터는 강의 변형과 훼손이 국가 주도 아래 대대적으로 추진되었다. 당시 건설되었던 수많은 댐과 보들은 강의 종縱적 연속성을 파괴하고 강이 거대한 호수로 변하는 호소화湖沼化를 초래했다. 또한 직강화와 콘크리트 호안 및 제방 축조, 택지조성을 위한 공유수면 매립, 둔치의 주차장화가 추진되면서 물길과 홍수터의 횡橫적 전이성은 파괴되었다.

수직적 연결성을 파괴하는 것은 대규모 준설이다. 강바닥에서 기반암까지 퇴적물의 깊이에 따라 수온 등이 변화하는데, 강바닥에서 수직방향으로 약 1m까지를 저층대底層帶라 부른다. 자갈이 많은 강에 특히 잘 발달되는 저층대는, 홍수와 가뭄처럼 극단적인 교란 조

자연이 살아 있었던 내성천. 4대강 사업의 하나로 추진된 영주댐 공사 때문에 내성천은 심한 몸살을 앓고 있다. ⓒ 남준기

건에서 수서생물들에게 은신처를 제공하는 것으로 알려져 있다. 홍수로 돌과 자갈들이 쓸려 내려가거나 가뭄으로 강바닥이 말라붙은 후 불과 수주일 만에 서식 생물의 개체수가 이전 수준으로 회복되는 것은 저층대의 존재 덕분이다. 저층대에서는 강물과 지하수가 교환되기도 한다. 저층대는 지하수의 무분별한 이용과 골재채취 등 준설에 의해 훼손되어 왔다.

　강은 시간의 흐름에 따라 변화하는 생태계이다. 유량, 수온, 수질 등 모든 요소는 계절의 변화에 따라 큰 변화를 보인다. 강에 서식하는 생물들은 시간의 흐름에 적응된 독특한 생활사生活史를 지니고 있는 경우가 대부분이다. 수서식물이 여름철에 밀식하는 것이나 수서곤충들이 서로 다른 시기에 우화羽化하는 것은, 강생태계가 '자연의 시계'에 맞춰져 있음을 보여 준다. 하지만 수천 년 동안의 적응과정에서 짜인 생물의 시간표는 인위적인 조작에 의해 교란되기도 한다. 청계천처럼 강의 친수성을 높인다는 명목으로 하류에서 물을 끌어올려 연중 일정한 유량을 흘려보내거나, 발전소 냉각수를 강에서 취수해 사용한 후 다시 내보내는 행위는 '자연의 시계'를 파괴하는 대표적인 사례다.

한강종합개발사업이 남긴 것

4대강 사업이 등장하기 전까지 대규모 강 개발의 대표적인 사례는 한강종합개발사업이었다. 한강종합개발사업은 88올림픽 개최를 앞두고 김포대교에서 천호대교 부근 암사동까지 36km에 걸쳐 강바닥을 파내고 강폭을 650~900m, 수심을 2.5m로 정비했던 사업이다. 상류와 하류에는 각각 잠실수중보와 신곡수중보를 설치해 계절에 관계없이 항상 물을 채워서 유람선이 다닐 수 있도록 했다. 총사업비는 9,560억 원이었는데 요즘 화폐가치로 환산하면 3조 원이 넘는 천문학적인 액수다. 이 과정에서 탄천, 중랑, 안양, 난지 등 4개의 하수처리장으로 연결되는 274.6km의 하수관로가 건설되었다. 하수처리시설 건설에만 5,427억 원, 지금 화폐가치로 2조 원 이상이 들어갔으니 이 사업으로 수질이 좋아질 것이라는 기대는 당연한 것이었다.

하지만 지금 한강이 처한 현실은 어떤가. 서울시민들은 믿고 싶지 않겠지만 한강종합개발사업 구간의 수질은 낙동강보다 나쁜 수준이다. 갈수기에는 4등급에서 5등급까지 떨어진다. 녹조 대번성은 최근에 와서야 주목받기 시작했지만, 한강종합개발사업 구간에서 녹조가 대량 번식할 수 있는 조건인 부영양화富營養化가 관찰된 것은 꽤 오래전부터의 일이다.

그런데 물에 잠겨 보이지 않는 퇴적물 상태는 수질보다 더 심각하다. 몇 년 전 PD수첩 팀과 함께 배를 타고 나가 성수대교 상류부에서 퇴적물 상태를 살펴본 적이 있다. 그 결과는 충격 그 자체였다. 악취가 코를 찌르는 시커먼 펄 속에서 최악의 오염지표종인 깔다구만 몇 마리 발견되었기 때문이다. 한강종합개발사업 구간의 퇴적물은 오염물질 농도로 보나 지표종으로 보나 생물 서식이 거의 불가능한 사막화 상태에 있는 것으로 판단된다.

수질 측면에서 보면 강이 지니는 가장 기본적인 기능은 자정작용이다. 오랜 기간 강바닥에 쌓인 모래와 자갈은 오염물질을 붙잡아 물을 깨끗하게 해 주는 하수처리장 역할을 한다. 강변 여과와 같은 간접취수의 원리도 모래와 자갈이 가진 오염물질 흡착기능을 활용하는 것이다. 하지만 하수처리 효과는 모래를 남김없이 퍼내고 보 설치로 물 흐름을 차단하면서 사라지고 말았다. 결국 한강종합개발사업은 인공 하수처리장을 건설하면서, 동시에 그보다 더 효과적인 자연적인 하수처리장을 파괴했던 이율배반적인 사업이었다. 따라서 이 사업은 강의 자정작용을 훼손하면 어떤 수질개선 노력도 헛수고가 될 수밖에 없음을 입증한 대표적인 사례로 기록되어야 마땅하다. 이명박 정부가 4대강 사업의 모델로 한강종합개발사업을 제시한 것은, 역사적 경험으로부터 아무것도 배우지 못한 무지와 오만의 결정판이었다.

무지와 오만이 빚은 4대강 사업

4대강 사업의 수많은 쟁점은 결국 이 사업의 성격을 과연 무엇으로 볼 것인가로 귀결된다. 이는 사업 목적의 정당성과 관련된 문제이기도 하다. 2008년 5월 19일 자 〈노컷뉴스〉는 "이명박 대통령이 논란이 되고 있는 한반도 대운하 사업을 4대강 재정비사업으로 대폭 축소해 추진하기로 하고 본격적인 대국민 홍보에 착수하기로 했다"고 보도했다. 측근들을 청와대로 불러 대운하 추진 방안에 대해 심도 있는 대화를 나눈 결과, 반대 여론 극복을 위한 방안으로 대운하는 4대강 재정비로 콘셉트를 전면 수정하기로 얘기가 모아졌다는 것이다. 이 기사는 참석자들의 말을 인용해 "낙동강과 금강, 영산강을 지금의 한강처럼 만들되 '땅을 판다'는 내용은 뺀다는 것이 4대강 재정비사업의 요지"라고 전했다.

2009년 11월 27일 이명박 대통령이 '대통령과의 대화'에서 밝힌 입장도 4대강 사업이 대운하 건설의 터를 닦기 위한 사업임을 암시하고 있다. 자신의 임기 내에 낙동강과 한강을 잇는 일은 하지 않겠다고 강조했지만, "운하는 내 임기에는 시간상 어렵고 다음 정부에서 판단할 것"이라는 발언은 4대강 사업과 대운하의 연관성을 스스로 인정한 것으로 해석된다. 사실 이명박 정부는 대운하 건설은 임기 내에 불가능하다는 입장만 되풀이했을 뿐, 대대적인 강바닥 준설과 초대형 보 건설을 통해 수심을 최대 7.4m까지 확보해야 하는 이유에 대해 납득할 만한 설명을 내놓은 적이 없다.

이명박 정부는 기후변화에 대비해 물그릇을 늘리려면 강바닥 준설이 불가피하다고 주장했다. 하지만 690.5km에 달하는 구간을 일

"4대강 파괴 멈춰". 2010년 환경운동연합 회원들이 남한강변에서 4대강 반대 퍼포먼스를 벌인 모습이다. ⓒ 이성수

꽐 준설해 홍수위를 낮추겠다는 발상은 어떤 국가에서도 하지 않는다. 서식지를 파괴하고 지하수위를 변화시키는 등 강생태계에 미치는 영향이 너무나 치명적이기 때문이다. 오랜 기간 바닥에 쌓인 모래와 자갈은 어류와 수서곤충들에게 살 집과 산란 장소를 제공해 준다. 따라서 강에서 살아가는 모든 생명체들에게 대규모 준설은 재앙이나 마찬가지다. 준설에 의한 지하수위 하강도 눈에 보이지 않지만 회복 불가능한 결과를 초래한다. 4대강 사업처럼 강바닥을 파내게 되면 지하수위가 낮아져 강 주변 습지와 농지가 마르고 동식물들의 보금자리가 사라지게 된다. 사실 많은 국가에서 대규모 준설은 '백약이 무효일 때나 쓰는 극약처방'으로 간주된다. 효과가 불확실할 뿐만 아니라 준설 과정에서 수질오염이 발생할 수 있기 때문이다. 따라서 준설을 결정하기 전에 환경에 미칠 영향에 대해 매우 정밀하게

조사하는 것이 보통이다. 이들 국가에서는 짧은 구간을 준설할 경우에도 수년에 걸쳐 타당성 검토와 환경영향평가를 거치고 있다.

'묻지마' 준설도 있지만 4대강 사업의 치명적인 문제점으로는 16개의 초대형 보 설치를 빼놓을 수 없다. 흐르는 강물을 막게 되면 강이 보와 보를 연결하는 저수지로 변하게 되고 오염물질이 강바닥에 가라앉아 부영양화가 발생할 것이라는 것은 불을 보듯 환한 일이었다. 당시 기록을 살펴보면 이명박 정부는 가동보가 설치되기 때문에 물 흐름이 멈추는 것이 아니라고 강변했다. 하지만 물을 가두어 체류시간이 길어지면 결국 저수지 효과가 나타나게 된다. 전국의 모든 호수와 저수지들의 수질은 흐르는 강들보다 나쁘다. 오염물질이 흘러들지 않는 청정지역이 아닌 이상 물은 가두면 썩기 마련인 것이다.

퇴적물이 쌓여 강바닥이 높아지는 것도 흐르는 강물을 틀어막은 데에 그 원인이 있다. 자연 상태 그대로의 이상적인 강은 침식과 퇴적이 균형을 이루면서 평형상태에 놓이게 된다. 예외가 있다면 바다의 영향을 받아 침식보다 퇴적이 우세한 하구역河口域 정도다. 따라서 강바닥에 토사가 쌓이는 것을 막기 위한 목적이라면 더더욱 초대형 보를 만들어 물을 가두어서는 안 될 일이었다. 오히려 하구언, 댐, 보처럼 물과 토사의 흐름을 차단하고 있는 인공구조물을 걷어 냈어야 한다.

4대강을 제대로 살리려면

4대강 사업은 보전할 곳은 보전하고 훼손된 곳은 복원하겠다는 사업이 아니었다. 멀쩡한 강 습지를 파헤치면서 전 구간을 대대적으로 준설하고 초대형 보를 설치했던 명백한 개발사업이었다. 최근 4대강 전역으로 번지고 있는 녹조는 예고되었던 '자연의 역습逆襲' 가운데 일부에 지나지 않는다. 4대강을 제대로 살리기 위해, 그리고 앞으로 있을지도 모를 제2의, 제3의 4대강 사업을 막기 위해서는 신중하게 접근할 필요가 있다. 이명박 정부가 했던 것처럼 단기적인 성과에 집착하기보다는 시간이 걸리더라도 국민들이 주체가 되어 '강 살리기'의 방향과 내용을 차근차근 결정해 가는 '국민 참여형 복원'을 이끌어 내야 한다.

4대강 살리기는 그 자체가 목표이기도 하지만 국민들이 강의 의미를 되새겨 볼 수 있는 중요한 기회이기도 하다. 따라서 '과정으로서의 복원'이 갖는 의미를 놓치지 않아야 한다. '과정으로서의 복원'은 강을 '이용의 대상'으로만 보아 왔던 가치관의 전면적인 변화를 동반한다. 우리나라 학자들과 공무원들이 강의 기능을 치수治水, 이수利水(물을 이용하는 시설 또는 그런 행위), 환경環境으로 병렬적으로 나열해 분류하는 것은 일본 학문과 가치체계가 무분별하게 이식된 결과이다. 수해예방, 물이용, 하천환경은 서로 긴밀하게 연관되어 있지만, 그렇다고 해서 이 세 가지가 동등한 위상을 갖는 것은 아니다. 수해예방과 물이용 과정에서 하천환경의 훼손은 어느 정도 불가피하지만, 강생태계를 잘 보전하는 것은 수해예방과 물이용에도 도움이 된다.

치수, 이수, 하천환경을 병렬적으로 나열한 후 이들의 조화를 추구한다는 식의 정책 추진은, 선진국에서는 이미 오래전에 폐기된 낡은 패러다임에 기초하고 있다. 선진국들은 대규모 토목공사 방식의 수

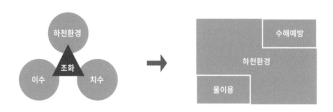

강을 바라보는 패러다임의 변화

해예방과 물이용에서 벗어나 강에 더 많은 공간을 부여하고 물 순
환을 회복하는 쪽으로 방향을 튼 지 오래다. 이는 강생태계의 보전
이야말로 효과적인 수해예방과 물이용의 지름길이라는 사실을 그들
나름의 역사와 경험 속에서 확인했기 때문으로 풀이된다.

　4대강 사업은 끝났지만 또 어떤 개발 사업이 우리를 기다리고 있
을지 모른다. 따라서 우리는 4대강 살리기와 함께 생태계 파괴를 근
원적으로 제어할 수 있는 제도 마련에도 힘을 쏟아야 한다. 미국과
유럽의 '생태계 순손실 방지제도'처럼, 개발 사업으로 손실되는 생태
계의 가치에 상응하는 복원사업의 의무를 개발 주체가 지도록 법률
로 정할 필요가 있다. 아울러 연안 및 내륙습지, 생태적으로 건강하
고 경관이 수려한 강 구간, 생태자연도 1등급 지역 등은 아예 개발
금지지역으로 법령에 명문화하는 것도 검토해 볼 만하다. 일정 규모
이상의 국책사업을 추진할 때 독일처럼 '계획확정절차'[1]를 거치도록

---

1 독일의 '계획확정절차(Planfeststellungsverfahren)'는 1) 사업계획 제출, 2) 사업계획 고시, 3) 공
　청회 및 청문절차, 4) 계획확정 심의, 5) 계획확정의 5단계로 구분된다. 계획이 확정되기 전까지
　공공의 이해를 대변하는 모든 행정기관과 환경단체, 주민조직은 계획확정절차의 단계마다 제출
　된 계획에 대해 전문적인 소견을 서면으로 제출하고 이의를 제기할 수 있다. 사업시행의 주체는
　제기된 모든 이의에 대해 성실하게 답변해야 한다.

하는 것은 어떨까.

　강 생태계 보전이 개발의 전제라는 사실은 그 자체로서 당연한 명제일 뿐만 아니라 많은 나라들이 정책 전환을 서두르는 이유이기도 하다. 우리나라에서 4대강 사업과 같은 야만적인 사업이 가능했던 것은, 모든 개발은 생태계의 수용능력 범위 내에서 이루어질 때만 지속가능하다는 당연한 사실을 정권 핵심부는 물론이고 강 전문가들조차 외면했기 때문이다. 강의 구조와 기능이 파괴된 상태에서는 맑은 물 공급도 수해예방도 가능하지 않다. 4대강 살리기는 이러한 사실을 사회적으로 확인하고 제도화하는 과정이어야 할 것이다.

안병옥 시민환경연구소 소장 / 중앙환경정책위원 / (전) 독일 에센대학 생태연구소 연구원 / (전) 환경운동연합 사무총장

이제, 놀랍지 않은
물 정책을 세우자

강은 흐르고, 생명은 살고, 사람은 기댈 수 있도록

2015년 물 분야의 핫 이슈는 충남 서부지역의 가뭄이었다. 지난 11월 7일에는 48만 명에게 수돗물을 공급하는 보령댐의 저수율이 18.9%까지 떨어지면서 언론은 연일 비상사태라고 보도했다. 한국수자원공사(이하 수공)는 "140일 이후 보령댐은 완전히 바닥을 드러낼 전망"이라고까지 주장했다.

하지만 150일이 지난 3월 7일 보령댐의 저수율은 도리어 5% 가량 늘어났다. 1월이 돼서 확인한 2015년의 보령댐 유역 강수량은 예년 대비 83%로, 17%밖에 차이가 나지 않는 걸로 확인됐다. 이는 농업 부문이 가뭄의 기준을 예년 강수량 대비 60% 미만으로 삼는 것을 감안할 때, 가뭄이라고도 부르기 민망한 수준이었다는 의미다.

그렇다면 충남 서부지역 가뭄이라는 것은 과연 있기나 했던 것인가? 주민들이 물 사용에 위협을 느꼈던 원인은 무엇일까? 첫 번째 원인은 2000년 이후 충남 서부 7개 군에 있던 지방상수원 49개 중에서 37개를 폐쇄하고, 여기서 공급하던 용수를 모두 보령댐으로 단일화한 탓이었다. 상수원보호구역의 각종 규제를 못마땅하게 생각하는 주민과 지방자치단체, 그리고 보령댐의 물을 팔아먹으려는 수공의 이해관계가 맞아떨어지면서 지방상수원의 80%를 폐지한 때문이었다. 특히 보령댐에 유입되는 물이 연간 약 1억 2,000만 톤이고, 수면 증발이나 지하침투 등에 의한 손실을 제외하고 1억 1,000만 톤이 공급 가능한데, 공급하겠다고 계약한 양을 1억 660만 톤까지 늘린 게 문제의 원인이었다. 최악의 가뭄 때문이 아니라 강수량이 조금만 줄어들어도 물을 공급할 수 없도록 만든 수공의 욕심이 초래한 인재人災였던 것이다.

두 번째 원인은 충남 서부 7개 시군의 누수율이다. 무려 30~50%에 달하는 이들 지역의 누수율 때문에, 보령댐에서 공급하는 용수의 1/2에서 1/3이 중간에 땅속으로 사라지고 있었다. 하늘이 물을 적게 준 것도 아니고 주민들이 물을 낭비해서도 아니라, 정부의 정책 실패와 투자 부족으로 물이 줄줄 새 없어진 것이다. 따라서 2015년 일어난 충남의 가뭄소동은 자연의 재앙이 아니라 정책의 실패이며, 실재하는 가뭄이 아니라 정치권과 언론이 만들어 낸 소동일 뿐이다.

수난받는 낙동강과 섬진강

다른 이야기. 동해안인 경북 포항에서 포스코(당시 포항제철)가 가동을 시작한 것은 1973년이다. 이후 박정희 정부는 제철입국製鐵立國

을 주창하며 포스코를 세 차례 증설했으며, 1983년엔 연간 생산량이 910만 톤에 달했고 필요한 용수를 낙동정맥 넘어 영천댐에서 끌어왔다. 영천댐은 대구를 가로지르는 금호강 상류에 위치해 있는데, 1980년에 완공되어 26km의 터널을 통해 9,640만 톤의 용수를 포스코에 공급하고 있다. 낙동강의 지류인 금호강은 상류에 댐을 두고 수량의 대부분을 산맥 너머로 보내다 보니 원래 물길인 대구를 흐를 때는 도랑 규모로 줄어들었다. 줄어든 수량은 수질 악화로 이어져 1980~1990년대 내내 금호강은 썩고 냄새나는 오염의 대명사가 됐다. 포스코 영광의 이면에는 금호강의 눈물이 존재한 것이다.

결국 정부는 금호강의 유량 부족을 해결하고, 포항으로 보낼 물의 양도 안정적으로 확보하기 위해 낙동강 상류 반변천에 위치한 임하댐으로부터 35km에 달하는 영천도수로를 만들었다. 그리고 4대강 사업이 한창이었던 시기에는 추가 안정성을 확보한다며, 임하호와 안동호를 연결하는 1.9km의 도수로를 또다시 건설했다. 이제 낙동강 최상류의 물은 금호강을 가로질러 낙동정맥을 넘어 동해로 흘러가게 되고, 낙동강의 본류는 그만큼 물이 줄어들어 수질이 악화되고 생태계가 취약해지게 됐다. 만약 포스코의 위치가 포항이 아니었다면, 포스코가 많은 용수를 필요로 하는 제철소가 아니었다면, 낙동강의 이 혼란과 비용 그리고 생태계 교란은 피할 수 있었을 것이다.

상황이 이러한데도, 정부는 요즘 대구의 취수원을 구미 상류로 옮기는 방안을 추진하고 있으며, 부산시민에게는 진주 남강댐을 취수원으로 사용할 수 있을 것처럼 부추기고 있다. 이는 대구와 부산 시민에게 호감을 얻을 수 있을지 모르지만, 실제로는 또 다른 재앙의 시작이다. 당장 예상할 수 있는 것은 구미보와 남강댐의 물을 대구와 부산에 주고 나면, 그 하류의 수질과 생태계 관리가 소홀해질 수밖에 없다. 사례는 광주와 전남 서부에서 영산강의 취수를 포기하고, 섬진강, 보성강, 탐진강의 물을 받아 쓰는 데서 찾을 수 있다. 광주시 이남에 해당하는 영산강 하류의 수질은 농업용수로도 사용하기 어렵고, 생태적으로는 황폐화됐으며, 사회적 관심은 바닥인 상황이다.

결국 대구와 부산의 취수원 이전은 구미 이남의 낙동강 본류와 진주 아래의 남강을 포기하겠다는 것과 마찬가지다. 더구나 이곳에서 채수하는 수량은 대구와 부산에서 필요한 양에 턱없이 부족하며, 더 많은 인구가 거주하는 울산과 서부 경남 그리고 경북 남부지역에 대책을 마련할 수도 없다. 그리고 상수원 보호를 위해 남강댐과 구미보 상류 지역은 영원히 개발을 포기하라고 말하는 것은 또 어떻게 가능하겠는가?

위에서 잠시 거론된 또 다른 이야기. 섬진강에는 섬진강댐이 있고, 지류인 보성강에 주암댐, 보성강댐, 동북댐 등이 있다. 그런데 놀라운 것은 이들 댐에 담수된 물의 85%가 유역 외로 유출된다. 농업용수를 위해 또는 수력발전을 목적으로 전주권과 광주권 그리고 순천만으로 흘러간다. 그러다 보니 막상 섬진강 본류의 물은 크게 줄었고, 하류에 위치한 광양은 만성적인 물 부족 지역이 됐다. 부족한 정도를 넘어 바닷물이 섬진강을 역류해 와서 10km 상류까지 염해 피해를 끼칠 정도다.

그렇다고 상류에서 유역 변경해서 얻은 이익이 하류의 피해를 상쇄할 수 있을 정도로 의미 있지도 않다. 각각의 개발이 제멋대로 진행된 결과 전체의 합리성은 훼손되고, 생태와 수질은 극단적으로 파괴된 것이다. 그럼에도 농업용수댐은 농어촌공사가, 전력댐은 한국수력원자력이 그리고 다목적댐은 수공에 관리 권한이 있으니, 이들을 조정하는 일은 난망하다. 강이 제 모습 비슷하게라도 흐르기가 불가능한 상태인 것이다.

제2의 4대강 사업, 뒤죽박죽 한국의 물 정책

정부는 지난해 가뭄 소동에 자신을 얻어, 수공을 통해 20억 원 규모의 용역을 발주한 상태다. 4대강에서 9.8억 톤의 물을 끌어 올려 지천의 댐이나 저수지로 공급하는 제2의 4대강 사업을 위한 용역이다. 그런데 그들이 물의 수요를 추정하는 방법은 참으로 가관이다. 수요 기관에게 설문조사를 하고 그것을 더해 모은 값이 9.8억 톤이니 이를 공급하겠다는 것이다. 자신들의 수입이 얼마인지를 고려하지 않고 주변의 요구대로 퍼주겠다는 식의 터무니없는 가계부를 쓰겠다는 것이다.

최근에 정부가 건설한 공주보 하류에서 보령댐 연결 도수로는 하루 11.5만 톤을 비상시에만 공급하는 데도 건설비만 무려 625억 원이 들었다. 만약 9.8억 톤을 비슷한 용도로 공급하려면 약 10조의 예산이 필요하다는 계산이고, 더러운 녹조 물을 정수해서 방류하려면 또 매년 수천 억 원씩의 운영비가 들어가게 된다. 4대강 사업만 완공하면 홍수도 가뭄도 사라지고, 생태는 살아날 것이라더니, 이제는 잘못 만들어진 시설을 이용하기 위해 또다시 제2의 4대강 사업을 추진하자고 주장하는 것이나 마찬가지다.

한국의 물 정책은 뒤죽박죽이다. 20개의 법률과 7개의 부처가 분할하고 있으며, 이들의 지시를 받는 수십 개의 기관이 제멋대로 나뉘어져 있다. 국가차원의 물 정책 방향도 없고, 부처 간의 협력도 없는 무정부 상태와 다름없다.

1991년 수자원장기종합계획(국가 물정책의 최고 계획으로 5년 단위로 수정) 따르면, 2011년엔 물 수요량이 연간 370억 톤에 달하는데, 공급량은 351.4억 톤에 불과해 18.7억 톤이 부족할 것이라고 했다. 하지만 2011년 수자원장기종합계획에서 확인한 2011년의 실제 물 수요량은 340.5억 톤에 불과했으며, 공급가능량은 344억 톤으로 3.5억 톤의 여유가 있었다. 좀 더 살펴보면 가관도 아닌데, 계획의 수요 예측보다 실제 사용량이 무려 29.5억 톤(370억 톤 - 340.5억 톤)이나 많았는데, 즉 팔당호(2.5억 톤 규모)의 12개 규모만큼이나 과다 추정하면서 이를 근거로 댐 건설을 주장했던 것이다.

또한 90년 이후 건설된 댐들에 의해 약 30억 톤의 공급을 늘렸음에도 공급가능량은 도리어 7.5억 톤(352.4억 톤 - 344억 톤) 줄어들었다고 주장한다. 그 사이 가장 많은 물을 사용하는 농업의 경우 경지 면적이 20%나 줄었는데도(1991년 209만ha → 2015년 167만ha) 농업용수는 계속해서 158억 톤이 필요하다고 한다. 정부는 공급가능량이 줄어든 부분에 대해서는 '1991년에는 평시의 물 공급 능력을 기준으로 했는데 2011년에는 과거 최대 가뭄 시점의 공급능력을 계산했기 때문'이라고 해명하고 있다. 나름 일리가 없는 것은 아니지만, 그렇다면 수요도 최대 가뭄 시기에는 절수 등의 통제프로그램을 작동해야 한다는 측면에서 함께 조정했어야 한다.

이렇게 논리에 구멍이 숭숭 뚫려 있음에도, 지표상으로는 물이 남아돌고 있음에도, 정부는 또 제2의 4대강 사업을 통해 물을 더 공급해야 한다고 주장하고 있다.

한국 물정책은 현실을 기반으로 하는 것이 아니라 거짓에 기반을 두어 쌓은 성이다. 국민의 필요가 아니라 부처와 관련 업계의 이익에 근거하고 있다. 이를 위해 수많은 광고가 동원되고, 비과학적 내용을 교과서에 싣고 있다.

4대강 복원을 위한 우리의 과제

4대강 사업은 대한민국 역사상 최악의 토목사업이었다. 하지만 훼손된 우리의 강을 복원하기 위해서는 '4대강 사업에 대한 복원 계획'만으로 부족하다. 국토교통부, 정치인, 토목 업체, 언론, 전문가로 이어지는 강고한 토건의 결탁이 한국의 물 정책을 지배하고 있고, 수많은 선전들로 국민의 인식이 오염된 상황에서, 4대강만 따로 떼어 내서 살려 내는 것은 불가능하다. 즉 4대강 사업으로 만들어진 시설을 해체하거나 강의 구조를 복원하는 기술이나 매뉴얼을 제시해 봐야 복원으로 가기는 어렵다. 따라서 우리의 해법은 훨씬 근본적이고, 종합적이어야 한다. 구태의연한 물 정책의 주체를 바꾸고, 국민의 잘못된 상식까지 무너뜨려야 강이 제대로 흐를 수 있다. 결국 환경 단체, 전문가, 시민뿐만 아니라, 개혁적인 정치인과 관료까지도 함께할 수 있는 방향과 네트워크를 작동시켜야 한다. 이를 위해 생각할 수 있는 당장의 과제를 다음과 같이 제안한다.

첫 번째 과제 – 물 정책을 상식 수준으로 운영하자

이미 거론한 것처럼 한국의 물 정책은 정부차원의 방향이나 비전이 없고, 각 부처마다 서로 충돌되는 정책을 일관성 없이 추진하고 있다. 물론 정책의 수립과 집행 과정에서 시민과 지방자치단체의 목소리를 반영하는 통로도 없다.

이포댐에 펼쳐진 국민의 소리를 들으라 10m×10m 대형 현수막 ⓒ 이성수

그래서 물 정책 전문가들이 한결같이 주장하는 바는 "정부 차원에서 공동으로 물 정보를 생산하고 관리하며, 부처들이 업무를 협의 조정하는 체계라도 갖춰야 한다"는 것이다. 지난해 충남 서부에 가뭄이 들었다고 소동을 벌이면서도 어느 부서도 자신들 책임이라고 하지 않고 어느 곳에서도 나서서 조정하지 않은 것은 이러한 필요성을 보여준 것이다. 이런 상황을 극복하기 위해, 전국의 물 정책을 큰 틀에서 평가하고 정리할 수 있는 최소한의 컨트롤 타워라도 갖추어야 한다.

또한 우리의 물 문제는 댐, 관로, 정수장 같은 거대한 시설의 부족이 아니라, 이들을 연결하고 관리할 수 있는 역량의 부족에 기인한다. 따라서 중앙 부처의 거대한 투자가 아니라, 강 유역 내부 구성원이 자신들의 요구와 생각을 정확히 표현하고 이를 조율해서 지역에 필요한 시설들을 세워야 한다. 이런 거버넌스가 작동한다면, 낙동강 하구에 하천유지용수를 공급하겠다는 영주댐 같은 허황된 구조물은 계획될 수가 없다. 따라서 한편으로 물 정책의 일관성을 확보할 수 있도록 정부의 체계를 변화시키고, 다른 한편으로 중앙부처의 탁상공론을 지역(유역)의 현장 거버넌스로 옮기도록 하는 '물 기본법'의 제정을 추진해야 한다. 이는 물 관련 분야의 20년 된 묵은 숙제다.

두 번째 과제 – 노후되고 필요 없어진 댐의 철거를 추진하자

4대강 보 16개가 미치는 수질과 생태계에 대한 악영향은 여러 형태로 확인되고 있다. 하지만 이들의 해체를 논의하는 것은 쉽지 않다. 문제를 풀어야 하지만, 이를 논의해야 할 국토부와 환경부 등이 꽁지를 빼고 도망가는 상황이다. 지자체들도 4대강 사업 얘기만 나오면 어려워하고, 국민들도 피로감을 가지고 있다. 그렇다면 문제를 함께 인식하고, 4대강의 복원을 위해 경험을 쌓을 수 있는 다른 분야로 우회하는 방법도 생각해 봐야 한다.

그 방안으로 노후되고 용도가 없어진 댐의 철거를 협의하자. 마침 현재의 '댐 건설 및 주변지역지원 등에 관한 법률'에는 댐 건설과 운영 과정의 절차만 있지, 해체 과정에 대한 규정은 없다. 그러니 댐을 지으면 붕괴사고가 날 때까지 별다른 조처를 취하지 못하고 기다려야 하는 이상한 현실을 살고 있다.

일례로 전남의 보성강댐은 1937년에 건설되어 바닥이 퇴적물로 다 찬 상태인데도 그냥 방치되어 있다. 저수 기능이 전혀 없는 상태에서, 생태계 단절 등의 피해만 일으키고 있는데도 그렇다. 또 강원도 정선군의 도암댐은 남한강 상류에서 동해로 방류하며 수력발전을 하도록 건설되었는데, 수질 관리가 어려워 강릉으로 방류할 수 없게 되자 2001년부터 버려져 있다. 아무런 용도도 없는 댐에 물을 고여 놓고 수질만 악화시키고 있는 것이다.

현재 한국에 산재한 18,000여 개의 댐 중에 50년 이상 된 것이 약 10,000개 이상이다. 따라서 댐 붕괴를 앉아서 기다릴 게 아니라 철거의 사례를 만들어 사회의 안전을 높이고 강 복원의 근거로 삼도록 하자.

세 번째 과제 – 4대강 사업을 조사하고 기록하자

4대강 사업은 한국 물 정책의 대표적인 실패 사례다. 하지만 우리 사회는 철저한 평가를 진행하거나 책임자를 단죄하지 못했다. 더구나 권력자들은 이를 성공이라 왜곡하고 역사를 거짓으로 기록하려 시도하고 있다. 정책의 실패를 지움으로서 정권의 부담을 덜어 낼 뿐

더러, 자신들이 승리자가 되려고 한다. 따라서 우리는 4대강 사업을 제대로 평가되도록 해야 하며, 한국의 물 정책이 똑같은 착오를 반복하지 않도록 해야 한다. 기억하지 않으면 지는 것이고, 더 큰 재앙은 운명처럼 반복될 수밖에 없다. 따라서 우리는 4대강의 아픔을 지속적으로 모니터링해야 하며, 드러난 문제를 공유함으로써 시민의 인식을 깨워야 한다. 토건마피아가 4대강에 불통의 구조물을 세웠다면, 우리는 잘못된 정책에 대한 단죄의 기억을 시민들의 의식 속에 구축해야 한다. 그래야 새로운 강, 살아 있는 강을 되찾을 수 있다.

· · · · · · · · · · · ·

염형철 환경운동연합 사무총장. 1994년에 환경운동을 시작하고 하천 살리기, 한반도 운하와 4대강 사업 반대, 댐과 가뭄 그리고 홍수와 수돗물 정책 등 물과 강을 위한 운동을 주로 해 왔다.

04

외국 하천 사례를 통해 본
우리 강 회복전략

한국의 4대강 사업을 지켜봐 온 국내외의 하천 전문가, 환경단체 활동가, 환경 전문기자들의 탄식과 분노에는 선진국들이 하천정책에서 겪었던 시행착오와 이를 바로잡는 과정을 통해서도 한국은 아무런 배움을 얻지 못했다는 안타까움이 포함되어 있다. 특히 해외 전문가들이 입을 모아 지적한 것이 바로 "한국은 선진국들의 사례에서 배워야 한다"는 것이었지만, 여전히 한국 정부는 선진국에서 이미 폐기하거나 축소하고 있는 댐 위주의 하천 정책을 포기하지 못하고 있다. 한국 사회가 가장 반성해야 하는 부분도 과거로부터, 외국 사례로부터 배움을 얻지 못한 것이다. 4대강 사업의 폐해를 줄여 나가고, 강을 되살리는 것에 있어서 만큼은 이처럼 배움을 얻지 못했던 태도를 버리지 않으면 안 될 것이다. 재자연화를 통해 죽어 가던 하천을 되살린 사례를 다시 한 번 들여다봐야 하는 이유가 여기에 있다.

네덜란드, "해수 유통되자 생물종 복원"

해외의 하천 복원 사례를 통해 한국 정부와 학계, 시민사회가 배워야 하는 중요한 부분 중 하나는 '실용적인 사고'이다. 선진국에서 댐, 보, 하굿둑 등을 철거하는 데 있어 가장 중요하게 여기는 것은 해당 구조물을 유지하는 것과 철거하는 것 중 어느 쪽이 더 사회적인 편익이 큰 것인가이다. 사회적인 편익의 분석에서는 해당 구조물이 환경에 미치는 영향도 크게 작용한다.

2015년 7월 5~6일 이틀간 돌아본 네덜란드 제이란트주州 오스터스켈트댐과 하링플리트댐, 피어스호수의 잔트크리크댐, 로테르담 인근에 있는 마에슬란트댐 등 주요 하굿둑 중에 꽉 막혀 있는 곳이 없었던 이유도 바로 '실용'에 있었다. 네덜란드 정부는 1953년 큰 폭풍·해일로 인해 약 1,800명이 사망하고, 16만ha의 농경지가 침수되는 피해를 겪은 후 6조 원 가량을 투입해 14개의 크고 작은 댐과 하굿둑을 세웠다. 당시에는 댐과 하굿둑을 세우는 조치가 필수 불가결하게 여겨졌던 것이지만, 불과 10~20년 만에 심각한 부작용이 일어나기 시작했다. 1970년대 들어서면서 바다에서는 적조현상이, 댐으로 막힌 강 안쪽에서는 남조류가 창궐하는 심각한 녹조현상이 벌어졌다. 특히 1962년 잔트크리크댐으로 가로막힌 피어스호는 40여 년간 바닷물과 강물의 흐름이 막혀 악취와 녹조로 썩어 갔다. 이런 부작용을 지켜본 시민사회와 학계의 끈질긴 설득, 긴 의견 수렴의 과정을 거쳐 네덜란드가 내린 결정이 바로 제이란트주의 강과 바다를 단절시키는 댐과 하굿둑은 더 이상 필요하지 않다는 것이었다.

하굿둑의 해수 유통을 고민하고 있는 금강·낙동강 주변 지자체와

네덜란드 아멜란트 갯벌 ⓒ 김기범

4대강 보의 수문 개방과 철거를 주장하는 이들에게 피어스호는 희망을 줄 수 있는 곳 중 하나다. 피어스호의 경우 2004년 터널식으로 지하배수로를 만들어 해수가 유통되도록 한 후 불과 3개월 지나 실시한 1차 모니터링 결과 수질이 극적으로 개선됐음이 확인됐다. 현재 피어스호는 썩어 가는 호수도 해수 유통만으로 짧은 시간에 살아날 수 있음을 보여 준 대표적 사례로 꼽힌다. 네덜란드 정부의 해수 유통 관련 정책을 담당해 온 전문가 치어드 블라우 박사는 "해수 유통 이후 청어·홍합·굴·가자미 등 다양한 생물들이 돌아왔고, 생태계도 빠르게 회복됐다"고 전한다.

　제이란트주의 오스터스켈트댐은 건설만 해 놓았을 뿐 하굿둑 기능으로는 전혀 사용되지 않는 곳이기도 하다. 당초에는 강과 바다를 완전히 단절시키는 형태로 계획됐지만 주민들과 환경단체의 반발로 해수가 유통되도록 바꾼 사례다. 이로 인해 네덜란드 사회는 불필요한 하굿둑을 세우려 한 대가를 치러야만 했다. 당초 예산보다 3배 많은 예산이 투입되는 시행착오를 겪었던 것이다.

네덜란드라고 해서 수문 개방을 반대하는 이들이 없는 것은 아니다. 특히 농업용수 확보가 어려워질 것을 우려하는 농민들의 반대가 커 네덜란드 수자원관리청은 농민·어민·환경단체·수상 레포츠계 등 다양한 이해 당사자들과 협의를 이어 가고 있다. 하굿둑 개방 과정에서 행정의 의견 수렴과 설득작업의 중요성은 아무리 강조해도 지나치지 않을 것이다. 목표로 한 일정보다 다소 지체되는 한이 있더라도 이해 당사자들의 의견을 최대한 많이 경청할 필요가 있다.

국내의 경우 가장 문제가 되는 금강, 낙동강, 영산강 등 큰 하천의 하굿둑과 4대강 16개 보 역시 이들을 한꺼번에 철거하고, 재자연화하는 것이 쉽지 않은 만큼 수문 개방, 댐 철거 등의 과정에서 우선순위를 정하는 작업도 필요할 것이다. 장기적으로는 228개의 하굿둑, 1만 8천여 개의 댐과 보 등 전국의 하천과 하구역에 세워져 있는 구조물 가운데 문제가 되는 곳들을 가려내는 작업도 이뤄져야 한다. 농업용수, 공업용수, 생활용수 등의 확보를 위해 필수 불가결한 구조물과 수명을 다했거나 용도가 사라진 구조물에 대한 종합적인 평가는 아직 국내에서는 이뤄지지 않고 있다.

일본, "댐 건설되면 홍수 없을 것이라는 거짓말"

일본 구마모토 현 구마가와('가와'는 강의 일본말) 아라세댐은 일본에서 처음으로 철거가 시작된 댐이다. 1954년 3월 준공된 아라세댐의 철거가 2012년 9월 시작될 수 있었던 것은 40년이 넘게 이어진 주민운동 덕분이라고 해도 과언이 아니다. 인근 지역 주민들이 끈질기게 댐 철거운동에 나선 것에는 댐이 생기기 전에는 없었던 큰 홍수가 1960~1970년대 잇따라 발생한 것이 직접적인 계기가 됐다. 과거엔 홍수가 나도 1층 문턱 정도까지만 물이 들어찼던 것이 아라세댐이 들어선 후에는 2층까지 잠길 정도로 홍수위가 올라간 것이다. 기존 홍수위만 생각하고 천변에 살던 주민들은 큰 피해를 입을 수밖에 없었다. 수해는 아홉 차례나 주변 지역을 덮쳤다. 모두 댐 건설 이전에는 볼 수 없던 규모의 재해였다.

댐이 생긴 후 달라진 강과 바다의 생태계도 철거운동이 지속적으로 커진 이유가 됐다. 바다로부터 20km가량 떨어진 아라세댐 상류까지 은어가 올라오다 언제부턴가 자취를 감췄다. 야쓰시로해 쪽 어민들은 새우 잡이와 김 양식이 안 돼 어업을 포기하는 경우가 속출했다. 댐 방류 때는 주민들이 잠을 못 이룰 정도의 진동도 일어났다. 댐을 만들면 홍수가 없어지고, 어업이 번성하며, 바다에는 아무런 영향이 없다고 한 일본 정부의 말은 모두 거짓이 됐다. 결국 댐 관리자인 구마모토 현은 2010년 댐 사용기간 연장을 포기하고 주민들에게 백기를 들었다.

아라세댐 역시 댐을 철거하고, 물의 흐름을 복원하면 하천이 빠르게 제 모습을 찾는다는 희망을 주는 사례이다. 2016년 초 현재 우안

철거 중인 아라세댐. 2016년 3월 현재 댐 구조물은 모두 철거됐다. ⓒ 김기범

쪽의 철거가 끝나 다시 강물이 흘러내리는 상태인 아라세댐 주변은 60년 전과 비슷한 풍경을 빠르게 되찾고 있다. 댐에 막혀 모래가 흘러내려 가지 않으면서 사람이 걸을 수 없을 정도로 질퍽해졌던 하류의 하구 주변 갯벌 역시 제 모습을 찾으면서 주말마다 많은 관광객들이 찾는 명소로 바뀌고 있다. 댐 전체의 철거는 2018년쯤 완료될 것으로 전망된다.

물론 아라세댐 철거가 시작됐다고 해서 일본 정부가 댐과 하굿둑을 유지하는 정책을 포기한 것은 아니다. 아라세댐에서 상류로 10km 정도 위쪽에 있는 세토이시댐만 해도 주민들과 환경단체의 철거 주장이 받아들여지지 않고 있다. 주민들, 환경단체들이 "아라세 댐 다음은 세토이시댐"이라고 목소리를 높이고 있지만 실제 철거가 실현되기까지는 긴 시간이 걸릴 것으로 전망된다.

법원이 해수 유통을 명령했음에도 일본 정부가 수문을 개방하지 않고 버티고 있는 나가사키 현 이사하야만 간척사업은 한국의 새만금사업과 곧잘 비교된다. 어민들은 이사하야만 방조제가 세워져 양식어업이 불가능해지자 수문 개방을 요구하는 소송을 걸어 승소했다. 하지만 농민들도 "해수 유통 재개 시 염수 피해를 입을 수 있다"며 수문을 열지 말라는 재판을 제기해 승소했기 때문에 일본 정부는 어느 쪽 판결도 따를 수 없는 상태다.

어민들이 정부 상대로 소송을 제기했던 이유는 1992년 이사하야만 방조제가 준공되고 1997년 수문을 닫은 뒤부터 사실상 양식어업이 불가능해졌기 때문이다. 키조개, 새우, 바지락 양식이 어려워지면서 어민들은 생계가 어려운 지경에 처하게 됐다. 일본에서는 드물게 양질의 김이 생산되는 지역이었지만, 해수 유통을 막은 후엔 김 양식이 어려워졌다.

특히 해수 유통을 막은 뒤 호수가 된 지역에서는 녹조가 창궐하기 시작했다. 이사하야만의 녹조는 한국 4대강의 녹조와 꼭 닮은 모습이다. 이사하야만의 조정지에서는 간질환을 일으키는 독성 남조류 마이크로시스틴이 게·물고기 등에 농축되는 일이 벌어져 논란이 일기도 했다. 구마모토보건과학대학교 다카하시 토루 교수의 조사 결과 2007년에는 $600 \mu g/l$에 달하는 경악할 만한 수치의 마이크로시스틴이 검출됐다. 마이크로시스틴 농도가 $20 \sim 25 \mu g/l$만 돼도 유럽에서는 수영과 물놀이를 제한하고 있다. 2008년에는 잠시 독성 남조류 대신 무독성 조류가 우점종을 차지해 마이크로시스틴 농도가 낮아졌으나 2009년부터는 다시 독성 남조류가 창궐하고 있다. 국내에서는 아직 4대강에서 검출되는 마이크로시스틴의 생태계 영향에 대한 연구는 이뤄져 있지 않은 상황인 점도 주목해야 할 부분이다.

〈아사히신문〉, 〈마이니치신문〉 등 일본 언론에 따르면 일본 정부는 어민들에게 벌금 명목으로 하루 약 900만 원씩 지불해야 하는 상황임에도 지방재판소마다 서로 다른 판결을 내놓아 진퇴양난에 빠져 있다. 23년 전 불필요한 간척사업을 벌인 후유증을 겪고 있고, 사태가 눈덩이처럼 커져 있는 지금도 정부가 조정·해결자 역할을 못 하고 불신과 갈등만 키우고 있는 셈이다. 이사하야만은 한국 대규모 간척사업의 현재와 미래를 그대로 보여 주는 사례이기도 하다.

영국, "강에게 더 많은 공간을"

영국 노리치 브로드랜드의 제방 후퇴 사례는 세계 하천 관련 학계에서는 이미 상식에 가까운 '강에게 공간을Room for the river'이라는 구호를 실천하는 것이 기후변화에 적응하기 위한 정책으로도 의미가 있음을 보여 주는 사례이다. 영국 환경당국은 인간이 손을 대기 이전 자연하천이 인위적으로 만들어진 제방보다 더 홍수 피해를 막는 데 유용하다는 것을 깨닫고 제방을 후퇴함과 동시에 강물이 자연스럽게 넘칠 수 있는 범람원을 만들고 있다.

2015년 7월 중순에 돌아본 영국 노리치 브로드랜드의 여러 지류에는 천변 곳곳의 가장자리에 줄지어 꽂혀 있는 지름 10cm 남짓한

봉들이 있었다. 동행한 영국 환경청 폴 미첼모어 브로드랜드 홍수저감프로젝트 매니저에 따르면 이 봉들은 "과거에 제방이 있었던 위치"였다. 현재의 제방은 하천에서 수백m 안쪽으로 들어가 있는 상태로, 영국 정부는 그 사이에 넓은 갈대밭을 조성해 범람원, 즉 홍수 때 강물이 넘치는 완충지대로 이용하고 있었다.

이는 영국 정부와 지자체의 기후변화 적응 정책에서 큰 축을 이루고 있는 홍수 대비 차원의 조치였다. 꾸준히 해수면이 상승하면서 홍수가 일상적으로 일어나는 지역에서 영국 환경청과 지자체들이 도입한 하천 관리 방안은 제방의 후퇴와 강변의 갈대밭 조성이었다. 제방을 점점 높이 쌓아도 홍수위가 올라가면 피해를 막는 데 한계가 있다는 것을 인정하고, 자연의 힘에 홍수 조절을 맡긴 것이다. 미첼모어 매니저는 "주택이나 시설물이 하천과 가까운 곳만 제방을 강화하고 기타 지역은 홍수에 자연적으로 적응하려 한 것"이라며 "하천의 범람원을 확대해 홍수를 막는 방식은 브로드랜드뿐 아니라 영국 전역에 도입되고 있다"고 말했다.

현재 영국에서는 해수면이 높아지며 해안선은 매년 후퇴하고 있고, 브로드랜드와 같이 바다로 이어지는 하천에서는 홍수가 점점 늘어나고 있다. 영국 정부 통계를 보면 주택 400만 채를 포함해 약 500만 개의 건축물이 홍수 피해를 입을 위험에 노출돼 있다. 이 정책에는 재해를 줄이기 위한 것뿐 아니라 기후변화에 적응하는 것이 경제적으로도 도움이 된다는 판단도 깔려 있다. 영국보험협회가 2010년 내놓은 분석 자료를 보면, 홍수 방지를 위해 1파운드(약 1,782원)를 투입하면 홍수로 인한 피해복구 금액이 8파운드(약 1만 4,260원) 절약되는 것으로 나타났다. 해수면 상승이나 홍수 방지에

23억 파운드(약 4조 원)의 예산을 투입하고 있지만, 영국 정부로서는 남는 장사인 셈이다.

독일, "강도 자유가 필요해"

289km를 흐르면서 뮌헨을 지나 도나우강으로 유입되는 이자르 강 가운데 뮌헨시와 시민들이 함께 복원한 구간은 유럽 내에서도 재자연화에 성공한 사례로 꼽히는 곳이다. 뮌헨 시민들은 1989년 이자르강 재자연화에 착수했다. 19세기 후반 산업화 과정에서 인공제방 축조와 직강화, 잦은 준설이 이어지면서 홍수가 늘고 수질이 악화되며 지하수가 고갈되는 심각한 상황이 초래됐기 때문이다.

그러나 한국의 4대강 사업과 달리 뮌헨시는 서두르지 않았다. 10년 동안 철저한 사전조사를 벌이고, 1995년 민관이 함께 참여하는 '이자르 플랜 준비위원회'를 만들었다. 재자연화 공사는 2000년부터 시작됐다. 그로부터 10년에 걸쳐 8km 구간의 복원 공사를 진행했다. 홍수 대책으로는 오래된 인공제방을 허물고, '강에게 공간을'이라는 구호에 맞춰 기존 강변공원에 강물이 다시 마음대로 흘러넘칠 수 있도록 했다. 강폭을 넓힘으로써 유속을 줄이고 홍수위를 낮춘 것이다. 낙동강을 비롯해 4대강 사업으로 인한 심각한 문제가 드러나고 있는 한국의 강에서도 수문 개방을 포함해 불가역적인 악영향을 막기 위해 시급하게 실시되어야 할 조치와 중장기적인 검토가 필요한 재자연화 전략은 구분해서 추진되어야 할 것이다.

공사 후 자연스러운 모습을 되찾은 이자르강은 더 많은 시민들이 찾는 공간이 되었다. 수질은 공공수영장 수준으로 회복됐다. 이자르강 곳곳에서는 수영과 물놀이를 즐기는 시민들을 쉽게 볼 수 있다. 사업 완료 후에도 막대한 유지·보수비용이 들어가는 4대강과 달리 뮌헨시는 이자르강 재자연화 구간에서 홍수 후 산책로 보수 같은 최소한의 관리만 하고 있다. 지금은 재자연화가 완료된 8km 이외 구간의 복원 논의도 활발히 이뤄지고 있다. 이자르강 재자연화 공사의 총감독을 맡았던 뮌헨 수자원관리청 슈테판 키르너는 "강에도 자유를 주기 위해 홍수로 인해 강변이나 자갈밭의 모습이 변형되어도 그대로 두고 있다"며 "애초에 자연에 맞도록 복원했기 때문에 인공적으로 관리할 일이 적다"고 말했다. 그는 "앞으로 이자르강 복원 때보다는 작은 규모로 몇 군데 더 재자연화하려고 실현가능성을 검토 중"이라며 "몇 년 안으로 계획이 실현될 것으로 전망된다"고 말했다.

이자르강 복원 공사 때 시민들이 바랐던 재자연화가 이뤄지지 않은 구간 중에는 강에 인접해 다수의 건축물이 세워져 있던 곳이 포함돼 있다. 대부분 사유재산인 수많은 건축물을 뒤로 후퇴시키거나 보상해 주는 것이 불가능했기 때문이다. 이런 상황은 국토교통부가 올해 내 지구지정을 계획하다 2015년 5~6월 〈경향신문〉 보도 후 보류하고 있는 '섬진강 포함 5대강 친수구역 개발'의 심각성을 경고해 주는 대목일 수 있다. 아직 인공구조물이 없는 4대강 천변은 차후에라도 재자연화를 추진해 옛 모습을 찾을 가능성이 있지만, 국토교통부 계획상의 각종 상업시설·숙박시설·레저시설이 들어선 구간은 재자연화가 어려워지기 때문이다.

뮌헨 현지에 거주하는 건축학 전문가 임혜지 박사는 "친수구역을 확대해 각종 시설이 들어서는 순간 4대강이 옛 모습을 찾는 것은 불가능해진다"며 "5대강 친수구역 개발이 결코 실현되어서는 안 되는 이유"라고 지적했다.

뮌헨 이자르강은 우리나라 정부가 4대강 사업을 시작하면서 '재자연화를 실시한 이자르강에도 보가 있다'며 4대강 보의 정당성을 강변하기 위한 근거로 내세웠던 곳이기도 하다. 하지만 2015년 둘러본 이자르강에는 어디에도 물을 가둬 두는 보나 댐 같은 시설은 찾아볼 수 없었다. 뮌헨 시내에서 두 줄기로 갈라지는 이자르강 양쪽의 수위를 조절하는 갑문이나 소형 수력발전소 시설도 늘 물이 흐르는 곳인 데다 재자연화된 구간과는 멀찍이 떨어져 있었다. 이 갑문은 중세 때 만들어진 문화재이기도 했다. 한국 정부와 정부 측 전문가들이 4대강 사업을 억지로 밀어붙이기 위해 얼마나 무리한 거짓말들을 늘어놓았는지 다시 확인된 셈이다. 당시 국토해양부가 구글어스를 통해 찾았다며 제시한 이자르강 보의 정체는 높이가 1~2m 정도인 하상유지공이었다. 표준국어대사전상 보의 뜻은 '둑을 쌓아 흐르는 냇물을 막고 그 물을 담아 두는 곳'이다. 사실 '댐'이라 부르는 것이 더 적합한 4대강 보들과 비교하면 이자르강 보는 10분의 1, 20분의 1도 안 되는 높이였다.

미국, "습지 보전이 공동체의 이익"

미국에서 댐의 유지와 철거를 결정하는 중요한 요인 역시 댐의 효용과 댐이 미치는 영향을 비교한 사회적 편익이라 할 수 있다. 미국에서는 원전 비중이 높아짐에 따라 발전용 댐의 효용이 떨어지는 것과 댐이 강물 흐름을 차단해 강과 그 주변 생태와 환경을 심각하게 파괴한다는 판단으로 인해 철거되는 댐이 늘어나는 추세다. 미국 환경단체 '아메리칸리버스'의 통계에 따르면 강에 건설된 6만 6,000여 개의 댐 가운데 1912년 이후 2014년까지 1,257개의 댐이 철거됐다. 그중 1,049개는 지난 20년 사이에 철거된 곳이다.

세계 5대 갯벌로 꼽히는 미국 조지아주써 연안습지는 강력한 규제를 통해 개발 압력을 막아 온 사례이다. 조지아주는 1970년 연안습지보호법(CMPA: Coastal Marshlands Protection Act)과 1979년 해안보호법(SPA: Shore Protection Act)을 제정해 연안습지와 해안 개발을 철저히 규제해 왔다. 조지아주에서는 강이나 해안을 개발할 경우 일일이 주정부의 승인을 얻어야 한다. 대표적인 것이 완충지대buffer zone와 관련된 규제다. 연안습지보호법은 강과 해안으로부터 직선으로 7.62m 사이에는 건물이나 도로 같은 인공구조물을 짓지 못하도록 규정하고 있다. 위반 시 주정부는 위반사항이 개선될 때까지 하루 1만 달러(약 1,143만 원) 이하의 벌금을 물릴 수 있다.

지방정부의 강력한 보전정책 덕분에 조지아주 연안습지는 미국에서 가장 넓고 잘 보전된 습지로 꼽히고 있다. 조지아주 연안습지의 면적은 약 1,618km^2로 여의도 넓이의 527배에 달하는 이 습지는 미국 동부 연안습지의 3분의 1을 차지한다. 조지아대 해양연구소 연구원으로 20년 동안 습지 생태를 연구해 온 스티븐 페닝스 텍사스대 교수는 "조지아주에서는 40년 이상 습지 생태의 가치와 보호에 대한 공감대가 형성돼 있어 지금도 미국 내 다른 주들에 비해 개발 압력은 높지 않은 편"이라고 설명했다.

물론 개발 논리와 환경보전 논리 사이의 충돌이 전혀 없었던 것은 아니다. 불과 1년 6개월 전인 2014년 조지아 주정부는 완충지대 규제를 완화하는 수정법안을 마련했다. 이 법안은 '지구의 날'인 4월 22일에 발의돼 이 지역 환경단체들의 분노를 불러일으켰다. 환경단체들은 조지아주 상원의원을 상대로 주정부의 입법을 철회해 줄 것을 요구하며 규제완화 입법 철폐 운동을 강도 높게 벌였다. 결국 주정부가 손을 들었다. 페닝스 교수는 "현재의 규제가 과도하다고 느끼는 사람들도 있지만 결국 습지를 잘 보호하는 것이 장기적으로 공동체의 이익에 부합한다"고 말했다.

김기범 〈경향신문〉 환경, 생태 담당 기자

05

한국의 4대강,
이렇게 다시 살리자

물을 살리고, 물을 살리는 모래를 살리고,
그 속에 깃든 생명을 살려야

초등학교 2~3학년쯤이었을까? 8월 15일 광복절이 지나고 은어 떼가 올라올 때, 막내삼촌이 나와 동생, 사촌들을 모두 데리고 낙동강에 야영을 갔다. 지금으로 치면 안동탈춤공연장 근처 강변이었던 것으로 기억한다. 마른 모래톱에 텐트를 치고 미제 항고(군용 반합을 항고라고 했다)에 라면을 끓여 먹고 삼촌이 투망을 쳐서 잡은 '은어'로 은어밥도 해 먹었다. 은어가 한창 올라올 때는 투망질 한 번에 스무 마리도 더 잡힐 정도로 많았다. 은어는 비늘이 거의 없다. 배를 따서 손질한 은어를 항고에 넣고 삶아서 익힌 뒤 등뼈를 추려내고 진간장과 참기름에 비벼 먹으면 그게 은어밥이다. 지금 생각해도 군침이 돌 정도로 맛있었다. 바다에서 자란 은어들이 낙동강 하구로 거슬러 올라와 산란지인 봉화 청량산까지 갈 수 있었던 시절은 그리 오래가지 못했다. 1974년에 안동댐이 세워져 물길을 막아 버렸기 때문이다. 1983년엔 낙동강 하굿둑까지 막히면서 은어들이 올라오기가 더 어렵게 되었다.

그 곱던 내성천 모래는 어디 갔을까?

어릴 적 낙동강 모래톱의 추억을 그대로 간직하고 있는 강은 낙동강 상류의 큰 지류인 내성천이다. 중학교 때 중앙선 평은역에서 보았던 내성천을 지금도 잊을 수가 없다. 강 옆으로 봉긋한 언덕 위에 물 위에 뜬 연꽃 같은 마을(금강마을)이 있고 무릎에서 허벅지 깊이의 맑은 강물이 모래톱 사이로 끝없이 이어졌다. '언제 저 강을 걸어보고 싶다'고 마음먹었는데 수십 년이 지나 2011년 봄부터 내성천을 걷기 시작했다. 시원한 왕버들 그늘에 고운 모래가 발끝을 간질이던 이산리, 예전 시골 맑은 개천의 모습을 고스란히 간직한 용각천(토일천), 물길이 모래톱을 끌고 가다 뚝 절벽을 만들어 커다란 자연 풀장이 되었던 송리원, 송리원 철교 위로 중앙선 기차가 지나가면 다들 손을 흔들며 반가운 인사를 했다. 겨울이면 먹황새가 제일 먼저 찾아오는 금강마을 앞 평은리도 아름다웠다.

처음에는 발바닥이 간지러울 정도로 고왔던 내성천의 모래가 영주댐 건설이 본격화되면서 점점 거칠어지기 시작했다. 더 이상 맨발로 걷기에는 불편할 정도다. 가물막이 공사 후 영주댐 하류에는 더 이상 모래가 내려가지 않게 되었고 영주댐 상류(수몰 예정지)에서는 엄청난 양의 모래가 골재로 채취되었다. 4대강 사업으로 낙동강 본류가 깊이 6m로 준설된 뒤, 영주댐 하류의 모래톱은 눈에 띄게 낮

낙동강 흰수마자. 지구상에서 유일하게 한반도에만 살고 있는 멸종위기종이다. ⓒ 정수근

아졌다. 고운 모래가 크고 거칠게 바뀌고 전에는 보이지 않던 작은 돌밭이 드러나기 시작했다. 영주댐 바로 아래 미림강변은 가물막이 1년 만에 모래톱이 모두 사라지고 굵은 자갈밭으로 변했다. 이 같은 하상 변화와 몇 년째 큰비가 오지 않은 탓에 지난 몇 년 사이 내성천의 드넓은 모래톱이 온통 풀밭으로 바뀌고 있다. 영주댐 상류는 준설 때문에, 하류는 낙동강으로 쓸려 나간 만큼 상류에서 모래가 공급되지 않는 탓에 모래톱이 전보다 낮아졌기 때문이다.

  모래톱이 낮아지면 강물 높이와 비슷해져서 축축하게 바뀐다. 그러면 젖은 땅을 좋아하는 '여뀌'가 제일 먼저 자리를 잡는다. 그 다음 갈대와 달뿌리풀, 여기에 버드나무까지 뿌리를 내리면 아주 빠른 속도로 육지화가 진행된다. 무섬마을, 선몽대, 회룡포 등 모래강의 아름다운 풍광을 간직한 명승지들도 마찬가지 상황이다. 요즘 무섬

마을은 매년 여름 트랙터로 풀밭을 갈아엎어서 겨우 모래톱을 유지하고 있을 정도이다.

멸종위기종 흰수마자, 먹황새, 흰목물떼새의 최고의 보금자리는 내성천의 넓은 모래강변이다. 흰수마자는 고운 모래를 삼켜 그 안에 있는 유기물을 걸러 먹고 산다. 모래 입자가 거칠어지면 모래를 삼킬 수가 없다. 최근 몇 년 사이에 개체수가 눈에 띄게 줄어들고 있어 걱정이 이만저만이 아니다. 낙동강 상류 청량산 학소대에서 살았던 먹황새는 이제 겨울철새가 되어 전국 여러 곳에 날아오지만 매년 빠지지 않고 오는 곳은 내성천이 유일하다.

흰목물떼새는 영주댐 수몰예정지 안에서만 2013년 39마리(환경부 전국동시조사 38마리), 2014년 30마리(전국동시조사 58마리), 2015년 1월 36마리가 관찰되는 등 전국 최다 서식지로 추정된다. 우리나라 최후의 모래강 내성천을 정녕 이대로 물속에 묻어야 할까?

강은 '젖줄'이 아니라 '핏줄'

흔히 강을 '한반도의 젖줄'이라 표현하지만 강은 젖줄보다는 '핏줄'에 가깝다. 백두대간을 비롯한 산줄기들이 골격이라면 강줄기는 온몸 구석구석에 물을 공급해 주는 핏줄이다. 4대강 사업은 이 핏줄 곳곳에 보를 막아 피가 흐르지 못하게 하고, 피를 맑게 해 줄 모래톱을 다 파내어 버린 죽음의 삽질이었다. 말이 4대강 사업이었지, 실제로는 낙동강에 전체의 절반 이상의 비용을 썼다. 낙동강을 막은 8개 댐 가운데 6개를 대구경북지역에 세운, TK 건설족들을 위한 이

권사업이었다.

4대강 가운데 낙동강의 수질이 가장 중요한 이유는 최하류 부산 물금까지 식수원으로 이용하기 때문이다. 낙동강 물을 먹고 사는 사람들은 태백에서 안동, 상주, 구미, 대구, 밀양, 창원, 부산 등 모두 1,300여 만 명에 이른다. 4대강 사업으로 8개의 댐을 세운 후, 낙동강은 여름에는 상주에서 부산까지 온통 녹조라떼로 뒤덮이는 녹색강, 겨울에는 동물성플랑크톤인 규조류가 대량 번식해 강물이 시커멓게 변하는 간장강이 되어 버렸다. 환경부 수질측정망자료(물환경정보시스템 water.nier.go.kr)를 보면 4대강 사업 전에 비해 낙동강 상류의 수질이 전체적으로 나빠졌다는 게 확연히 드러난다. '상주3지점'(상주시 낙동면)은 2008년까지 생화학적산소요구량 기준 0.9ppm을 유지해 왔는데 4대강 공사가 시작된 2009년 1.1ppm으로 나빠지기 시작해 2013년 1.6ppm, 2014년 1.7ppm으로 악화되었다. 구미시 취수지점인 '강정지점'(구미시 고아읍 강정나루)도 4대강 사업 전까지 연중 1급수(1.0ppm 이하)를 유지했다. 그러나 2009년 1.2ppm으로 2급수로 떨어졌고 2012년 1.4ppm, 2013년 1.6ppm, 2014년 1.8ppm으로 계속 악화되는 추세다. 강정나루 바로 상류에 있는 구미보는 담수 1년 만에 방류 수문이 시퍼런 녹조류로 뒤덮였다. 2008년 1.5ppm을 기록했던 구미지점은 2014년 2.4ppm으로, 칠곡보 아래 왜관지점도 2008년 1.8ppm에서 2014년 2.4ppm으로 악화되었다.

4대강 사업의 목표는 수질개선과 수량 확보였다. 6개의 댐에 10억 톤의 물을 확보했으니 수량 확보는 되었지만 수질은 확연하게 나빠졌다. 4대강 재자연화는 가장 먼저 강을 막은 댐 수문을 개방하는

낙동강 녹조라떼. 4대강 사업 이후 낙동강의 녹조는 더 진해졌고, 날씨가 추워지는 11월까지도 없어지지 않고 있다. ⓒ 남준기

것에서부터 시작해야 한다. 지금처럼 홍수기 때 잠깐씩 수문을 여는 게 아니라 홍수기가 오기 전에 하류 보부터 수문을 완전개방해서 모래톱이 돌아온 상태를 확인하는 것이 중요하다. 돌아온 모래톱의 높이가 너무 낮다면 상류지천의 역행침식을 막기 위해 필요한 모래톱을 복원하고 상류 보에서 방류하는 물로 바닥에 쌓인 썩은 펄을 씻어 내는 것이 제일 먼저 할 일이다. 수문을 완전히 개방해서 강물을 흐르게 하는 것만으로도 심각한 녹조현상은 눈에 띄게 개선될 것이다.

4대강 사업 후 지금까지 특히 낙동강 유역에는 제대로 된 홍수가 없었다. 큰 홍수가 났을 때 8개 댐의 고정보 부위는 물의 흐름을 가로막고 수위를 높이는 역할을 한다. 구조적인 문제가 없다면 가동보는 해체하고 고정보구간은 절단해서 교각만 남기는 것도 고려할 필요가 있다. 물론 안전 문제가 심각하다면 철거하는 게 맞다. 특히 바닥 암반층과 분리 시공된 함안보, 합천보, 달성보의 경우 향후 유지관리비용을 고려해서라도 철거를 진지하게 고민해야 할 것이다.

낙동강, 수질 개선 시급하다

보 수문을 열고 철거하더라도 문제는 다 해결되지 않는다. 부산의 취수원인 물금의 수질은 여전히 생화학적산소요구량 2~3ppm 수준이다. 팔당호 수질이 1.5ppm을 초과했다면 모든 언론이 나서서 긴급대책을 세워야 한다고 난리법석을 떨었을 텐데, 부산의 식수원인 물금에 대해서는 아예 포기한 분위기다.

낙동강은 최상류 태백에서부터 오염에 시달리고 있다. 탄광들이 문을 닫은 이후 태백 지역을 흐르는 낙동강 상류 물빛은 점점 맑아지고 있지만 수질이 크게 나아지지 않았다. 특히 태백시 동점동의 구 연화광업소 폐광미침전지와 낙동강 본류 바로 옆에서 외국에서 수입한 아연광석으로 제련을 하고 있는 영풍제련소 문제는 국가적으로 해결책을 찾아야 할 과제다. 영풍제련소 하류 낙동강변에는 언제부터 쌓였는지 정확하게 파악도 안 되는 폐광미더미들이 곳곳에 방치돼 있다. 맹독성 '비소'가 다량 함유된 이 폐광미더미들은 환경부에서도 실태조사만 했지 아직 어떻게 치워야 할지 정확한 방안을 찾지 못하고 있다. 그냥 내버려 두면 장마 때 불어난 강물에 조금씩 휩쓸려 안동호 물속으로 들어갈 것이다.

낙동강의 수질 문제가 어려운 것은 중허리부터 중병을 앓고 있기 때문이다. 낙동강은 구미시를 통과하면서 1급수에서 2급수로 떨어진다. 구미시와 대구시의 하수처리시설과 수준은 전국 최고 수준이다. 모래여과와 자외선 소독 등 고도처리를 거쳐 배출하는 구미와 대구의 하수처리장 최종방류수는 거의 1ppm(1급수) 수준이다. 투명한 비커에 떠서 보면 수돗물과 거의 차이를 느낄 수 없을 정도로 맑다.

금호강도 예전의 '콜라강'이 아니다. 사람들이 발을 담그고 견지낚시를 즐길 만큼 맑아졌다. 그런데도 낙동강은 대구를 지나면 3.2ppm(화원나루), 3급수 수준으로 악화된다. 도대체 왜 이런 현상이 일어날까. 국립환경과학원의 '낙동강수계 시·군별 배출부하량' 자료에 따르면 대구 일대의 생화학적산소요구량 배출부하량은 하루 40.4톤이나 된다. 인구나 도시 규모에서 큰 차이가 있긴 하지만 태백시의 생화학적산소요구량 배출부하량이 1.2톤, 구미시가 12.3톤인 것과 비교하면 엄청난 오염부하량이다. 낙동강 수계 전체로 볼 때 구미와 대구 일대의 오염부하량 자체를 줄여야 하는데, 4대강 사업과 함께 착공된 대구국가공단은 낙동강변 바로 옆에서 과거 위천공단보다 더 큰 규모로 토목사업이 진행 중이다.

4대강 사업의 유일한 긍정적인 효과는 낙동강변에 있던 무분별한 경작지들을 다 정리했다는 것이다. 그럼에도 불구하고 낙동강 하류 수질이 나아지지 않는 것은 8개 댐으로 막아 물 흐름이 정체된 탓도 있지만 여전히 하수처리가 되지 않는 지천들이 비만 오면 엄청난 부하의 오염물질을 낙동강으로 쏟아 내기 때문이다. 홍수 때 초당 100톤 이상의 물을 낙동강으로 쏟아 내는 낙동강 하류의 지방하천은 △경호천(칠곡군 약목면) △천내천(대구 달성) △현풍천(대구 달성) △차천(대구 달성) △용호천(경남 창녕) 등이다. 이들 지방하천의 하수처리율을 높이는 것도 꼭 필요한 일이다.

본류 수질을 포기하면, 더 심각해진다

낙동강에 비하면 한강은 행복한 강이다. 발원지부터 하구까지 길이는 낙동강보다 짧은데 강수량도 많고 유역면적도 넓다. 게다가 유역 내 인구의 81%인 2,015만 명이 잠실수중보 하류에 거주한다. 수량 확보를 위한 대형댐도 많다. 한강의 관심은 온통 팔당 수질에 쏠린다. '팔당호 1급수'를 위해 그동안 쏟아부은 예산이 10조 원이 넘는데 아직 이 목표는 달성되지 못하고 있다. 그 이유는 한마디로 팔당 수질 개선에 10조를 썼다면 수질을 악화시키는 각종 개발 사업에 100조를 썼기 때문이다.

그나마 1ppm을 조금 넘는 수질을 유지하고 있는 팔당호를 지나면 한강의 수질은 우리나라 5대강 가운데 최악이다. 낙동강 하류 부산 물금의 수질이 생화학적산소요구량 2.4ppm 수준인데 한강 하류 노량진 지점의 수질은 4.8ppm에 이른다. 한강 하류의 수질이 이 모양이 된 것은 하수종말처리장과 분뇨처리장이 하류에 집중된 탓도 있지만 4대강 사업의 표본이 된 한강종합개발사업으로 물을 가두어 놓았기 때문이다. 잠실수중보와 신곡수중보 사이 한강 바닥은 온통 시궁창 냄새가 나는 썩은 펄 투성이다. 지난해 한강하류의 극심한 녹조도 다 여기에서 비롯된 것이다. 한강 하류의 수질을 개선하려면 가장 먼저 신곡수중보와 잠실수중보를 헐어 내 강바닥에 썩은 펄이 쌓이지 않도록 해야 한다. 또 하수종말처리장과 분뇨처리장의 최종배출수 수질기준을 강화해야 한다. 뚝섬과 압구정, 여의도 등 사라진 모래톱을 복원해 시민들의 친수공간을 만들어 주는 것도 꼭 필요한 일이다.

금강은 대전 갑천과 청주 미호천을 만난 후 수질이 급속도로 악화된다. 90%가 넘는 대전시의 하수처리율은 사실 통계치에 불과하다. 구도심 구간이 대부분 '합류식' 하수관이라 비가 조금만 많이 오면 오수가 관로를 넘어 갑천으로 그냥 흘러들기 때문이다. 대전 직전 신탄진까지 1급수를 유지하는 금강은 대전 갑천을 만나 2급수, 청주 미호천을 만나 3급수로 떨어진다. 행복도시는 바로 그 지점, 미호천과 금강이 만나는 곳에 자리한다. 행복도시가 정말 행복하려면 금강 본류 수질개선에 대한 보다 치밀한 고민을 해야 할 것이다. 공주보와 백제보로 흐르는 물을 가두지 말고 금강하굿둑을 열어 금강이 다시 흐르게 만드는 것과 함께, 대전과 청주의 하수처리 수질을 높이고 하수관거를 제대로 정비하는 게 금강을 살리는 길이다.

공주, 부여, 강경, 논산 등 금강 본류 바로 옆 지자체들의 하수처리도 대폭 강화해야 한다. 특히 강경천과 논산천은 연평균 4~6ppm의 오염된 물을 금강 본류로 쏟아 내고 있다. 대전 직전까지 1급수인 금강이 대전, 청주, 세종, 공주, 부여를 지나면서 4ppm 가까이 수질이 악화되는 것은 대전 아래 금강이 더 이상 상수원이 아니라 하수도이기 때문이다. 이는 강 본류 수질을 포기하면 그 어떤 수질정책도 실패할 수밖에 없다는 진실을 잘 보여 준다.

영산강도 마찬가지다. 영산강 수질이 우리나라 5대강 가운데 최악인 것도 광주 아래의 영산강이 더 이상 상수원이 아닌 까닭이다. 한마디로 영산강은 광주 전남의 하수도 신세다. 영상강 본류 수질이 농업용수로도 쓸 수 없는 6.5ppm까지 악화되는 것은 광주 시내를 관통하는 광주천의 영향이다. 영산강 본류와 만나는 광주천의 연평균 생화학적산소요구량은 무려 9.2ppm에 이른다. 영산강 살리기(?)사업은 이런 오염된 지천을 그냥 두고 준설과 2개의 보 건설 등을 중심으로 진행됐다. 이는 암환자를 고친다면서 암세포는 그대로 두고 얼굴 성형수술을 한 것이나 다름없다. 영산강 살리기를 제대로 하려면 하수처리장 확충을 통해 광주 아래 영산강 수질을 2급수까지 끌어올리는 일부터 시작해야 한다. 영산강 뱃길을 제대로 복원하려면 보에 물을 채우는 방식이 아니라 영산강 하굿둑을 터서 서해 밀물과 함께 영산포까지 통통배가 올라오던 원래의 물길을 되살리는 게 수질개선 측면에서도 좋을 것이다.

강을 따라가며 보면 강물은 스스로 끊임없이 맑아지려는 본성을 갖고 있다. 웬만큼 더러워져도 다시 맑아지고, 또 더럽혀도 흘러내려가면서 다시 맑아지는 게 강물이다. 발원지에서 솟아난 1급수의 맑은 물이 하류로 갈수록 더러워지는 것은 강의 자정능력을 훨씬 뛰어넘는 오염물질이 유입되기 때문이다. 강물이 더럽다고 강에게 책임을 물을 수는 없다. 흐려진 강물은 그만큼 우리 사람들의 본성이 흐려졌다는 얘기이다. '안동 똥물 대구 먹고, 대구 똥물 부산 먹는다'는 옛말도 있지만 요즘 들어 부산 사람들 말이 이렇게 바뀌었다. "똥물은 좋다. 걸러서 먹으면 되니까. 독극물만 내려 보내지 마라"

상류와 하류 지자체의 인적교류가 필요하다. 낙동강 수계도를 그려 놓고 지난달 수질이 어떻게 달라졌는지 안동과 구미, 대구, 부산 지자체들이 모니터링하는 모임도 가져야 한다. 안동을 지난 낙동강 수질이 0.5ppm 흐려졌다면 하류 지자체에 미안하다는 인사라도 해야 한다. 이런 네트워크가 활성화된다면 한국의 4대강은 스스로의 힘으로 다시 맑아질 것이다.

남준기 〈내일신문〉 환경 담당 기자. 1997년부터 발원지부터 하구까지 한국의 5대강을 여러 차례 답사했다. 이명박 정부의 4대강 사업 전 오랜 현장취재를 바탕으로 『한국의 5대강을 가다』〈내일신문〉 2009)를 펴냈다. namu@naeil.com

06

22조 쏟아부은 4대강 사업,
이런 '성과'도 있다

"당신은 왜 강을 돌아다닙니까?"

현장에서 만나는 이들에게 종종 이런 질문을 듣곤 한다. 그러면 낙동강의 아픈 현실을 이야기할 수밖에 없다. 사실 가장 큰 이유는 7년 전에 본 사진 한 장 때문이다. 그것은 바로 낙동강 물줄기 사진이었다. 그 사진을 처음 본 순간 나는 묘한 끌림을 느꼈다. 이 사진은 산줄기를 그린 산맥처럼, 인체의 혈관처럼 보이기도 했다. 그것은 바로 이 땅의 혈맥이었다. 4대강 사업으로 이 땅의 혈맥이 막힌다고 하니 어찌 낙동강에 나가 보지 않을 수 있었겠는가?

강의 혈맥은 '인드라망의 세계'를 암시하기도 했다. 인드라망은 "우주 만물이 한 몸으로 다 연결돼 있다"는 말이다. 그래서 세상은, 삶은, 알 수 없는 신비와 기적으로 가득 차 있고, 우리 주변의 생명이 모두 연결돼 있다는 믿음에 기인한다. 필자는 4대강 사업의 결과를 통해 그것을 확인했다. 4대강 사업은 22조 2천억 원이라는 천문학적인 혈세를 탕진하고 4대강의 생태계를 망친 사업이다. 하지만 역으로, 4대강 사업에서 우리가 얻은 것도 있다. 4대강 사업으로 말미암은 강의 파괴를 회복하고, 우리가 잃어버린 강을 되찾게 하는 노력을 만들고 있다.

'썩은 퇴적토가 너무 많아 강이 죽었다'는 것이 4대강 사업을 지지하는 이들의 대표적 주장이었다. 정말 그럴까? 낙동강은 모래의 강이었다. 어찌 보면 강의 주인이 모래라 생각될 정도로. 모래가 만들어 내는 경이적인 경관은 우리 강이, 낙동강이 살아 있다는 것을 말해 주는 증거다.

모래는 엄청난 양의 강물을 저장하고 있는 저장고이자, 수많은 생명이 살아 숨 쉬는 곳이다. 흑두루미, 재두루미, 고니, 기러기와 같은 희귀 철새들과 백로, 왜가리 등등의 아름다운 텃새들이 살고 있고, 이름도 특이한 곤충인 참길앞잡이, 개미귀신과 자라와 우리 토종 물고기인 흰수마자 등이 모래에 의지해 살아왔다. 이들은 모래의 색깔에 맞게 진화하기도 했다. 그 모습은 정말 아름다웠고, 그 모습에서 마치 신의 숨결이 느껴지기도 했다. 이런 모래의 또 다른 중요한 기능 중 하나가 수질정화 기능이다. 일부 오염원이 들어오더라도 강물이 모래톱을 통과하며 깨끗해진다. 정수장의 여과지로 모래필터가 사용되는 것도 같은 이치다.

4대강 사업, 거짓말 잔치

이명박 정부는 이렇게 멀쩡히 살아 있는 강을 '살리겠다'며 4대강 사업을 벌였다. "강물은 없고 썩은 모래만 너무 많다"며 대대적 준설 작업을 벌였다. 강을 6미터 깊이로 파고, 엄청난 양의 모래를 파낸 것이다. 그 양이 무려 4.2억만m^3에 달했다. 낙동강은 핏빛 울음을 토해 냈다. 그 결과 4대강에 16개의 댐이 만들어졌고, 낙동강에만 8개의 새로운 댐이 생겨났다. 목적은 무엇이었을까? 그것은 수질 개선, 홍수 예방, 가뭄 극복, 일자리 창출 같은 것이었다. 그러나 이 사업이 낙동강에서 마무리된 지 만 3년이 지난 지금, 그 목적은 모두 거짓으로 드러났다.

우선 '수질 개선'이라는 말은 잘못된 주장이었다. 오히려 '고인 물은 썩는다'는 만고의 진리를 확인시켜 줬다. '녹조라떼'라 불린 극심한 녹조현상은 이를 잘 설명해 준다. 22조를 탕진하고 배운 '비싼 교훈'이다. 이어 나타난 큰빗이끼벌레라는 낯선 태형동물의 창궐은 조류를 먹이로 삼는 이들의 습성상 나타날 수밖에 없는 일이었고, 이것은 물고기의 산란 및 서식처를 잠식함으로써 수생태계마저 교란시키는 결과를 초래했다. 연이어 강에서 물고기, 자라, 새, 뱀과 심지어 수달까지 죽음을 맞이했다.

이런 물이 과연 안전할까? 낙동강은 1,300만 경상도민의 식수원이다. 그러나 당국에서는 고도정수처리만 하면 먹는 물에는 이상이 없다고 한다. 2015년 여름의 한일공동 녹조조사 결과는 우리에게 큰 충격을 안겨 줬다. 4대강에 창궐한 남조류의 독성물질이 최대 434ppb까지 측정된 것이다. 바로 낙동강 달성군 도동나루터에서 채

"물고기 대신 큰빗이끼벌레만". 낙동강 어부들이 친 그물에 물고기는 잡히지 않고, 큰빗이끼벌레만 주렁 주렁 달려 있다. 4대강 사업 이후 급격히 변한 강의 모습을 보여 주고 있다. ⓒ 정수근

수한 물에서 나온 수치다.

우리나라 환경부에서 정한 먹는 물 음용 기준치가 1ppb이니 무려 434배의 독성물질이 낙동강에서 들끓고 있다는 이야기이다. 4대강 사업을 통해 수질이 개선된다고 했는데, 우리는 왜 이처럼 수돗물 불안까지 안고 살아가야 하는 걸까?

이명박 정부가 두 번째로 내세운 목적은 홍수 피해를 줄인다는 것이다. 그러나 홍수 피해는 원래 4대강 본류에서는 잘 일어나지 않는, 주로 '지류지천'에서 많이 일어나는 피해였다. 그런데 4대강 사업 후 낙동강의 지천에서 신종 홍수 피해가 발생했다. 4대강 보로 막힌 낙동강의 수위가 올라가 지천의 수위가 동반 상승했고 지천의 하류에서는 물이 잘 빠지지 않아 강물이 역류했다. 그것이 그대로 홍수 피해로 이어져, 낙동강 지천의 둑이 펑펑 터지고 만 것이다.

수자원을 확보해 가뭄을 극복하겠다고 했는데 이 목적도 빗나갔다. 4대강 주변은 원래 물이 부족한 지역이 아니었다. 물이 부족한 지역은 산간벽지나 중부내륙의 과우過雨 지역이었다. 4대강 보에 물을 가득 채워 놓았지만 그 물을 실어 나를 수로가 정비되지 않았다

면서 급하게 수로를 정비하는 공사를 벌여야 한다는 정부다. 졸속 공사 4대강 사업의 진면목을 보여 주는 장면이다. 그러나 가뭄 극복 은커녕 오히려 4대강 보 때문에 이들 지역의 농경지 침수 사태가 빈 발했다.

강의 수위가 너무 올라가니 제방 안쪽 농경지(제내지)의 지하수위 가 동반 상승해 농경지 침수 사태가 빈발한 것이다. 4대강 사업 전에 는 8미터 깊이에 지하수위가 형성됐다면 이제는 1미터만 파도 지하 수가 펑펑 올라온다. 지하수위 상승으로 농작물의 뿌리가 썩어 버리 니 농사가 제대로 될 리가 없다.

지천에서는 역행침식 현상이 자주 벌어졌다. 감천의 바닥이 역 행침식으로 파여 나가 'MB아가라폭포'를, 용호천의 둔치가 침식돼 'MB캐년'과 같은 명물을 만들어 내기도 했다. 그 결과 지천의 모래 가 최소 2, 3미터 이상 빠져 지천의 모래톱 아래 깔려 있던 각종 관 로가 드러나 붕괴되고, 이를 복구하는 과정에서 또다시 막대한 혈세 가 탕진되기도 했다.

4대강 보를 해체해야만 하는 이유

4대강 사업은 명백히 실패한 사업이다. 2014년 연말 국무총리실 산하 4대강 조사평가위원회는 조사결과 발표에서 4대강 사업이 일 부 성과가 있다고 했으나, 이는 정치적 수사에 불과하다. 이 같은 발 표는 4대강 사업의 심각한 하자를 방치하는 것과 다름없다. 그렇다 면 어떻게 해야 할까? 조사평가위원들의 결과처럼 유지 보수만 하면

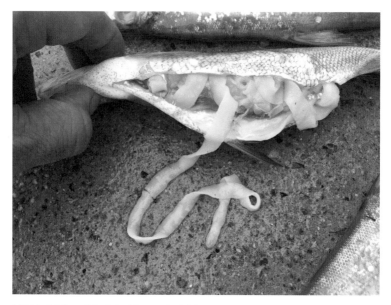

낙동강 기생충. 4대강 사업 이후 물고기 기생충이 크게 증가해, 어민들의 시름을 가중시키고 있다. ⓒ 정수근

괜찮을까?

그렇지 않다. 강이 죽고, 그 안에 사는 생명들이 죽고, 결국 인간마저 죽음의 행렬에 동참하게 될 것이다. 그러니 강의 자연성을 되찾아 줘야 한다. 강물을 다시 흘러가게 만들어야 한다. 수문을 열거나 보를 순차적으로 해체해야 한다.

4대강 사업은 백해무익했다. 그러나 역설적으로 효과가 없는 것도 아니다. 마음만 먹으면 우리는 이 사업을 통해 큰 성과를 거둘 수도 있다. 그것은 생명의 강을 되찾는 일이다. 4대강 사업은 우리에게 생명이 풍요로운 강을 만들어야 한다는 의지를 일깨워 준 사업이라 할 수 있다. 아니 그래야 한다. 실제로 필자를 비롯한 많은 이들이 4대강 사업 때문에 강을 다시 찾게 됐다. 4대강 사업이라는 말도 안 되는 사업이 역설적이게도 사람들을 강으로 불러 모았다. 이 미친 사업을 막아야 했기에, 그 현장을 알아야 했던 것이고, 그래서 강을 다시 찾게 된 것이다.

이 지점에서 우리는 또 한 가지 교훈을 얻어야 한다. 삶과 세상은 알 수 없는 신비로 가득 차 있고, 생명그물로 얽혀 있다는 사실을 말이다. 한 종이 사라진다는 것은 그 얽혀 있는 생명그물이 끊어진다는 것을 의미한다. 4대강 사업으로 낙동강에서 완전히 자취를 감춘 물고기가 있다. 바로 '흰수마자'이다. 이 물고기는 부드러운 모래가 사라진 강에서는 살 수 없다. 단 한 종이 사라져도 그 얽힌 생명의 그물이 끊어질 것인데, 땅의 젖줄이자 근간이 되는 4대강이 막혀 있다는 것은 땅의 혈관이 막혀 있다는 것이고, 강이 죽어 가고 국토가 하루하루 죽어 간다는 것이다. 그럼 그 위에서 사는 인간들은 괜찮겠는가.

자연력에 의한 금호강의 부활, 낙동강도 마찬가지

4대강 재자연화는 충분히 가능하다. 필자는 금호강의 부활에서 그것을 확신할 수 있다. 금호강은 경북 영천에서 시작해 대구를 가로지르며 흐르다 대구 달서구와 고령군의 경계에서 낙동강과 만난다. 산업화 시절 금호강은 시궁창을 방불케 했다. 대구 섬유산업의 결과물로써의 그 시궁창 금호강 말이다. 금호강은 썩기 시작했고, 악취가 진동했다. 사람들은 떠났고, 강은 죽은 듯 보였다.

그러던 금호강이 다시 살아났다. 지난 수십 년간 인위적 개입을 최소화하고, 오염원만 차단해 자연에게 맡기니 강이 스스로 되살아난 것이다. 습지가 되살아나고, 물고기가 돌아오고, 다슬기와 조개가 돌아오고, 새가 돌아왔다. 강의 자연성을 되찾아 주면 강은 스스로 치유한다.

낙동강도 다시 되살아나고 있는 곳이 있다. 구미보 아래서 낙동강과 만나는 감천 합수부는 4대강 사업을 하면서 6미터 깊이로 준설을 한 곳이다. 그러나 그곳에 거대한 모래톱이 다시 생겨났다. 모래톱이 돌아오자 새들이 찾아오고 그곳에 알도 낳는다. 4대강 사업 이전의 모습으로 복원돼 가고 있는 중이다. 물론 감천의 하천 바닥이 낮아지는 '역행침식'이라는 아픔도 동반되기는 하지만 말이다.

합천보 아래서 낙동강과 만나는 황강 합수부 역시 거대한 모래톱이 생겨나면서 이전 모습으로 서서히 회복되고 있는 중이다. 따라서 4대강이 흐르기만 한다면 4대강이 이전 모습으로 되돌아가는 4대강 재자연화가 전혀 불가능한 꿈이 아니란 것은 금호강과 지천의 합수부에서 확인된다.

그러니 강은 흘러가야만 한다. 우리 인간과 야생의 공존을 위해서, 세상의 신비를 확인하기 위해서, 그리고 이 땅의 기운을 되살리기 위해서라도 그렇게 흘러야 한다. 결국 우리가 살기 위해서 말이다.

내성천을 국립공원으로

이 시점에서 마지막 4대강 사업인 영주댐 공사를 생각한다. 영주 댐의 주요 목적은 낙동강으로 강물을 흘려보내는 것이다. 즉 운하를 염두에 두고 운하에 강물을 공급하기 위해 만들어진 운하조절용댐 이다. 대운하를 하지 않는다고 하면 당연히 사라질 사업이다. 이 사 업이 유령처럼 남아 우리 강을 훼손하고 있다.

영주댐 완공으로 사라질 내성천을 생각한다. 내성천은 낙동강의 제1지천으로서 낙동강으로 맑은 물과 모래를 50% 이상 공급해 주 는 귀한 모래의 강이다. 그만큼 강물은 맑고 모래톱이 발달한 강이 자 우리 강의 원형을 간직하고 있는 강으로 평가받고 있는 아름다 운 강이다.

아름다운 모래톱과 감입곡류 하천의 전형으로서 내성천은 경관 또한 아주 뛰어나다. 그래서 회룡포와 선몽대라는 국가명승지를 2곳 이나 지니고 있는 하천이기도 하다. 그런 내성천이 지금 4대강 사업 과 영주댐 공사로 인해서 몸살을 앓고 있다. 모래의 강 내성천이 역 행침식으로 모래를 잃어버리고, 영주댐 공사로 인해 상류에서 모래 공급이 끊기자, 모래톱 위를 식생(풀)이 들어와 차는 육화현상이 심 각히 일어나고 있다. 이대로 간다면 멸종위기종 야생동물의 마지막 서식처이자 우리 강 원형의 아름다움을 간직한, 지구별 유일의 모래 강 내성천이 사라질 것이다.

그래서다. 내성천을 국립공원으로 지정해 보자는 제안이다. 이미 511세대 수몰민이 생겨나 마을주민들이 대부분 동네를 떠난 평은면 과 이산면부터라도 국립공원 혹은 국가 보호습지로 지정해 원래 강의 영역이었던 공간을 강에게 되돌려 주면서 이곳을 자연하천 원래의 모습으로 복원해 강 관리의 전형을 만들어 보자는 것이다. 우리도 이제는 내성천 같은 강 하나는 국립공원으로 삼아 보존할 만한 시대가 되었다. 쓸모도 없는 댐의 가치보다는 온전히 보존한 내성천의 가치가 훨씬 더 크기 때문이다.

내성천은 낙동강의 제1지류로 낙동강의 어머니와 같은 강이다. 낙동강의 보가 허물어지고 낙동강 본래의 모습으로 되돌아가는 낙동강 재자연화가 이루어지기 위해서라도 내성천의 온전한 모습은 남아 있어야 한다.

강은 흘러야 한다. 2016년 올 한해가 4대강이 자유롭게 흘러가는, 생명의 강으로 되돌아가는 그 원년이 될 수 있기를 간절히 희망해 본다.

정수근 대구환경운동연합 사무처장으로, 4대강 사업이 시작된 2009년부터 현재까지 4대강 현장 모니티링을 통해 4대강 사업의 허구성과 문제점을 고발해 오고 있다. 현재는 4대강 재자연화를 위한 다각적인 방법을 모색하고 있다. 2015년 제3회 임길진 환경상을 수상했다.

07

우리의 강, 탐욕이 아닌
조화의 터전이 되어야

잃어버린 기억: 천국의 땅

어린 시절은 공장에서 찍어 낸 놀이감이나 조성된 놀이터가 별로 없었다. 학교 끝나면 집으로 돌아오던 길에 산과 들, 그리고 냇가에서 놀다가 저녁 무렵에야 밥을 먹으러 들어가곤 했다. 때로는 밥을 먹이려고 찾아 나온 어머니께 잡혀 들어가기도 했다. 지금처럼 학원, 특별활동을 위해 자신의 시간을 빼앗기지도 않았고, 요란스런 소리나 빛을 발하는 인위적인 도구에 탐닉하며 고립되는 것은 일상이 아니었다. 아마 어린이나 청소년에게는 그 시절이 천국이 아니었을까 한다. 그 시절 기억나는 강은 발 담그고, 물고기를 잡고, 물장난을 치고 놀았던 강이다. 아무것도 모르는 철부지 자연 탐구자였다고나 할까.

잠자고 있었던 어린 시절 기억이 퍼뜩 튀어 올라와 생생해졌다. 모든 것을 무시하고 일방적으로 권력을 밀어붙여 우리나라의 강을 없애겠다는 사람이 나타났기 때문이다. 그 사람은 혼자가 아니었다. 그 기록은 국가 포상이라는 수단을 통해 명확하게 남겨졌다. 새삼스럽게 어린 시절 천국의 땅이 있었다는 사실을 깨닫게 해 주어 고마워해야 할 것 같다.

철 지난 대운하, 웬 타령!

2007년 한반도 대운하라는 정치 표어로 나라가 시끄러웠다. 남한을 종단하는 데 자동차로 6시간도 걸리지 않는 시대에, 조선시대처럼 며칠이 걸리는 대운하를 만들어 물류 수송을 원활하게 하고 경제를 성장시키겠다는 철부지 발상을 자랑했다. 그런데 이런 어리석음으로 국민들을 현혹하는 일이 일어날 만큼 국민들이 세상 물정을 모르는 모양이다. 어쩌면 정치하는 인간들의 작태에 질려 버린 대다수 국민들이 관심이 없는지도 모른다. 그런데 당시 대통령 선거가 끝난 후 '사기를 잘 치는 인간은 사기를 쳐서 돈 벌어 줄 것 같아 찍어 주었다'는 순진한 말을 하는 사람도 있었다. 아마도 그 사람은 누군가가 외국을 상대로 사기를 잘 쳐서 우리나라를 부강하게 만들어 줄 것으로 기대했는지도 모른다. 하기는 외교라는 것을 보면 일종의 사기라는 생각이 많이 들기는 한다. 자신의 나라 이익을 위해 적당히 각색하는 것이 외교관과 국제 정치인이라는 생각이 들 때가 많다. 아무튼 그 사람에게, '사기를 친다면 누구에게 사기 칠 것 같으

센 강이라 불리는 파리의 콘크리트 수로 ⓒ 정민걸

냐'고 물었다. 아마도 '국민을 상대로 사기 치는 것이 가장 쉬울 것'이라는 말을 덧붙인 기억이 난다.

혹자는 말할지도 모른다. 프랑스 파리를 가면 도심을 흐르는 센 강에서 유람선이 떠다니며 관광 산업에 기여하고 있다고. 하지만 강이라고는 하지만 볼품없는 큰 시냇물, 아니 더러운 물이 흐르는 콘크리트 수로에 불과한 파리의 센 강에서 유람선이나 타겠다고 파리를 가는 사람은 없다. 파리의 역사와 문화 유적을 보고, 옛것과 공존하는 파리의 현대 문명을 누리러 간 김에 일부가 유람선을 타기도 하는 것일 뿐이다.

그런데 인적이 없는 수백 킬로미터를 흐르는 강을 콘크리트 수로로 만들어 관광 산업을 육성하겠다는 어처구니없는 소리도 나왔다. 그런 헛소리에 들뜬 국민도 있었을지 모른다. 아마도 큰길이 뚫리면 주변 땅값이 오른 기억이 있는 사람들이 환호했을지도 모른다. 문제는 그 큰길가의 모든 땅값이 오르지 않는다는 것이다. 점점이 몇 곳, 특히 대도시 인근만 땅값이 오른다. 도시와 도시를 잇는 그 큰길의 대부분은 실제로 땅값이 오르는 것이 아니라 과거보다 더욱 한적해지는 것을 보았을 텐데도, 모두가 기대하는 모양이다.

하기는 그것을 알아서 자신의 땅 근처에 무엇이든 사람을 끌어들이는 시설이 생기길 바라고, 정치꾼들은 그런 기대를 이용해 헛된 공약으로 표를 모아들이는 일이 비일비재하다. 그 결과 사람이 거의 이용하지 않을 KTX 역사를 만들며 토목건설업자만 배불리는 일이 생기기도 하는 것을 보면 국민을 속이기는 참 쉬운 모양이다. 언젠가 그런 KTX 역사를 살린다면서 신도시를 개발하고 구도심을 죽여 세상 돌아가는 일에 능하지 못한 사람들을 죽여 가면서 발 빠른 자들의 배를 불리는 또 다른 대규모 토목 공사가 생길지도 모를 일이기는 하다. 그러면서 선견지명 있는 KTX 역사 건설이었다고 포장할지도 모른다.

아무튼 국민 모두가 서울처럼, 수도권처럼 발 디딜 틈조차 없을 만큼 인구가 밀집된 곳이 되기를 원하는지도 모르겠다. 부작용은 어떻게 되든 출산율을 지금의 서너 배로 올리면 얼마 지나지 않아 전 국토가 서울처럼 밀집하게 될지도 모르겠다. 그런데 부러워하는 서울조차 곳에 따라 땅값의 차이가 천양지차인 것을 보면 모두를 만족한 균형 개발은 참 어려운 모양이다.

자연재해 예방 타령으로
눈먼 돈의 한몫 보겠다는 탐욕

　대운하가 경제적 실효성이 없다는 명백한 사실 앞에 대운하로 부국강병을 이루겠다며 국민을 속이던 짓이 공교롭게도 광우병의 수입 쇠고기 파동과 맞물리며 철회되었다. 그런데 참 희한한 일도 있다. 대운하와 실질적으로 변한 것이 없는 사업이 4대강 살리기라는 탈을 쓰고 부활했다. 대운하의 갑문 대신에 대형보라고 이름을 붙인 댐을 대운하의 갑문과 거의 같은 숫자로 4대강 본류에 건설하는 국책사업을 사정없이 몰아붙였다. 오죽 급하면 댐의 설계도도 없이 기초공사부터 시작했을까. 공사를 시작한 몇 개월 후 설계가 끝났다고 한다. 아마도 최종 설계는 4대강 사업의 겉보기 공사가 거의 끝날 때즈음에 이루어진 것은 아닐까 하는 이상한 생각까지 들 정도로, 4대강 사업의 다른 시설에 대한 설계들이 여러 가지 기초 공사가 거의 끝나가는 막판에야 완성되었다. 사실, 4대강 사업의 둔치 조경은 아무 계획도 없이 그때그때 조달이 가능한 수종을 심는 것처럼 보인다는 4대강 사업 생태 모니터링 관계자의 말도 있었다.

　그러면서 대운하에서 강조하던 물류 경제는 없어지고, 이상기후에 따른 홍수와 가뭄의 피해를 막겠다는 황망한 홍보에 열을 올렸다. 그런데 재미있는 것은 예로 든 홍수와 가뭄 피해가 4대강 사업이 진행되고 있는 본류와는 수십 킬로미터에서 수백 킬로미터가 떨어진 곳이라는 것이다. 아마도 4대강 사업 지역에서는 홍수와 가뭄 피해의 적절한 예를 찾을 수 없었던 모양이다. 오죽하면 강원도 강릉 지역에 막대한 피해를 입힌 태풍 루사를 예로 들며 그런 피해를 막기 위해 4대강 사업이 반드시 필요하다고 국민에게 강변하기까지 했겠는가.

대통령이라는 사람이 지상파 방송을 이용해 국민을 설득한다며, 수해가 일어난 곳에서 또 수해가 일어나는 것을 잘 알고 있다면서 그런 피해를 막기 위해서 4대강 사업이 꼭 필요하다고 열변을 토했다. 수해 상습 지역인 강원도 등 산간고지와 도서벽지의 피해를 막기 위해 수해가 나지 않는 경기도, 경상도, 전라도, 충청도의 4대강 본류에서 상습 수해를 막는 사업을 해야 한다는 참으로 황망한 구실이다. 강원도 주민 등 상습 피해 지역에 사는 주민들은 참으로 무던한 국민이다. 그런 정부 필요 없다며 독립 운동을 했어야 하지 않았을까. 아무튼 그런 원고를 써 주었거나 그런 열변을 토하도록 자문한 사람은 아마도 수해의 전문가라고 자칭하는 사람일 것 같다.

왜 자칭 전문가들이 한목소리가 되어 4대강 사업의 선무당처럼 행동한 것일까. 아마도 이제까지 국민의 세금으로 막대한 규모의 눈먼 돈을 만들어 소수가 잔치를 벌이던 버릇이 4대강 사업으로 꽃피워진 것은 아닐까. "국가가 추진하는 사업(국책사업)"이라는 이름으로 사적인 탐욕을 가린 채 국가라는 무인격체를 동원하여 이득을 거머쥘 자들의 탐욕이 들어 있지 않은 것처럼 국민에게 포장하는 본보기가 된 것은 아닐까. 국민의 세금을 사적인 부로 전환하는 눈먼 돈 전략의 진수가 4대강 사업이었으면 어찌하나, 불도저처럼 밀어붙인 이 사업을 보고 국민이 부담하는 세금은 아랑곳하지 않고 이후 모두가 따라 하겠다고 난리를 치면 어찌하나 하는 기우까지 생긴다.

재앙의 잉태

　인구가 밀집한 곳의 수해를 막으려면 인구가 희박한 고지대에서 오는 비가 내려오지 못하게 하거나 인구 밀집 지역에 오는 비를 인구가 희박한 저지대로 빨리 내려 보내야 하는 것은 수리학의 기초이다. 그런데 4대강 사업은 저지대에 인구가 밀집된 지역에 항상 물을 가두어 늪을 만드는 시설이 중심이 되는 사업이다. 대형보라고 불리는 댐 위로 물이 항상 넘치게 되어 있어 제방까지 강우를 더 담을 수 있는 여유고가 4대강 사업 이전보다 낮아진 곳이 대부분이다.

　따라서 홍수 때 4대강 사업으로 늪이 된 곳의 범람을 막으려면 상류에 오는 비가 사업 이전보다 더 내려오지 않게 해야만 한다. 하지만 그런 조치는 전혀 이루어지지 않았다. 게다가 물을 항상 가두어 여유고가 낮아진 늪은 홍수 때 범람하지 않게 하려면 가두어 놓은 물이 과거보다 더 빠르게 하류로 내려가게 해야 한다. 하지만 할 수 있는 조치라고는 기껏해야 수문을 여는 것이다. 그런데 문제는 그 밑에 댐으로 막힌 홍수에 취약한 또 다른 늪이 있다는 것이다. 그것도 연속된 댐들로 만들어진 계단 늪의 연속이다. 참으로 난감한 것이다. 홍수 때 한 계단 늪의 범람을 막기 위해 상류 계단 늪의 댐 수문을 닫으면 상류 늪이 범람할 것이고, 그 계단 늪의 수문을 열어 이전보다 더 많이 가두어진 물을 하류의 계단 늪으로 재빠르게 내려 보내면 하류 계단 늪이 범람할 수밖에 없도록 4대강을 개조해 놓은 것이 4대강 사업이다. 더 큰 문제는 그 계단 늪의 마지막은 하굿둑이나 팔당댐으로 막혀 있다는 것이다. 특히 하굿둑의 경우, 밀물 때 하굿둑의 수문을 열 수 없기 때문에 이전보다 훨씬 더 많이 가두어 놓은 본류 계단 늪들의 물을 한꺼번에 모두 그대로 받아들일 수밖에 없어 하구호는 범람의 위험이 과거보다 훨씬 더 커졌다.

이렇게 재앙을 잉태하도록 4대강을 개조한 사람들에게는 행운이랄까, 4대강 사업 내내, 그리고 그 이후 비가 예전보다 더 적게 오거나 가뭄이 들어 이런 재앙이 현실이 되지 않았고, 그래서 실감하지 못하고 있다. 한편으로는 피해가 일어나지 않아 다행이기는 하지만, 머지않아 엄청난 피해가 발생할 수 있는 상황에 직면해야 할 국민에게는 큰 불행인 것이다.

늪이 된 강의 저주

뚜렷한 이유도 없이 물이 잘 흐르던 강을 계단 늪으로 개조함으로써 수해의 재앙을 담고 있게 된 4대강 계단의 늪은 수질이 하수구처럼 바뀌면서 많은 생명의 처형장이 되어 버렸다. 4대강 사업이 진행되는 동안에도 여기저기서 많은 물고기 등이 죽어 나갔다. 그리고 예상대로 4대강 사업이 끝나가는 가을에 4대강의 곳곳에서 물고기들이 떼로 죽는 일이 발생했다. 특히 금강의 경우는 수십만 마리가 죽은 것으로 추정되는 유사 이래 최악의 물고기 떼죽음이 일어났다.

그런데 이 떼죽음에 대한 원인 규명이 제대로 이루어지지 못했다. 심지어는 폐사 규모에 대한 정확한 공식 집계조차 없다. 이런

표 7 금강 물고기 사체 수거량

| 날짜 | 수거량 | | | | 참여인원 (추정) |
	금강유역청 (마리수)	대전충남녹색연합 (포대수)	언론 (마리수)	조사단 결과 (마리수)	
10.17(수)	수 마리				
10.18(목)	200			600	
10.19(금)	300			1,000	3
10.20(토)	1,000	60~70	5,000	7,000	40
10.21(일)	2,000	400	50,000	50,000	30
10.22(월)	1,800	60~70	40,000	40,000	31
10.23(화)	6,000	300	20,000	20,000	150
10.24(수)	15,500	400	80,000	50,000	150
10.25(목)	11,000	200	50,000	50,000	150
10.26(금)	9,500	200	20,000	20,000	100
10.27(토)	2,200	200	20,000	20,000	100?
10.28(일)	4,500	80	100,000	20,000	100?
10.29(월)	500		6,000	6,000	10?
10.31(수)	1,500			5,000	10?
11.1(목)	2,000			6,000	10?
11.7(수)	2,000			6,000	10?
11.14(수)	50			200	10?
합계	60,050	약 2,060포 200,000마리	391,000	301,800	

출처: 충청남도 금강 물고기 집단폐사 민관공동조사단 (2013) 2012년 금강 물고기 집단폐사 조사 보고서

대규모 폐사의 경우 원인 파악을 위해 즉각적인 조사가 이루어져야 했으나 어느 국가기관이나 지방자치단체 기관도 적절한 조치를 취한 곳이 없었다. 시민단체들의 항의와 규탄이 거세지자 뒤늦게 조

사하는 시늉만 했을 뿐이다. 국가가 저지른 일에 대해 국가가 정확한 진단을 거부한 것이다. 이런 행태들 때문에 국가를 내세워 자신들의 이득을 추구하던 사람들이 자신들의 치부를 드러내는 것을 국가가 아니라 그들이 거부한 것으로 보는 사람들이 많다. 그들이 떳떳하다면 국가를 표면으로 내세우며 자연에 가해진 엄청난 재앙에 대한 원인 규명에 성실하게 임했었을 것이라는 것은 쉽게 생각할 수 있는 일이다.

생명을 앗아가는 재앙이 영원히 끝날 수 없는 4대강 사업이 끝난 후 우리는 물이 흐르는 하천에서는 볼 수 없는 조류가 번성하여 늘 푸른 녹색의 계단 늪을 보고 있다. 또한 주검으로 떠오르는 수서생물을 일상으로 보고 있다. 게다가 물이 정체된 곳에서 번성하는 이끼벌레의 양육장이 되어 버린 계단 늪에서 하수구의 악취를 맡아야만 한다. 그리고 4대강의 대형보가 철거되지 않으면 사라지지 않을 이런 자연의 대재앙을 해결한다면서 국민의 세금을 화수분으로 삼아 소수가 소외된 다수 국민의 세금으로 자신들의 탐욕을 영구적으로 채우는 행태를 지켜보아야만 한다.

4대강 사업처럼 소수 인간의 탐욕으로 자연의 과정을 방해하는 것은 자연을 병들게 하며 소외된 다수를 불행하게 한다. 자연은 있는 그대로 놔두었을 때 인간과 공존하면서 다수의 인간을 소외에서 벗어나게 한다. 특히 하천은 자연의 변동하는 강우에 따라 깎였다 쌓이고, 쌓였다 깎이면서 다양한 숱한 생명이 살 수 있도록 그대로 놔둘 때 다수의 소외된 국민의 세금을 앗아가지 않는 인간의 영원한 벗이 된다.

기억의 회복: 4대강의 자연 회복

  인간의 탐욕이 타인의 불행을 만들면서 자연을, 생명을 앗아가는 이런 일은 왜 일어나는 것일까. 단 한 인간이 세상을, 사회를 이렇게 바꿀 수 있는가. 아니다. 우리 사회가 탐닉해 있는 물욕은 한 인간을 통해 현저하게 드러날 수는 있지만 그 인간 혼자만이 아니다. 나만 잘살면 된다는 끝없는 탐욕이 지배하고 있는 사회는 한 인간이 도발을 하고 많은 인간들이 함께하는 일이 가능하다. 그런 사회에서 돈 몇 푼을 위해 감옥살이를 할 용의가 있다는 고교생이 절반이라는 그런 암담한 설문조사 결과가 나오는 원인을 한 인간에게 덮어씌워서는 안 될 것이다.

  자신이 함께 살아가야 할 공동체의 일원이라는 생각보다는 그 공동체를 이용해, 혹은 갈취해 나만 잘 살겠다는 그런 이기적 야욕이 지배하는 사회는 미래가 없는 사회다. 온통 그런 탐욕으로 찌든 세력가를 중심으로 빌붙으려는 인간들이 옹기종기 모여 패를 이루어 정치를 한답시고 나서고, 그 정치 패거리의 이익을 위해서는 사회 갈등을 키워 가며 무엇이든 하는 사회가 3포, 5포, 7포를 만들고 있다.

  이제라도 자신만 살겠다고 타인의 불행을 자신의 행복으로 아는 그런 세태가 사라질 수 있도록 소외된 다수가 노력해야 한다. 소외된 다수가 그렇게 한다면 3포, 5포, 7포라는 우스꽝스런 자괴의식이 이 사회에서 사라질 것이고, 소외된 다수의 코흘리개 세금을 소수의 결정권자들이 목돈으로 모아 눈먼 돈이라며 탐욕을 채우는 그런 국책사업이 다시는 이 땅에 발을 붙이지 못하게 될 것이다. 정치를 소수의 탐욕자에게 맡기지 말고 소외된 다수가 모두 적극적으로 정치

"자연은 그림 상단처럼 탐욕의 포식자가 횡포를 부리는 자연도태의 세상도 아니며, 그림 하단처럼 초식자만이 행복한 세상도 아니다. 자신의 필요를 모자란 능력으로 겨우 채우며 일상은 서로 무심하게 평화롭게 공존하는 그 중간 어디쯤이 자연이다. 인간만이 소수가 자신의 무한한 탐욕의 갈증을 해소하는 독선의 권력을 만들어 다수를 갈취하며 갈등을 키우는 괴물이 될 수 있다"

출처: 정민걸(2005) 이해하는 생태학: 자연과 인간의 본성을 찾아서(공주대학교출판부)에 있는 그림 6-1의 변형. ©정민걸

에 개입함으로써 그런 일이 가능할 것이다. 소수가 자신들의 탐욕을 위해 좌지우지하는 정치는 소외된 다수의 일상을 불행하게 만들고 3포, 5포, 7포의 나락으로 떨어뜨릴 것이다.

4대강을 원상태로 복구함으로써 많은 이의 기억 속에 남아 있는 어린 시절, 있는 그대로 다양한 모습의 시냇물과 강에서 천진난만하

게 자연을 탐구하던 그 천국의 땅을 지금 다시 볼 수 있게 되는 것은 진정한 공동체 의식이 살아 있어 구성원들이 서로를 배려하며 조화 속에 행복하게 함께 사는 사회를 되찾은 상징이 될 것이다.

정민걸 공주대학교 환경교육과 교수 / 공주대학교 교수회 회장

부록

부록 1 4대강 사업 전후 사진 모음

부록 2 4대강 찬동 인사 주요 발언 모음

독일의 국제적 하천전문가 한스 베른하르트 교수(독일 칼스루헤 대학)는 "유럽연합의 물 관리 기본지침(EU Water Framework Directive)'에 따르면 한국의 4대강은 자연 상태 최상의 1등급 또는 자연에 가까운 양호한 상태인 2등급"이라며 "독일 같으면 국립공원으로 지정돼도 손색이 없다"고 평가했다. 이것은 모래가 풍부한 우리 강의 특징이 살아 있었기 때문에 가능한 일이었다. 간이정수기 필터에 자갈과 모래가 들어가듯이, 강변의 모래는 물속의 더러운 것들을 걸러 줘 사람을 비롯해 생명이 마실 수 있는 물을 만든다. 물고기와 새들의 산란장 역할을 하고, 홍수와 태풍의 에너지를 감소시켜 주변 지역의 피해를 덜어 주는 역할도 한다. 그뿐인가. 수만 년의 시간 속에 하나의 알갱이가 된 모래들 위를 걷고 있노라면, 그들이 창출해 낸 경이적인 경관 속에서 인간이 얼마나 보잘 것 없는 존재인가를 사유하게 한다. 존재적 성찰을 통해 자연의 위대함을 느끼게 해 주는 것이다. 이런 모래가 있었기 때문에 시인들은 노래했다. 그러나 그 모래들이 이제는 사라져 버렸다. 4대강 공사 이후 모래가 있었던 곳에 물이 들어찼다. 모래가 사라지고, 흐름이 막히니 그 물은 '녹조라떼'가 대변하듯이 썩어 가고 있다. 더불어 살아가던 뭇 생명들이 떼죽음을 당하고, 온갖 이상 생명체들이 출현하고 있다. 막혀서 고인 물은 이 사업을 추진한 이들의 추악한 진실을 담고 있다.

4대강 사업 전후를 줄기차게 카메라로 담아 온 작가가 있다. 바로 이 사진들을 촬영한 박용훈 작가이다. 그의 사진들은 4대강 사업 전후, 우리 강의 모습을 고스란히 보여 주고 있다. 작가는 카메라만 보면 광기를 부리는 공사 관계자에게 거친 쌍소리를 들어 가면서도, 때로는 폭행을 당하면서도 촬영을 멈추지 않았다. 왜 그랬을까? 사진은 '기록'이기 때문이다. 우리 강이 어떻게 파괴됐는지, 무엇 때문에 망가졌고 누가 이런 잔인한 짓을 했는지를 보여 주고 남기기 위해 그는 끊임없이 셔터를 눌렀다.

그의 사진 속에는 그의 눈물과, 강의 눈물, 이 땅의 눈물이 스며 있다. 사라져 가는 것들의 고통과 절규가 들어 있다. 지금은 절망뿐인 기록일지라도, 그러나 작가는 희망의 끈을 놓지 않고 있다. 우리 강이 어떻게 회복되어야 하는가를 기록하는 것 또한 그의 몫이기 때문이다.

－ 이철재 (에코 큐레이터 / 환경운동연합 생명의 강 특별위원회 부위원장)

* 이 사진들은 생명의 강을 모시는 사람들(순례단), 생태지평, 여주환경운동연합, 녹색연합의 도움을 받아 기록했습니다.

영산강 나주

노안면 학산리-2009년 8월 ⓒ 박용훈

노안면 학산리(승촌보 우안 하류 오토캠핑장 일대)-2012년 6월 21일 ⓒ 박용훈

영산강

죽산교에서 상류방향-2009년 8월   ⓒ 박용훈

죽산교에서 상류방향-2012년 6월   ⓒ 박용훈

영산강

죽산교에서 하류방향-2009년 8월   ⓒ 박용훈

죽산교에서 하류방향(죽산보)-2012년 6월   ⓒ 박용훈

영산강

미천서원 앞 앙암바위 일대-2009년 8월   ⓒ 박용훈

미천서원 앞 앙암바위 일대-2012년 6월   ⓒ 박용훈

남한강 여주

남한강교에서 상류방향 바위늪구비 일대-2009년 8월

ⓒ 박용훈

남한강교에서 상류방향 바위늪구비 일대-2011년 3월

ⓒ 박용훈

남한강 여주

이포대교에서 하류방향-2009년 7월　　　　　　　　　ⓒ 박용훈

이포대교에서 하류방향(이포보)-2012년 6월　　　　　　　ⓒ 박용훈

남한강 여주

청미천 합수부-2008년 5월　　　　　　　　　　　　　　　　ⓒ 박용훈

청미천 합수부-2013년 9월　　　　　　　　　　　　　　　　ⓒ 박용훈

남한강 충주

비내늪 일대-2010년 5월   ⓒ 박용훈

비내늪 일대-2012년 6월   ⓒ 박용훈

금강 공주

고마나루 일대-2009년 8월　　　　　　　　　　　　　　　ⓒ 박용훈

고마나루 일대 (공주보)-2012년 6월　　　　　　　　　　　ⓒ 박용훈

금강 공주

공주대교에서 하류방향-2009년 8월

ⓒ 박용훈

공주대교에서 하류방향-2012년 6월

ⓒ 박용훈

금강 부여

백마강교에서 하류방향-2008년 4월   ⓒ 박용훈

백마강교에서 하류방향-2012년 6월   ⓒ 박용훈

금강 부여

부여-2009년 8월   ⓒ 박용훈

부여(백제보)-2012년 6월   ⓒ 박용훈

낙동강 구미

산호대교 하류일대-2008년 3월 　　　　　　　　　　　　　　　　ⓒ 박용훈

산호대교 하류일대-2013년 9월 　　　　　　　　　　　　　　　　ⓒ 박용훈

낙동강 구미

숭선대교에서 하류방향-2010년 1월

ⓒ 박용훈

숭선대교에서 하류방향-2013년 9월

ⓒ 박용훈

낙동강 상주

낙단교 상류-2009년 7월 ⓒ 박용훈

낙단교 상류(낙단보)-2013년 9월 ⓒ 박용훈

낙동강 상주

도남서원 일대-2009년 8월   ⓒ 박용훈

도남서원 일대(상주보)-2013년 9월   ⓒ 박용훈

1. 4대강 S(스페셜)급 찬동 인사

- **이명박**(대통령)
- '한반도 대운하'가 완성되면 충북 지역은 더 이상 바다와 고립된 '내륙'이 아니다.
  (2007.08.03. 대통령 후보 합동연설회)
- '4대강 정비사업'이라고 돼 있는데 나는 '4대강 재탄생'이라고 본다. (2008.12.22. 국
  토교통부 업무보고)
- 새로운 물의 시대를 여는 중심에 바로 '4대강 살리기' 사업이 있다. 홍수를 근원적으
  로 막고 산업화 과정의 오염원을 제거하여 생태와 문화가 살아 숨 쉬는 강으로 재탄
  생시키는 것이다. 우리는 이 사업을 세계가 따라 배우고 싶어 하는 환경보존 모델이
  자 녹색성장의 생생한 모범이 되도록 할 것이다. (2009.03.22. 세계 물의 날 기념식)
- 경제위기가 없었더라도 4대강 정비는 하지 않을 수 없는 사업. 그대로 두면 홍
  수가 일어나고 갈수기에는 물이 없게 된다. 강을 이렇게 버려 둔 나라는 없다.
  (2009.01.30. ⟨SBS⟩ '대통령과의 원탁대화')
- 4대강을 개발해 물을 보관하고 생태계를 보존한다고 했더니 세계에서 '경제 회복
  사업으로 한국이 가장 훌륭한 안을 내놨다'고 평가한다. (2009.04.30. 여성부 주최
  '여성이 그린 세상, G-KOREA' 결의대회)
- 4대강 살리기 예산이 16조 원인데 22조 원으로 잘못 알려져 있고, 그 가운데 8조
  원은 수자원공사가 맡아 하기로 돼 있는데 4대강 예산 때문에 내년 예산이 줄어
  든다는 오해가 있는 것 같다. (2009.09.09. 한나라당 신임 당 대표 조찬 회동)
- 4대강 살리기 사업은 생명보호와 경제성장을 동시에 추구하는 대표적인 녹색뉴딜
  프로젝트. (2010.04.22. 세계경제계 환경회의(B4E) 개막식)

- **권도엽**(국토해양부 장관)
- 4대강 살리기의 목적도 다르지 않다. 더 늦지 않게 하루라도 빨리 삽을 뜨고 괭
  이질을 시작해서 그동안 무관심 속에 방치됐던 우리의 강을 강답게 제대로 가꿔
  보자는 것이다. 강을 통해 더 건강하고 풍요로운 우리 국토를 만들자는 것이다.
  (2006.06.24. ⟨문화일보⟩ 기고)
- 하류의 신곡과 중류의 잠실 등에 수중보가 있기 때문에 유람선이 다닐 수 있고 강
  변에서 시민들이 자유롭게 여가를 즐길 수 있는 수변공간을 확보할 수 있었다. 일

각에서 보를 설치하면 물 흐름이 막혀 수질이 악화될 것이라고 우려하지만 사실은 그렇지 않다. 소양강댐은 물 체류 기간이 최장 390일이나 되지만 수질에는 문제가 없다. 앞서 언급한 세계의 강들도 보 때문에 수질 문제가 있다는 말은 들어 보지 못했다. 4대강에 설치되는 보를 통해 확보되는 8억t의 물은 극한 가뭄기 등에 유용하게 활용할 수 있다. (2009.07.05. 〈파이낸셜뉴스〉 기고)

- 4대강 살리기 프로젝트는 70년대 재난 예방을 위해 손을 댄 후 방치한 하천을 정비해 재난과 용수난을 해결하고, 국토의 품격을 높이는 사업, 선진국들은 이미 이같은 사업을 모두 마무리한 상태이다. 기상이변 등에 적극적으로 대응하기 위해서는 다소간의 희생과 양보를 통해 물을 담을 포켓(댐)을 많이 만들어 재해도 예방하고, 평상시에는 하천에 물이 풍부하게 흐르도록 해야 한다. (2009.01.07. 청주지역 경제설명회)

- 물과 함께하는 국토 재창조를 위해 2011년까지 14조 원을 집중 투자, 4대강 중심의 전면적인 국토 재편을 추진할 것이다. 1996년 이후 난항을 겪어 온 경인운하 사업을 본격 추진하며, 수자원의 안정적 확보를 위해 기존 댐 계획의 전면 재검토, 새 댐을 적극 건설해 나갈 예정이다. (2010.04.01. KITA 최고경영자 조찬회)

- 4대강 등 국가 하천은 피해가 거의 없었으나 지방하천, 소하천에서는 제방이 붕괴되고 범람으로 인한 주변 지역의 피해가 있었다. 남은 사업이 완벽히 마무리될 수 있도록 앞으로도 예산 편성 등에 많은 지원을 부탁드린다. (2011.08.04. 수해대책 당정협의)

- 최근 집중호우에도 4대강 사업을 통해 침수피해를 최소화할 수 있었다. 자전거도로, 생태공원 조성사업을 통해 사람이 닿을 수 있는 강으로 변모했다. 이어 여주를 찾아가니 '대통령님 감사합니다. 여주는 홍수 걱정 안 합니다'라는 플랜카드가 걸렸다. 영산강 주민들은 강폭이 넓어져 이제 좀 강다워졌다고 전했다. 일각에서 우려의 목소리를 나타내는 역행침식에 대해 역행과 침식이라는 말은 부정적인 의미를 포함하고 있다. 본류의 강바닥을 긁어내면 지류와의 낙차가 생기고 물의 흐름이 빨라진다. 또 지류의 강바닥이 깎여 나가는 자연적인 현상이 나타난다. (2011.08.10. 세종포럼)

• **김건호**(한국수자원공사 사장)

- 4대강 살리기 사업이 지방을 살리고, 경제를 살리고, 삶의 질을 향상시키는 대규모 프로젝트임에는 틀림이 없다. 이 사업에 가장 필요한 것은 모든 국민들의 깊은 관심과 적극적인 참여임은 두말할 필요도 없을 것이다. (2009.10.29. 〈서울신문〉 기고)

- 도산 안창호 선생이 주창한 '강산개조론'과 일맥상통하는 '4대강 살리기'의 대역사를 부정적 측면만 강조하는 사람들이 있는데, 이는 참으로 안타까운 일이다. 물은 이념이나 경제를 넘어선 생명재임을 알아야 한다. '물의 천국'이라고 불러도 손색이 없는 스웨덴이 왜 저렇게 물 사랑에 앞장서는지 심각하게 의미를 반추해 볼 시점

에 있다. (2009.12.07. 〈서울신문〉 기고)

- 한국수자원공사는 지난 3년간 4대강 살리기 등 국책사업의 성공적인 수행을 통해 글로벌 물 기업으로 발돋움하는 기틀을 마련할 수 있었다. 앞으로도 국민들에게 더욱 신뢰받는 기업으로 성장하도록 노력하겠다. (2011.08.01. 한국수자원공사 본사)
- 이명박 대통령은 얼마 전 G20 회의에서 '저탄소 녹색성장'의 비전을 소개해 큰 주목을 받은 바 있다. 대부분의 참가국들은 당면 경제위기를 녹색뉴딜 정책으로 돌파하려는 대한민국의 국가전략을 높게 평가했다. 4대강 살리기는 바로 이 녹색성장을 선도할 강력한 엔진과도 같은 사업이다. 4대강 살리기 사업이 지방을 살리고, 경제를 살리고, 삶의 질을 향상시키는 대규모 프로젝트임에는 틀림이 없다. (2009.09.14. 〈서울신문〉 기고)

• **박석순**(국립환경과학원 원장)
- 운하는 하천 통수량을 7억 톤에서 17억 톤으로 증대함으로써 그 효과가 팔당댐 5개의 건설 효과와 맞먹는다. '마르코 폴로 계획'과 '나이아데스 프로그램'과 같이 유럽 등 선진국에서는 친환경 교통수단으로 운하를 장려하고 있다. 운하 수송은 유류소비와 이산화탄소발생도에 있어 각각 트럭의 32%, 20%로 오염 발생량이 1/7수준이고 하천 수자원을 확보(10억 톤)해 댐 건설로 인한 환경파괴를 방지할 수 있다. 현재 4대강 모두 부영양화 및 녹조가 발생하고 있는데 이를 운하 때문에 일어난 것으로 오도해선 안 된다. 우리나라 하천의 수질 악화는 갈수기에 수량 악화로 발생하고 4대강 중 최고 수질은 가장 많은 댐을 가지고 있어 수량이 풍부한 북한강이라는 점에서 하천통수량 증가로 물이 희석되는 등 순영향이 더 크다. 대운하를 통해 21세기 국가 GNP의 10%를 차지하는 관광산업의 일환으로, 새로운 관광 트렌드인 Eco-Tour를 창출할 것이다. (2007.10.05. 한반도대운하정책 찬반 토론회)
- 국민들이 대운하를 우려하는 이유는 세 가지 정도로 볼 수 있다. 첫째, 식수 때문이다. 혹시 배가 상수원을 다니면 이것이 오염을 시킬까 봐 그래서 배 다니는 물로 식수를 만드는 걸 안 하면 된다. 그런 걸로 해결할 수 있고, 예전부터 대책이 나와 있다. 둘째, 터널을 우려한다. 굉장히 긴 터널을 크게 뚫는 건 상당히 국토 파괴가 되는데, 터널 문제에 대한 대안도 나와 있다. 셋째, 하천을 깊게 파는 것이다. 배 5,000톤급을 띄우기 위해 하천을 너무 깊이 파게 되고 교량도 많이 개축을 해야 하니까 그런 문제에 대해 우려하고 있는데, 외국과 같이 배를 15,000톤급 정도로 축소하면 반대여론이 상당히 달라질 것이라고 본다. (2008.06.20. 〈노컷뉴스〉 인터뷰)
- 운하는 도로와 댐 건설로 인한 환경파괴를 막고 하천 수량 증대와 하상 준설로 수질을 개선하는 효과가 있다. (2007.11.12. 국회환경노동위원회 공청회)
- 하천에 물이 없어서 수질이 나쁘기 때문에, 물을 채움으로써 하천 생태계도 살리고 굉장히 수질 개선 효과가 있다. (2008.01.05. 〈YTN〉 인터뷰)
- 경북이 가장 큰 수혜지역이 될 것이다. 앉아서 기다리기보다 적극적으로 사전 대

비를 하는 자세가 중요하다. 경북은 경부운하와 연계해 금호운하를 미리 준비하는 것도 바람직하다. 고령과 경산, 영천, 경주, 포항을 잇는 운하도 경부운하가 건설되면 자연스럽게 필요성이 대두될 것이다. (2008.01.11. 경북도청에서 열린 경부운하 토론회)

- 한반도 대운하를 건설하려는 목적은 여러 가지다. 현재 우리나라는 물건을 만들어 팔 때 물류비용이 너무 비싸다. 물건값의 10% 가까이를 운반비에 쓰게 된다. 그러다보니 국가 경쟁력이 떨어진다. 이 물류비를 1/3 정도 떨어뜨려야 한다. 그리고 계속 물동량이 늘어나기 때문에 고속도로를 건설해야 하는데, 고속도로를 건설하면 경비도 많이 들고 국토 파괴도 심하다. 현재 우리나라에 3,100km의 고속도로가 있는데, 2020년까지 2배 정도 뚫어야 한다. 고속도로를 뚫으면 환경 파괴가 되니까 선진국처럼 운하를 쓰자는 것이다. 또한 우리나라가 물이 부족하다. 지금처럼 계속 산에 댐을 만들어서 부족한 물을 확보하면 환경 파괴도 심하고 경비도 많이 든다. 그래서 강에 있는 하천부지를 파내서 물을 모으고, 그럼으로써 수질도 개선하자는 것이다. 그리고 4,5만 불 시대에 관광이 상당히 중요하다. 요트도 타는 등 여러 가지 요구가 있는데 여기에 대한 대책이 필요하다. 또한 우리나라는 내륙이 계속 침체되어 가고 있다. 침체되는 내륙을 살리는 문제도 해결할 수 있다. (2008.02.14. 〈CBS〉 '시사자키 오늘과 내일' 인터뷰)

- 물동량 특히 배는 트럭 한 200대 분을 동시에 수송하니까 비용이 더 줄어들고 또 이제 소모되는 유류가 줄어들고 대기오염 배출이 줄고 또 타이어 마모라든지 비산먼지 같은 것이 없으니까 전체적으로 환경에 부하되는 오염 부하량이 한 1/7로 떨어진다. (2008.04.02. 〈KBS〉 라디오 '안녕하십니까 백운기입니다' 인터뷰)

• **박재광**(미국위스콘신대 대학 교수)

- 내륙수로는 연안 해운과 달리 기후변화에 대한 안정성, 내륙도시 접근성 등의 측면에서 유리하고, 정수처리만 거치면 얼마든지 상수원 문제를 해결할 수 있으며 유량 증가에 의한 수질개선 효과도 기대된다. (2007.10.17. 국정감사)

- 게릴라성 폭우가 자주 발생하는 최근 기후환경에서는 역설적으로 댐과 운하가 적절하게 건설돼야 담수와 배수를 조절함으로써 홍수에 의한 피해를 최소화할 수 있다. 국토개발 사업의 찬반을 논하려면 '목표지점'을 반드시 고려해야 한다. 현재 상황을 놓고 미래상황을 가정해선 안 될 것이다. 지금은 운하가 필요하지 않을지 모르지만 도로 포화와 더불어 교통체증·인명사고·도로파손·대기오염 등 예상되는 부작용을 최소화하기 위해서는 장기적 물류대책이 필요하고 운하가 해법이 될 수 있다. (2008.04.18. '한반도대운하와 영향평가' 춘계 학술발표대회)

- 반대 측이 걱정하는 희귀 민물고기 멸종, 준설 시 탁도 증가, 댐·보 건설로 인한 수질 악화, 상수도원 오염 등은 이미 많은 대책이 마련돼 큰 문제가 되지 않는다. 운하 건설에 반대하는 교수들조차도 수개월 전까지 '4대강 살리기'는 반드시 필요

하다고 했었다. 왜 '4대강 살리기'는 되고 '한반도 대운하'는 안 된다고 할까. 이는 결국 정치논리 때문이다. 이제는 대통령이 대운하 포기를 선언한 만큼 더 이상 정치적 반대는 하지 말아야 한다. '4대강 살리기'는 이 시대를 살고 있는 국민 모두의 과업이자 치적이다. 1인당 국민소득 2만 달러에 올라서지 못하고 있는 대한민국 아닌가. 더 이상 지체할 시간이 없다. (2009.07.01. 〈문화일보〉 기고)

- 대운하가 만들어지면 1인당 국민소득을 3만~4만 달러까지 끌어올릴 수 있고, 장기적으로는 한국이 세계 5대 경제 강국에 진입하는 데 반드시 필요한 요소이다. 한국은 세계 최대의 수출국과 소비국인 일본과 중국 사이에 위치하고 있어 대운하 만들기에 최적인데도 불구하고 여행하기 전까지 이에 대한 생각을 하지 못했다. 대운하는 국토개조를 통해 국토를 제대로 이용할 수 있게 하는 수단이 될 것이다. 대운하 건설을 통해 20~30년간 국토를 재배치하고 체질개선을 통해 국제경쟁력에서 이길 수 있는 새로운 인프라를 만들어야 한다. 대운하가 본격적으로 탄력을 받게 되면 오는 2050년에는 세계 5대 경제 대국에 한국이 포함될 것이다. 대운하를 반대하는 환경단체 참가 교수들 가운데 환경공학을 연구한 사람은 없더라. 환경단체들은 '보로 막으면 물이 썩는다'고 하지만, 낙동강 하구는 보로 막았으나, 물은 썩지 않고 있다. 이것이야말로 대표적인 허구논리다. (2009.07.17. 〈아시아투데이〉 인터뷰)

- 4대강 살리기는 하천을 통합적으로 활용하는 다목적 계획일 뿐만 아니라, 녹색성장의 근간이다. 반만년을 방치했던 하천을 이제 정비할 능력이 생겼으니 유용한 공간으로 만들어 보자는 것이다. 4대강 살리기는 단순한 토목공사 이상의 가장 효과적인 투자가 될 수 있다. 국내에서 성공적인 사례를 만들고 이를 기반으로 해외로 진출해 자원과 외화를 확보하는 것도 가능하다. 수질 문제는 생태습지를 통한 자정 작용 향상과 오염원 관리 등을 통해 해결할 수 있다. 독일의 다뉴브 강은 댐 건설 이후에 오히려 수질이 개선됐다. 침전물을 주기적으로 배출하는 가동보와 같은 대안을 통해 환경문제도 해결할 수 있다. 연중 6~7개월 동안 하수처리장 배출수가 하천 유지수의 70~80%에 달하는 기형적인 자연 조건에서 수질 향상이나 활성화된 생태계를 기대할 수 없다. (2009.07.17. 〈국민일보〉 좌담)

- 젊은이들의 일자리가 사라져 가고 저출산율로 급격한 고령화 사회로 가고 있는 상황에서 갖고 있는 자연을 최대한 이용하면서 잘 살 수 있는 대안이 4대강 살리기이다. 국가의 밝은 미래와 후손들이 번성하면서 살 수 있는 기반을 지금 만들어야 한다는 사명감 속에 최선의 길을 찾아야 한다. (2009.10.30. 4대강 사업과 영향평가 학술대회)

- 지금까지 경제적으로 낙후돼 자연을 최대한으로 이용하지 못한 국가들이 잘 먹고 잘 살기 위한 근본적인 대책으로 '수자원 개발' '하천 이용'을 선택하고 있다. '4대강 살리기'는 치열한 경쟁 속에 살아남기 위한 첫걸음이다. 전국에 걸쳐 일자리가 창출되고 아름다운 수변공간을 이용한 진정한 국토 균형 발전도 이룩할 수 있을 것

으로 확신한다. (2009.11.10. 〈문화일보〉 인터뷰)

- 우리는 자연을 생산가치가 있는 자원으로 최대한 활용해 후손들에게 물려줘야 한다. 4대강 사업이 선진국으로 가는 초석이다. (야당은) 지난 10년 동안 열심히 일하지 않고 다른 사람을 반대하기만 해도 잘 살 수 있다는 식으로 말했다. 10~20년 동안 그렇게 산다면 나라가 망하고 말 것이다. (2010.10.07. 〈매일경제〉 인터뷰)

- 4대강에 설치될 보(洑)가 수질을 악화한다는 주장이 환경단체 사이에서 나오고 있다. 보를 건설하면 유속이 느려져 조류 번식이 증가하고 오염물질이 침전된다는 것이다. 하지만 수질이 나쁜 것으로 알려진 낙동강 하구언의 경우 보를 건설한 후 거의 6년 동안 수질 변화가 없었다. 팔당호도 비슷하다. 하수처리장을 건설하고 오염물질 유입을 철저히 차단하면서 오히려 수질은 좋아졌다. 한국 지형에서는 보나 댐을 건설한다 하더라도 수질 악화를 초래하지 않는다. 매년 정기적으로 자동청소가 일어나기 때문이다. 얕은 물에서 사는 동식물은 오히려 갈수기 동안 심한 스트레스를 받거나 사멸된다. 보와 댐을 건설해서 하천유지용수를 지속적으로 방류하면 이러한 동식물이 늘 번성하게 된다. (2009.08.20. 〈서울신문〉 기고)

• **심명필**(4대강 추진본부 본부장)

- 그동안 우리 하천은 무관심 속에 방치되어 왔다. 이번 정비 사업은 홍수를 방지할 뿐만 아니라 하천 환경을 복원해 하천의 본래 기능인 이수(利水)와 치수(治水) 양면을 모두 개선하는 포괄적인 사업이다. 버려진 하천 환경을 개선해 원래의 기능을 갖도록 하자는 것이다. 이 사업은 경제위기 국면에서 국가 및 지역경제 살리기에도 큰 도움이 될 것이다. 경제위기 상황에서 하천 정비 사업을 서두르는 것은 너무나 당연하다. 경제위기 속에 선진국들도 공공건설 투자 계획을 속속 발표하고 있다. 이는 대형 사회간접자본(SOC) 투자를 통해 경기부양을 꾀하고 수많은 고용을 창출하기 위해서다. (2008.12.31. 코리아플러스)

- 4대강 살리기 사업은 국민들에게 하천을 돌려주겠다는 취지에서 추진되는 것이다. 더 이상 불필요한 오해는 없었으면 좋겠다. 물 부족 문제에 적극적으로 대응하면서 동시에 현재 국민들의 접근이 차단돼 버려진 공간인 하천을 국민들, 지역주민들이 이용할 수 있게 하는 것이다. 현재 하천은 물도 흐르지 않고 국민들의 생활에서 사실상 버려진 공간이다. 하천을 생활과 밀접한 공간, 문화가 숨 쉬는 공간으로 만들어 국민에게 꿈과 희망을 주는 것이 목표다. 4대강 사업은 운하와 사업 목적부터가 다르다. 4대강 살리기 계획에는 운하를 만들기 위해 필요한 시설은 전혀 계획돼 있지 않다. 하천에 보를 만들더라도 하천 유지 유량을 꾸준히 흘려보내기 때문에 계속 고여 있는 것은 아니다. (2009.06.08. 〈문화일보〉 인터뷰)

- 4대강 살리기의 본질은 기후변화에 대비, 물 부족과 홍수피해를 근본적으로 해결하는 데 주안점을 두고 있다. 부수적으로 수질개선과 하천복원으로 건전한 수생태계를 조성하고 국민 여가문화 수준 및 삶의 질을 향상하는 녹색뉴딜 사업으로 지

역경제를 활성화하는 것이 이 사업의 목적이다. (2009.06.11. '정부의 4대강 살리기를 통해 본 국토재창조 정책과 언론의 역할' 토론회)

- 4대강을 따라 지역의 랜드마크가 될 수 있는 16개의 '명품 보'를 만들 것이다. 아직 오해하는 분들이 있는데 이번 사업은 운하와는 관계가 없다. 4대강 살리기 사업으로 높아진 한국의 물 관리 기술력을 외국에 전파하면 우리나라는 물 관리 분야의 글로벌 리더가 될 것이다. (2009.06.19. 안동시청, 지역 인사들과 간담회)

- 우리가 비용관리를 할 것이다. 턴키방식이 많은데 턴키방식은 공사비 변화가 없다. 또 4대강 사업은 공기가 짧으니까 물가변동 때문에 예산이 증가하는 일도 없다. 수자원공사를 4대강 사업에 참여시키면서 다시 사회간접자본 예산이 많이 가고 있는 것으로 알고 있다. 전체적으로 (예산에) 큰 영향을 주지 않는다. 그래서 수공도 참여하는 것이다. 4대강 살리기는 지금 당장을 위한 사업이라기보다 우리나라의 미래를 위한 녹색뉴딜사업이다. 왜 자연을 건드리냐고 걱정하는 심정도 잘 알고 있다. 하지만 얻는 게 더 많다고 생각한다. 장래 위험에 대비할 필요가 있는 것이다. 무엇보다 국민들한테 미래에 희망을 주는 사업이 정치적 쟁점화되는 게 아쉽다. 우리에게 꿈과 희망을 주는 사업이고 후손들에게 더러운 하천을 넘겨주지 않기 위해 시작한 일이다. 혹 안 좋은 부분이 있다면 현대 기술로 커버해 나갈 것이다. (2009.09.11. 〈영남일보〉 인터뷰)

- 4대강 살리기 사업은 단순한 하천정비를 넘어 생명·경제·환경이 흐르는 강을 만들어 선진한국으로 가기 위한 것이다. 경북지역 낙동강 사업은 가장 많은 사업비가 투입돼 지역발전을 선도할 것으로 기대되기 때문에 지역 주민들의 사업홍보맨 역할이 절실하다. 최근 정부가 발표한 4대강 살리기 사업은 우리나라 수자원 및 하천관리 시스템에 전반적인 변화를 가져올 수 있다. 그동안 우리 하천은 무관심 속에 방치되어 왔다. 이번 정비 사업은 홍수를 방지할 뿐만 아니라 하천 환경을 복원해 하천의 본래 기능인 이수(利水)와 치수(治水) 양면을 모두 개선하는 포괄적인 사업이다. 버려진 하천 환경을 개선해 원래의 기능을 갖도록 하자는 것이다. 이 사업은 경제위기 국면에서 국가 및 지역경제 살리기에도 큰 도움이 될 것이다. (2009.01.06. 〈아시아경제〉 기고)

- 의심하면 끝이 없다. 있는 그대로 봐 달라. 2층 집을 지으려고 하는데 자꾸 10층 빌딩을 짓는다고 의심하니 답하기도 곤란하다. 낙동강에 보를 설치하더라도 수문 개폐를 통해 유동량을 지속적으로 유지할 것이다. 오염원이 강으로 유입되는 것을 방지하기 위해 환경부가 별도로 예산을 확충할 것으로 안다. (2009.05.18. 4대강 살리기 대구 설명회에 이어 기자들과 만난 자리)

- 이명박 대통령은 이미 지난해 대운하에 대한 뜻을 접은 것으로 알고 있다. 4대강 사업을 하면서 수질 개선을 위해 추가적인 사업을 더 진행할 것이기 때문에 수질 문제는 완벽히 처리토록 하겠다. 아마 개발지역 인근의 부동산에 영향을 미칠 수도 있을 것이다. 정부는 그러나 사전에 대책을 강구할 것이다. (2009.06.09. 〈평화방

송〉 라디오 '열린 세상 오늘 이석우입니다' 인터뷰)
- 4대강 살리기 사업은 시간적으로 촉박하지만 큰 문제없이 완료할 수 있을 것이다. 4대강 개발 사업은 범정부차원의 종합프로젝트다. 목표는 기후변화 적극 대비, 자연과 사람의 공생, 국토 재창조, 지역균형 발전 및 녹색성장 등이다. (2009.07.22 제 17회 대덕 이노폴리스 포럼)

• **이만의**(환경부 장관)
- 물이 부족해 자정기능을 상실한 영산강을 온 전남도민이 나서 살려야 한다. 영산강을 살리기 위해 준설을 포함한 지반 보강 작업, 치수 사업을 실시해야 한다. 4대강 살리기로 강이 제 기능을 하게 된다면 일자리도 만들어지고 공업화도 이뤄 지역의 녹색성장을 위한 뒷받침이 될 것이다. (2009.03.05. 〈KBC 광주방송〉 초청 '저탄소 녹색성장' 토론회)
- 정부는 4대강 살리기 사업을 통해 날로 악화되는 물 문제에 근원적으로 대처하고자 한다. 수량 부족, 수질 악화, 생태계 훼손 등 강의 본래 기능을 상실한 4대강부터 그 건강성을 회복하고 홍수와 가뭄에 안전한 하천을 만들겠다는 것이다. 나아가 생태학습장, 자전거길, 산책과 마라톤 길 등을 마련하여 살아나는 물길을 따라 문화가 꽃피는 하천 공간을 조성할 것이다. 맑고 풍부한 물이 흐르고 수변에는 숲과 동식물이 풍부해져서 사람과 자연이 함께 어우러질 수 있는 친수공간을 조성하는 강의 재창조 사업인 것이다. (2009.03.20. 〈매경춘추〉 기고)
- 지금 한강에 많은 물이 흐르는 건 수중보가 있기 때문이다. 수중보를 통해 수량을 확보하고 수질 개선을 위한 노력을 곁들인다면 '두 마리 토끼'를 동시에 잡는 게 가능하다. '4대강 살리기'는 이미 사업 계획단계에서부터 수질 개선에 대한 내용이 반영돼 있다. 수중보 설치로 유속이 느려지더라도 도시의 경우 하수처리장에 고도처리시설을 설치해서 배출수의 수질을 높이고, 또 농촌 지역은 샛강이나 도랑, 연못 등의 수질을 살리는 사업을 병행해서 맑은 물이 강으로 흘러 들어오게 하면 지금 우려하는 문제는 나타나지 않을 것이다. 과거엔 그때그때 사업 시행에 따라 환경평가를 했지만 지금은 연중 평가를 위한 시스템이 갖춰져 있다. 이미 4대강에 대한 환경 관련 정보가 축적돼 있고, 이를 계획 또는 실시 설계 수립 과정에서 반영하고 있다. 정밀 검토 등이 필요한 부분만 (평가)하면 되므로 그 시간을 줄일 수 있다. (2009.05.11. 〈SBS〉 라디오 인터뷰)
- 4대강 살리기 사업은 물그릇 키우기와 그 안에 담길 물의 수질을 개선하는 것이다. 지금 당장은 물그릇을 키우기 위한 1단계 과정이어서 토목사업 위주라는 지적이 당연하다. 강 살리기 사업이 순차적으로 진행되면 수질개선 사업도 본격화될 것이다. 해당 지역주민을 모두 이주시키는 한이 있어도 계획된 댐은 건설해야 한다는 생각이다. (2009.06.23. 〈뉴시스〉 인터뷰)
- 4대강 살리기는 단순 수자원 확보 수질관리를 넘어서 강의 기능을 살리는 것이다.

(2009.08.18. 2009 세계도시물포럼)

- 나중에 4대강 정비 사업이 잘못되면 제가 책임을 지겠다. 역사적으로 심판받을 각오를 하고 제 임무에 임하고 있다. 지난해 영남 지역의 심각한 가뭄 사태를 겪으면서, 역사적 소명의식의 바탕 위에서 '4대강 사업을 반드시 해야겠다'는 신념으로 말씀을 드리는 것이다. 대통령이 하자고 하니까, 국토부가 하니까 따라가는 그런 차원이 아니다. (2009.10.06. 환경부 국정감사)
- 4대강 살리기 사업이 지역경제 활성화와 일자리 창출에 기여하는 녹색뉴딜 사업이 될 수 있도록 행정적 지원을 아끼지 않아야 한다. (2008.12.31. 환경부 신년사)
- 물이 없어서 호남의 공업화가 안 된다는 것을 아는 사람이 드물다. 중병에 걸린 영산강을 보존하려면 먼저 강 기능을 회복시키고 실개천도 원래대로 돌려놔야 한다. 우리나라에 이틀에 800~1,000mm의 비가 올 만큼 심각해진 기후변화에 대처하려면 4대강 살리기로 영산강의 범람을 막아야 한다. (2009.02.27. 광주시민·사회단체총연합 초청 강연)
- 4대강 살리기는 녹색성장의 핵심이다. 현재 우리나라의 강으로는 기후변화에 대응할 수 없다. 기후변화성 폭우가 내릴 경우 범람 우려가 크다. 그래서 기후변화에 대응하는 차원에서 강들을 정비해야 한다. 둘째는, 지금까지 강의 기능이 먹는 물을 제공하는 것이었다면 앞으로는 생활문화공간으로서 중요해진다. 하천을 정비해 자전거 도로를 만들고 산책로를 늘려줌으로써 이산화탄소 생산을 줄이고 지역주민들의 기후변화 대응 마인드도 높일 수 있다. 운하까지는 아니더라도, 뱃길을 내 유람선으로 관광하게 하면 탄소 생산을 엄청 줄일 수 있다. 건설 과정에 탁수(濁水) 문제가 발생할 것이다. 먹는 물과 치수(治水)에 지장을 주는 것 아니냐는 걱정이 나올 만하다. 그런데 요즘 공법은 그런 문제를 다 해결해 준다. 또 안전이 먼저냐 생태가 먼저냐를 따지는데, 저는 안전이 먼저라고 생각한다. 안전의 토대 위에서 생태를 보호하고 활성화해야 한다. 환경부가 요즘 벌이는 수생태 회복사업은 단순히 물을 맑게 하는 데 그치지 않고 물속에서 수생식물과 수생동물이 잘 서식하는 환경을 조성하는 것이다. 그런데 이런 일은 안전이 확보되지 않으면 안 된다. 한번 홍수가 나면 다 없어져 버리니. 안전과 생태의 조화를 도모하려면 하천정비사업을 긍정적으로 봐야 한다고 생각한다. 소하천과 지방하천에선 범람의 피해가 크지 않다. 강이 클수록 피해가 크다. 이번에 4대강 정비와 더불어 지천, 샛강, 도랑 따위의 소하천 기능을 회복하는 사업도 함께 벌인다. 큰 강은 정비와 생태의 장기적 보호 면에서, 샛강이나 지천은 생태회복이라는 면에서 의미가 있다. 운하는 대통령께서 분명히 안 한다고 말씀했다. 만약 운하를 하려면 수심을 최소 6m는 확보해야 한다. 그런데 그런 계획이 전혀 없다. 도로에서 발생하는 탄소, 도로파괴에 따른 경제적 손실을 생각하면 운하 수송이 훨씬 낫다. 탄소만 갖고 따진다면. 4대강 정비사업의 경우도 축적된 자료를 활용하기 때문에 환경성 검토에 그다지 많은 시간이 걸리지 않는, 환경부가 환경성 평가를 포기한 게 아니냐. 정부에서 강하게 밀어붙이

니 두 손 들고 오케이 한 게 아니냐고 보시는 것 같은데, 사실이 아니다. 4대강 정비사업의 내용이 그다지 복잡하지도 않고 환경적인 면에서도 심각한 문제가 없다. (2009.03. 〈신동아〉 인터뷰)

- 하천을 단순히 물이 흐르는 공간으로 놔둘 것이 아니라 생산적 공간으로 활용할 필요가 있다. 이제 하천에 대해 새로운 패러다임을 갖고 접근해야 하는데 그 원초적 단계가 4대강 살리기 사업이다. 4대강 살리기를 두고 왈가왈부할 겨를이 없다. 다소의 논란이 있을 수 있겠지만 그런 과정에서 새로운 가능성이 나올 수도 있으니 꼭 나쁜 것만은 아니다. (2009.01.31. 거버넌스 21클럽 세미나)

• **이재오**(한나라당 국회의원)

- 이번 탐방을 통해 대운하가 얼마나 타당성이 있고 또 친환경적, 친문화적인지를 널리 알려 나갈 계획이다. (2007.09.19. 〈연합뉴스〉 인터뷰)
- 환경적 측면에서도 국토의 전반적인 리모델링 차원에서도 대운하는 반드시 해야 한다. 작은 소망이 있다면 한반도 대운하 현장의 공사감독이 됐으면 하는 것이다. 을숙도에서 상주까지도 100년 전에는 배가 다녔던 곳이고, 마포나루에서 충주까지도 소금배가 다니던 곳이다. (대운하를 안 하고) 그냥 두는 게 환경에 더 큰 문제다. 낙동강은 각 지자체가 모래채취를 위해 준설해 그냥 두면 환경 문제가 더 심각하므로 정비를 해야 한다. 환경적 측면에서도 국토의 전반적인 리모델링 차원에서도 대운하는 반드시 해야 한다. 대운하는 가능하고, 해야 한다는 확신이 들었다. 실제 (한반도 대운하 물길을 따라) 가 보니 (운하 준설이) 충분히 가능하다는 생각이 들었다. (2007.09.26. 자전거 탐사대 해단식)
- 경부운하는 준비를 해야 하니까 반대 여론도 수렴해 가면서, 공사해 가면서 수렴해 가야 하지 않겠나. '한다'는 것은 이미 결정된 사실이다. 운하 자체를 반대한다는 의견은 수렴할 수 없다. 기술적인 문제라든지 그런 것들이 있지 않나. 예를 들어 문화재 문제나, 강을 복원해 나가면서 강안을 어떻게 항구도시로 만드느냐 하는 등 운하를 만드는 데 어떻게 보완할 것인지를 수렴하는 것이지, (운하 자체를) 하지 말자는 것을 어떻게 수렴하나. 총선 이전부터 운하는 시작되는 것이다. 당선자가 대통령에 취임하면 바로 시작한다. (2007.12.31. 〈프레시안〉 인터뷰)
- 국가적 대사업은 미래를 보고 하는 것이지, 현재의 반대에 부딪혀 접을 수는 없는 것 아니냐. 현장에 가 보지도 않은 사람들이 말로만 맨날 안 된다고 밀어붙이는데, 운하 길을 따라 한번 가 봤으면 좋겠다. (2008.01.04. 〈MBC〉 라디오 '손석희의 시선집중' 인터뷰)
- 운하에 대한 열정이 있다. 처음 이명박 대통령 당선인에게 대운하에 대한 이야기를 들었을 때부터 이것이 대한민국의 국토재창조라는 것을 확신했기 때문에 여기에 모든 걸 바친다. 모든 국책 사업은 당대에 반대 여론이 있기 마련이다. 그것(국책사업)을 하겠다는 사람들은 반대여론을 무조건 뿌리치는 것이 아니라 충분히 설득하

고 홍보하면서 추진하는 것이 책임 있는 자세라고 생각한다. (2008.01.08. 〈KBS1〉라디오 '안녕하십니까 백운기입니다' 인터뷰)

- 한반도 국토를 재창조하는 것이다. 썩은 물을 파내고 준설해 원래 하천을 복원한다. 지천에서 강으로 흘러 들어오는 물도 하수종말처리장을 만들어 정화한다. 이런 과정에 지방 건설 업체들이 참여하면 일자리가 생기고 실업자가 없어지면서 경기가 살아날 것이다. 10년, 20년 뒤의 나라 모습을 내다보고 흐름을 이렇게 바꾸겠다는 것이다. 첫째 이해의 부족이고, 둘째 견해가 상충하는 것이다. 운하를 만드는 과정에서 논의되는 문제이다. 운하 건설은 국가 비전의 문제이다. (2008.01.09. 〈시사저널〉 인터뷰)

- 한반도 대운하에 대해 '미친놈' 소리를 들어도 추진하겠다. 한반도 대운하를 놓고 km 등 운하거리, 물줄기, 찬반논란, 기술문제 등이 미국과 똑같다. 문제는 미래를 보고 어떻게 재창조하느냐다. 반대의견을 수렴해야지 밀어붙이는 것은 안 된다. 왜냐하면 민자 유치를 해야 하기 때문이다. 그래서 주민들에게 충분히 설명·토론·홍보를 한 뒤 나라의 미래를 위해 추진해야 한다. 중국 베이징에서도 시민들의 반대에도 불구하고 해 지금은 관광수입이 대단하다. 국가적 큰 사업에 대해 반대도 있고, 욕도 있으며 지금은 미친놈 소리도 들으나 나라의 비전을 위해 개인의 욕을 먹어도 할 것이다. 요즘 하도 반대해서 대운하 추진하는 사람은 속된 말로 '또라이' 비슷해진다. 그러나 정치지도자는 훗날 역사가 평가할 것이다. (2008.01.09. 박승환 의원 출판기념회 축사)

- 충청·호남운하 건설 사업은 기존 국가예산과 민자 유치로 가능하다. 추가 예산이 필요 없다. 국가 예산으로 한다는 것은 새로 예산을 편성한다는 게 아니다. 영산강과 금강 일대에 상정된 수해방지 및 하상정리 비용 예산 등이 있어서 공사 기간이 2~3년 걸린다면 그 기간에 책정한 예산만으로도 공사가 가능하다. (2008.01.15. 〈sbs〉라디오 '백지연의SBS전망대' 인터뷰)

- 옆에 하천 부지로 강이 넘치고 그러니까 하천 부지에 무슨 원래 있었던 땅인 줄 알고 논밭 만들고 집 짓고 살다가 비가 한 번 왕창 오니까 원래 있던 강길을 따라 물이 쓸려져 가니까 그 위에 있던 논밭이 떠내려가고 집이 떠내려가고 사람이 죽는 것이다. 이제는 전국의 강길을 원래 강대로 밀어내고 원래의 강을 복원하고 원래의 강 깊이로 수심을 만들고 그러면 강이 수심이 깊어지고 원래의 강폭이 확보되니까 비가 많이 와도 이 비가 바다로 빨리 빠져 들어가지 않고 강이 보존된다. (2008.01.29. '한반도 대운하와 지역경제 활성화' 심포지엄)

- 그 시대에 반대는 있게 마련이다. 미래를 이야기하려면 지도자가 비전을 제시하고 이끌어 가면 된다. 물고기를 구경도 못 해 본 사람들이 환경을 운운하며 반대하고 있다. 실제 운하가 지나갈 자리의 사람들은 찬성하고 있다. 반대가 있더라도 경부운하는 실행할 것이다. 낙동강이 죽어 가고 있다는 것을 느꼈다. 지금 우리의 강은 비만 오면 강폭은 줄어들고 하상은 높아져 각종 재난과 쓰레기로 오염되어 이를

복구하는 데만 엄청난 비용이 들어가는 상황이다. (2008.02.13. 낙동강 운하와 지역
발전 세미나)
- 이명박 정부는 국토를 재창조하고 전국에 물길을 살리고, 하천을 살아 있는 강으
로 만들어야 한다. 이를 위해 현대판 치산치수를 해야 하며 그 이름이 운하든 무엇
이든 좋다고 생각한다. 또 국가발전을 위한 동력을 창출해 내야 하고 국운 융성의
계기를 만들어야 한다. (2008.08.15. 이재오 운영 인터넷 웹사이트)

• **정종환**(국토해양부 장관)
- 이명박 대통령의 핵심 공약인 대운하는 반드시 추진하겠다. 경부 대운하는 반
드시 한다는 전제 하에서 환경·경제·기술적 타당성을 검토하겠다. 민자 사업으
로 추진되고 있기 때문에 (사업 제안서가) 제출되면 문화 훼손성 등을 검토하겠다.
(2008.02.29. 국회 건설교통위원회의 인사청문회)
- 단순한 토목사업이 아닌 새로운 것을 창조하는 프로젝트다. 대운하 건설을 단순히
토목공사 개념으로 봐 환경을 파괴한다고 생각하는 것은 잘못된 것이다. 강을 잘
활용하는 측면에서 대단히 의미가 있고 새로운 것을 창조하는 프로젝트인 만큼 전
향적인 자세로 풀어 가야 한다. 대운하는 민자 사업으로 추진되며 민간에서 사업
계획서가 제출되면 이를 토대로 토론회 개최 등으로 여론을 수렴해 나갈 것이다.
환경평가, 문화재영향평가 등도 충분히 할 것이다. (2008.03.06. 〈이투데이〉 기자들과
오찬)
- 대운하 건설은 찬성이냐 반대냐의 문제가 아니라고 생각한다. 강의 물길을 열어 물
류, 관광, 지역경제발전에 활용하려는 대운하가 국가 경쟁력을 높이는 데 얼마나
도움이 되는지를 종합적으로 검토해야 한다. (2008.04.10. 인천지방해양항만청 업무
보고)
- 민간의 사업제안서가 제출되면 국내외 전문가와 함께 물동량과 홍수, 수질 등 쟁점
사항을 분석하고 공청회와 토론회 등을 통해 여론을 수렴하는 방안을 마련하겠다.
민간의 제안과 관련해 정부는 전혀 관여하지 않고 있다. 착공 시기 등은 구체적
으로 결정되지 않았으며 굳이 특별법을 만들어야만 추진할 수 있는 것도 아니다.
(2008.04.28. 국회 건설교통위원회에 제출한 '주요 현안 보고')
- 운하문제가 토목공사로 변질돼 이상하게 비쳐지고 있다. 운하라는 말도 오해를
불러일으킨다. 그러나 원래는 물길을 열고 물길을 잇자는 개념이다. 우리나라는
1년 중 6,7,8월에 비가 집중적으로 내리고 이 비를 25%밖에 활용 못 하는 물 부
족국가이다. 대운하 문제는 이수와 치수 측면에서 강을 어떻게 활용하고 물을 확
보할 것이냐의 문제로 봐야 한다. 특히 국민소득이 3만 달러, 4만 달러 시대가 되
면 물에서 여가를 즐기게 된다. 국민소득 3만~4만 달러 시대에 국민들의 여가생
활에 대해서도 국가가 생각할 볼 문제고 강에 대한 접근방법의 변화가 필요하다.
(2008.04.30. 기우회 월례 조찬강연)

- 대운하의 기본은 강을 열어 물을 확보하고, 열린 공간을 제대로 활용하는 데 있다. 운하를 물 문제부터 시작하며 생각해 보자는 것이다. 물을 이용하는 문제니까 그 과정에서 물류나 관광 또 여러 가지 지역 개발 문제와 연계되니까. (2008.05.08. 건설경영인포럼 월례조찬회 강연)

• **차윤정**(4대강 추진본부 환경부본부장)
- 진보된 기술과 의식으로 다시 태어날 우리 강을 상상해 보라. 토사로 헐떡거리는 강 대신 물길 넘실대는 강을 상상해 보라. 썩은 물에서 숨을 헐떡이는 물고기 대신 깊은 강 속을 유영하는 물고기를 상상하라. 가을이면 강바람에 울어대는 갈대 소리를 상상하라. 낙동강에서, 영산강에서 금강에서 강과 더불어 행복할 사람을 상상하라. 그 상상을 실현하는 일이 바로 지금의 강 살리기 사업이다. 이미 공정률 50%를 넘긴 사업의 현장에 서면 이 사업이 결코 운하나 댐 건설 사업이 아님을 확인할 수 있으며, 무엇보다 '산수'를 완성할 우리 강의 행복한 미래를 직접 볼 수 있을 것이다. (2010.10.04. 4대강 홈페이지 www.4rivers.go.kr 기고문)
- 스님, 지금 스님께서 붙들고 계신 낙동강의 풍경은 생태적 실체로 보기에는 거리가 있습니다. 풍경은 환경과 구분되어야 합니다. 강의 환경을 주장하기 위해서는 강이라는 생태계의 실체를 따져야 합니다. 강의 가장 중요한 환경은 깨끗하고 풍부한 물입니다. 강에 쌓인 모래는 사람 보기에 좋은 풍경은 될 수 있겠지만 강 생물이 생존하는 데 필요한 조건이자 자원으로서의 환경으로는 부적당합니다. (2010.12.27. 4대강 홈페이지 www.4rivers.go.kr 기고문)
- 지금의 4대강 사업은 멀쩡한 강을 파헤치는 사업이 아니라 도산 안창호 선생 때부터 걱정해 왔던 피폐했던 강을 드디어 개조하는 사업이다. 일찍이 나일 문명을 무너뜨린 강바닥의 토사를 걷어 내어 물의 범람을 막고, 강이 메마르지 않도록 보를 세워 물을 보존하는 사업이다. (2011.02.10. 4대강 홈페이지 www.4rivers.go.kr 기고문)
- 다행히 법원은 4대강 사업의 타당성을 증명해 주었고 나머지 기간 동안 사업은 탄력을 받을 전망이다. 올 상반기면 핵심 공정은 마무리되고 연말이면 전체 사업의 95%가 완료된다. 이제 국민소송단은 이 사업 시행 여부에 대해 따질 것이 아니라 진정 이 사업이 처음에 계획했던 목표와 결과가 그야말로 '틀림이 없는지', 감시단의 임무를 수행해야 할 것이다. (2011.02.16. 4대강 홈페이지 www.4rivers.go.kr 기고문)
- 모든 공정에 자연을 최대한 보존하는 방법이 총동원됐다. 예전에는 금강 주변을 따라 걷는 것은 상상도 못 할 정도로 불편했는데 앞으로는 자전거길, 산책로를 통해 풍경을 즐기며 거닐 수 있게 될 것이다. (2011.04.17. 〈이투데이〉 인터뷰)
- 인근에 금남보가 작동하기 시작하면 수량이 좀 더 풍부해져 개체수가 더 늘어날 것이다. 하천의 수량을 조절할 수 있는 거의 유일한 대안이 보를 설치하는 것이다. (2011.04.17. 〈아시아투데이〉 인터뷰)
- 4대강 사고는 건설현장 안과 밖으로 나뉘는데, 가설시설물 위주의 최근 사고는 공

사 관리 과정의 문제로 봐 달라. 정부 관심은 재산·인명피해가 큰 현장 밖의 사고인데, 다행히 이번에 피해가 거의 없었다. 본류와 지류가 상호작용하는 하천 특성상 4대강 완공 후 이런 예상 밖의 문제가 더 나올 수 있고 근본적 해법은 자연의 복원력이다. 해야 할 사업이라면 본류는 물론 지류·지천도 최대한 빨리 끝낼수록 그 복원효과는 훨씬 커진다. (2011.05.23. 〈건설경제신문〉 인터뷰)

- 물과 에너지는 전 지구적인 화두다. 그와 관련하여 4대강 살리기 사업과 원자력 발전은 우리의 현재이자 바로 지금이 아니라도 곧 해결해야만 하는 현실이다. 4대강 사업반대와 원전추가설치 반대 피켓 시위를 벌인 독일 교포들의 소식을 현대식 해우소에서 마주하니 착잡한 마음이다. (2011.05.27. 〈뉴데일리〉 인터뷰)

- 공청회, 주민설명회 통해 농민들의 의견수렴작업 거쳐 왔다. 상당수 농민들이 지지해서 이뤄진 사업이고 이 사업을 통해 우량한 농경지로 거듭날 수 있을 것이다. (2010.06.07. 〈KTV〉 '한국정책' 인터뷰)

- 수생태계는 기본적으로 물이 있어야 생존할 수 있다. 일부에서 지적하듯 멸종위기종 보호 등 다양한 지적을 겸허히 받아들이지만 일방적인 중단 주장은 잘못이다. 메마른 하천 모래는 수중동물들에게 사막과 같으며 이를 바꿔 환경과 인간이 공존하게 하는 게 게 4대강 사업의 목표다. 4대강 살리기로 자연형 습지, 인공습지에도 경안천과 비슷한 생태공원이 조성돼, 인간과 자연이 어울리는 명소로 될 것이다. (2010.06.14. 〈뉴데일리〉 인터뷰)

- 얼마 전 언론에 수천 마리의 물고기가 떼죽음 당했다는 기사가 났는데 사실은 미처 구조되지 못한 20여 마리가 죽은 것이다. 일부 환경단체가 공사 전후를 비교하며 환경파괴 문제를 제기하는데 이는 수술이 무서워 죽어 가는 환자를 내버려 두는 것과 마찬가지이다. (2010.06.14. 〈아주경제〉 인터뷰)

- 4대강 살리기로 자연형 습지, 인공습지에도 경안천과 비슷한 생태공원이 조성돼, 인간과 자연이 어울리는 명소로 될 것이다. (2010.06.15. 〈공감코리아〉)

- 4대강 사업은 홍수를 예방하고 친환경공법을 사용해 흙탕물을 최소화하고 있다. 기후변화로 인한 장래의 물 부족과 가뭄에 대비할 수 있고 수문을 통해 수질을 관리할 수 있으며 생태하천과 생태습지를 조성할 수 있다. (2010.06.17. 한중국제환경포럼)

- 현재 우리의 강은 생물학적인 찌꺼기를 많이 가지고 있는 상태이다. 본래 강이 가지고 있던 고유한 본질이 많이 훼손됐다는 얘기이다. 강 스스로 이러한 찌꺼기들을 제거하면 좋은데, 그럴 만한 자정능력을 잃은 상태다. 때문에 사람이 도와줘야 한다고 생각했고, 4대강 살리기 사업이 바로 기회라고 여기게 됐다. 사실 이것이 4대강 살리기 사업 중 가장 중요한 부분이 아닌가 생각된다. 홍수·가뭄·수질 문제 해결은 당면한 중요한 과제이지만 국가가 당연히 해야 할 사업으로 인해서 그 공이 잊히기 쉬워도, 수변공간만큼은 사람들에게 신선하게 오랫동안 칭송받을 것이기 때문이다. (2010.06.25. 〈공감코리아〉)

- 지금의 4대강은 온전한 자연이 아니라 오랜 시간동안 사람의 문명과 함께해 온 시

설과 같다. 강은 자연으로서의 노쇠과정을 진행시켰으며 인간은 그보다 더한 강도로 강의 많은 것을 변화시켜 왔다. 강의 구조, 수로면적, 물의 차단, 오염물질 유발 등 강이 자연으로서 존재할 수 없는 상태이다. 강의 생태적 기능을 인간의 편의대로 사용하고 난 후, 이제 와서 문득 강이 소중한 자연임을 깨닫고 '강아 자연으로 돌아가라'라고 할 수는 없는 노릇이다. 강이 강으로 다시 태어나는 데 필요한 조건을 우리 사람이 서둘러 회복시키는 사업이 바로 생태학적 관점에서의 4대강 살리기 사업이다. (2010.06.29. 4대강 홈페이지 www.4rivers.go.kr 기고문)
- 4대강 사업으로 일부분의 자연 모습의 변화가 불가피하지만, 궁극적으로 자연생태계도 풍성해진다. 종합해 보면 인간과 자연 모두에게 이로운 결과가 될 것이다. 4대강 사업에서 최소한의 인위적인 변화를 가해 일부 생태가 자연 그대로의 모습이 바뀌겠지만 전체 생태계 측면에서 훨씬 득이 많다. 물그릇이 커지면 어종이 늘고 개체수도 는다. (2010.07.06. 〈뉴데일리〉 인터뷰)
- 그동안 대형 국책사업들은 언제나 수많은 반대에 부딪혀 왔다. 하지만 지나고 보면 국민생활에 크나큰 도움이 되고 있다. 4대강 살리기 사업도 이와 같다. 반대를 위한 반대가 아니라 건전한 생산적 비판이 필요하다. (2010.07.07 〈KTV 한국정책 방송〉 인터뷰)
- 습지는 조성된 것 말고도 또 늘어날 수 있다. 완만한 경사를 이루는 하천에서 물과 뭍이 만나는 경계지점에서 또 새로운 습지가 생겨나게 돼 있다고 설명했다. (2010.11.22. 〈뉴데일리〉 인터뷰)
- 최근 한국에서 발생한 집중호우로 4대강 사업의 실효성이 밝혀졌다. 주요 하천에 대한 준설을 통해 홍수예방 효과가 컸으며 내년 봄에는 수질개선 상황이 확인될 것이다. (2011.08.24. 〈아주경제〉 인터뷰)

2. 4대강 A급 찬동 정치인

• **강승규**(한나라당 국회의원)
- 4대강 살리기라든지 세종시 수정안 등에 대해서 선거 이슈나 그 결과에 따라 중단되고 또다시 시작되고 하는 것은 바람직하지 않다. 추진은 하되 진정한 민의를 반영해서 수정이나 (민의를) 반영할 것은 반영하는 것이 중요하다. 그것이 선거 의미이다. 정부정책은 이명박 대통령도 분명한 정책선거에 심판을 통해서 정권을 잡고 그에 따른 정책을 추진하는 것이기 때문에 어떤 정치구호가 아닌 진정한 민의를 반영하는 것이 중요하다. (2010.06.06. 〈평화방송〉 인터뷰)
- 4대강 사업을 중단할 이유가 전혀 없다. 4대강 사업은 국민과 후손을 위한 사업이다. (2010.07.17. 〈tvN〉 '백지연의 끝장토론' 인터뷰)
- 4대강 사업의 효과 중 하나는 그동안 방치되고 부각되지 않은 유적지와 문화재 자

원을 드러나도록 한다는 것이다. 역발상을 통해 4대강 유역의 유적·유물에 대한 과감한 보존과 발굴이 이뤄져야 할 것이다. (2010.10.11. 2010년 국회 국정감사)

- **공성진**(한나라당 국회의원)
- 4대강 살리기를 가지고 환경파괴라고 하는 시민단체들의 주장은 말도 안 된다. 이들은 사실상 NGO의 탈을 쓴 정치세력, 천성산에 도롱뇽 가지고 반대하는 (지율) 스님이 얼마나 많은 세금을 낭비했느냐. (2009.06.29. 기자간담회)
- 수자원공사법에는 수자원의 역할 중 하나가 수자원의 종합개발 그리고 그 이용을 위한 시설의 건설 및 운영관리다. 하천관리와 하천공사를 수자원공사에서 하는 게 당연하다. 정부에서 재정지원 방안을 마련 중에 있고, 주변지역 개발을 통해서도 투자비가 환수된 전국의 시도지사 시장과 도지사들 가운데 반대하는 분은 한 분도 없었다. 국민들이 당장 체감을 못 할 수 있지만, 강이 흐르고 있는 인접지역 주민들의 체감이 될 것이다. (2009.10.09. 〈YTN〉 라디오 인터뷰)

- **공원식**(경상북도 정무부지사)
- 낙동강 살리기 사업을 가장 선도적, 모범적으로 추진하겠다. 주요 지류와 샛강도 함께 살림으로써 세계 최고의 명품 녹색터전으로 만들겠다. 강 살리기 사업은 강 주변에 살면서 홍수를 겪고 악취 나는 현실을 아는 사람은 반드시 빨리해야 한다. 낙동강의 절반 이상을 차지하고 있는 경북은 모처럼 지역경제를 살릴 기회를 놓칠까, 1만6,000명의 농민이 3,300만m^2의 침수지가 옥토로 바뀔 염원이 날아가지 않을까 걱정하고 있다. 우리나라에 있는 1만여 개의 보는 대부분 고정보여서 갈수기가 되면 물이 썩지만 4대강에 설치되는 보는 가동보이기 때문에 그렇지 않다. 또 환경파괴 우려에 대해서는 생태계의 교란은 있을 수 있지만 이것 역시 긍정적인 교란으로, 종의 다양성이 나타날 수 있을 것이다. 보 설치에 따른 주변 침수 주장에 대해서도 실제 최근 태풍 덴무로 비가 많이 왔는데도 낙동강 수위는 최대 1.7m까지 낮아졌다. 보 설치로 홍수기에 온갖 쓰레기가 둥둥 떠내려가는 모습을 이제 볼 수 없게 돼 보가 앞으로 가뭄과 홍수, 수질오염을 모두 막을 수 있다. 일부에서 우려하는 직강화(直江化) 및 강을 콘크리트로 덮는다는 것은 모두 사실이 아니다. 강은 현재 물길을 그대로 살려 준설만 하고 생태 블록을 이용하기 때문에 콘크리트 사용은 거의 없다. (2010.08.22. 〈파이낸셜뉴스〉 인터뷰)
- 낙동강 수변경관 조성사업에서 숲 조성을 확대하는 것은 낙동강 희망의 숲 조성사업을 통해 지역민이 바라는 민의를 반영하려는 노력이다. 주민과 함께하는 강의 공간창출로 문화와 경제, 생명이 어우러지는 명품 강으로 만들어 우리 모두가 강을 통해 먹고 살 수 있도록 해야 한다. (2011.03.18. 낙동강 11개 시군과 21개 공구 관계관회의)
- 낙동강사업을 성공적으로 추진하기 위해서는 무엇보다 도민 공감대를 형성하고 지

역 업체가 많이 참여하게끔 하는 것이 중요하다고 강조해 왔다. 사업을 추진하면서 낙동강을 '녹색뉴딜 성공모델'로 만들어 4대강 사업 전체가 성공할 수 있도록 하는 데 가장 심혈을 기울였다. (2011.05.26. 〈경북일보〉 인터뷰)

- 무리한 속도전 때문에 피해가 발생했다는 주장은 어불성설이다. 강사업의 특성상 빠른 기간 내에 완료해야 공사비가 절감되고, 리스크를 줄일 수 있다. 4대강 공사는 어떠한 기후에도 대응할 수 있도록 한다. 더 이상 방치하지 않는다. 주민들께서는 안심하셔도 된다. 이제 강에 물이 가둬지면 깨끗하고 안전한 4대강을 확인할 수 있을 것이다. 우리와 후손에게 더 큰 미래가 열릴 것이다. (2011.07.17. 〈연합뉴스〉 인터뷰)

- **김관용**(경상북도지사)
- 정부의 4대강 살리기 사업은 물 보존·관리의 근본대책을 수립, 수질개선과 하천복원을 통한 건전한 수생태계를 조성하는 녹색성장 뉴딜정책사업으로 경북이 역사적 사명감을 갖고 선도적으로 추진해야 한다. 도민 스스로의 힘으로 낙동강 사업을 완성하기 위해 홍보의 깃발을 높이 들고 새로운 협력의 틀을 구축한 도민이 매우 자랑스럽고 고맙다. (2009.09.16. 낙동강 살리기 도민 홍보단 출정식)
- 오늘은 깨끗하고 문화가 흐르는 낙동강을 만들어 먹고사는 문제를 해결하고자 하는 도민들의 생생한 목소리를 담은 '권리선언'의 날로 기록될 것이다. 지역민들의 자발적 사업 참여는 중앙과 지방이 하나되는 모습으로 낙동강 살리기 사업이 반드시 성공할 것으로 확신한다. (2009.09.30. (사)낙동강 살리기 운동본부 '낙동강 살리기 성공기원 범도민 결의대회')
- 낙동강 살리기를 통해 경제도 살리고 물도 살려야 한다. 새로 만들겠다는 것이 아니라 50년대까지만 해도 상주까지 배가 드나들었던 그런 낙동강의 뱃길을 안동~예천 구간만이라도 시범적으로 다시 살려 보자는 것이다. 평균 경사도가 0.1%에 지나지 않고 심한 퇴적으로 수심이 얕아질 대로 얕아진 낙동강의 하상을 대대적으로 준설하고 깊어진 수심을 관광뱃길로도 활용하고 소수력 발전도 하는 것은 경제도 살리고, 물 문제도 해결할 수 있는 길이다. (2009.03.21. 광역단체장·의장, 국무위원 합동 워크숍)
- 지난해 말 전국 처음으로 낙동강 생태하천 조성 안동구간 사업이 착공됐다. 이제 낙동강 물길 살리기 사업은 선택의 문제가 아니라 집중이 필요하다. 일자리 창출 등 지역경제 회복과 홍수예방 및 수질개선 등을 위해 신속하고 강력하게 추진돼야 한다. 오는 3월과 9월에 구미, 상주, 고령 구간 사업도 차질 없이 착수토록 하겠다. 도가 추진 중인 낙동강 프로젝트 사업도 본격화할 계획이다. (2009.01.12. 〈서울신문〉 인터뷰)
- 청계천이 서울을 살리고 서울의 이미지를 친환경적으로 변모시켜 하버드 대학에서 녹색계획기법으로 도시경쟁력을 높인 사례로 꼽고 있다. 마스터플랜에 단순히

강 살리기만이 아니라, 지역 살리기, 주민 살리기, 사람 살리기 내용이 포함돼야 한다. 이를 위해 각 강별로 지역협의회 등 지역협력체계를 구성하여 광역지역개발 사업으로 승화시켜야 한다. (2009.04.27. 4대강 살리기 합동보고회)

- 4대강 정비 사업은 가라앉은 건설 경기를 살리고, 홍수 복구로 해마다 수조 원씩 들어가는 치수사업을 친환경적으로 정비하는 계기가 될 것이다. 물길 살리기 예산은 조기에, 그것도 과감하게 집행되길 기대한다. (2008.12.15.)
- 장기적 가뭄에 대비하고 안정적 용수확보를 위해 한국수자원공사, 한국농어촌공사 합동으로 '수자원확보 추진단'을 구성해 물 자원 확보에 총력을 기울이고 있다. 도민들의 삶에 젖줄인 물이 마르지 않도록 댐의 조기준공에 노력하겠다. (2009.03.05. 화북댐 건설현장 방문)

• **김광림**(한나라당 국회의원)
- 4대강 살리기 사업은 반드시 성공해야 한다. 예산 협의 때문에 착공이 어려워지면 자칫 절름발이 사업이 될 수 있는 만큼 조기에 진행될 수 있도록 힘써야 할 것이다. (2010.02.09. 대정부질문)
- 이제 시작단계라 일자리 창출효과가 드러나지 않는 것일 뿐 보 건설, 설계 및 장비 정비 분야의 고용효과를 봐야 하고, 생태복원 등 마지막 단계에서 일자리가 많이 창출될 것이다. (2010.04.24. 지방선거 정책토론회와 국회 환경노동위원회)
- 한국생명과학고등학교 앞은 수심이 50cm 밖에 되지 않는다. 추가 준설을 통해 최소 수심 1m가 되도록 공사를 해 달라. (2011.04.22. 안동보 현장 방문)
- 4대강 살리기 첫 삽을 뜬 곳도 안동이며, 가장 먼저 준공을 알린 곳도 안동 잘 단장된 강변시설은 안동시민들의 복이며, 앞으로도 모든 시민들이 강을 더욱 아끼고 잘 가꾸며 보존하자. (2011.07.11. 낙동강사랑 시민 탐사대회)

• **김무성**(한나라당 국회의원)
- 우리 앞에 놓인 4대강 사업을 비롯한 국정 개혁과제들을 성공적으로 완수하기 위해서는 무책임한 야당의 손에 지방정부를 넘겨줄 수 없다. (2010.05.12. 한나라당 행사)
- 역사적 과업으로서, 이 시기에 반드시 성공시켜야 한다. (2010.08.30. 국회의원 연찬회)
- 특히 4대강 사업에 대한 야당의 발목잡기는 상식을 넘어서는 것이었다. 이는 예산심의 의결이라는 판을 깨서 한나라당 정권을 파탄 내자는 당리당략적 의도다. (2010.12.17. 최고위원회의)
- 예부터 치산치수를 잘하는 임금이 훌륭한 성군이었다는 그런 역사의 가르침이 있지 않나? 4대강 사업이 바로 이 치산치수인데 왜 4대강을 한꺼번에 무리해서 다 하려고 하느냐, 이런 반대편에서 주장하는 문제인 것 같다. 청계천 신화도 우리에

게 만들어 줬는데 우리 국민들께서 한 번 믿고 맡겨 봐야 하는 것이다. 국책사업이 이게 흐르는 강물 속에서 하는 공사이니까 장마가 오기 전에 큰 공사를 빨리 끝내야 하지 않겠나? 국책 사업이 장마가 오고 홍수가 와서 국가예산에 큰 손해가 있을 수가 있으니까 장마에 피해가 없는 범위 내에서 군 지원을 요청할 수 있지 않겠는가. 이렇게 이해가 된다. (2010.05.10. 〈평화방송〉 라디오 '열린 세상 오늘, 이석우입니다' 인터뷰)

- **김문수**(경기도지사)
- 한반도 대운하 건설 계획에 대해 기본적으로 찬성한다. 대운하의 핵심은 한강 하구와 임진강 하구를 활용하는 것으로 이를 위해 남북 관계가 매우 중요하며 또 대화를 통해 잘 해결될 것이다. (2007.12.21. 〈연합뉴스〉 인터뷰)
- 한반도 대운하는 여러 가지 정밀한 검토를 거쳐서 수정할 건 해야겠지만 기본 구상에 대해서는 생각이 같다. 핵심은 한강 하구와 임진강 하구 그리고 DMZ다. 그 부분이 한반도 대운하의 하이라이트이고 이것이 제대로 되기 위해서는 역시 남북 관계가 중요하다. 북한이 과거에 비해 매우 유연해졌고 따라서 성사 가능성이 높다고 본다. (2007.12.27. 〈연합뉴스〉 인터뷰)
- 대운하는 당선자가 꼭 할 것인데 남한강, 임진강 포구 나루 즉 한강과 임진강 유역을 가진 경기도에 제일 큰 변화가 일어날 것이다. 도내에는 강이 2,600개로 가장 많고 지금까지는 부담으로 작용한 하천이 앞으로는 이 (대운하) 방향으로 변화 있을 것이다. 하남, 광주 일대에 있는 취수원을 양평의 북한강 쪽으로 위치를 약간 변화시키는 안이 검토되고 있다. (2007.12.28. 기우회)
- 한반도 대운하 사업은 물류난 해결은 물론 건설, 관광, 레저 등 다양한 분야에서 새로운 성장 모티브를 제공하게 될 것이다. 과거 박정희 대통령이 경부고속도로를 건설할 당시 많은 사람들이 고속도로는 시대착오적이고 비경제적이며 국가의 재정을 파탄 나게 할 것이라고 반대했지만 결과적으로 대한민국 발전의 원동력이 됐다. 지금 운하를 반대하는 논리가 바로 과거 고속도로 건설을 반대할 당시의 논리처럼 이치에 전혀 맞지 않는다. 일부 반대론자들이 운하는 강물을 오염시키고 죽일 것이라고 주장하지만 독일 등 세계 각국은 운하를 여전히 중요한 교통수단으로 이용하고 있다. 운하는 결코 위험하지 않고 경제성도 있으며 시대착오적이지도 않다. (2008.01.20. 뒤셀도르프 라인강변 미디어하버를 방문한 자리)
- 새 정부의 대운하 사업은 경기 동북부 지역의 획기적인 발전의 계기가 될 것이다. 대운하 사업의 추진에 맞춰 터미널 배후지역을 성장거점으로 개발하고 한강과 임진강 일원을 역사와 문화와 관광이 어우러지는 에코벨트로 조성하겠다. 대운하는 단순히 물길이 지나가는 통로가 아니다. 우리문화의 뿌리, 우리민족의 역사와 생생한 삶이 녹아 흘러가는 길이다. (2008.02.19. 도의회 제299회 임시회 도정연설)
- 한반도 대운하를 건설하면 경기도가 가장 큰 이익을 볼 것이다. 임진강에 운하가 건

설되면 서울에서 북한의 원산까지도 뱃길로 연결할 수 있다. 이렇게 되면 시베리아 유조선, 가스선 등이 운하를 통해 중국의 베이징, 상하이 등으로 갈 수 있어 (경기) 북부지역은 비약적인 발전을 이룰 수 있을 것이다. (2008.02.21. 북부기우회 정례회)

- 대운하는 기본적으로 여러 가지 논란이 있음에도 불구하고, 특히 대표적으로 경인운하가 있다. 인천에서 한강으로 서울로 들어오는, 경인운하는 이미 검토된 지가 10년이 넘었다. 약 15년이 넘은 이야기인데, 아직도 안 되고 있다. 이건 이미 검토도 끝나고 또 환경단체도 모두 요구하는 것을 다 했고, 세계적인 구상을 끝냈음에도 불구하고 아직 일부 환경단체나 환경부에서 환경문제를 가지고 반대하는데 사실 환경문제 없다. 그런데 지나치게 찬반논쟁에 부딪친다면 이 부분은 안 돼서, 그래서 기본적으로 경부대운하는, 저는 경기도지사로서, 한강 하구의 준설과 뱃길을 열어야 한다. 경인운하는 즉시 착공해야 한다. 그리고 임진강을 통해서 원산까지 가는 남북간의 경원운하를 통해서 시베리아와 러시아 이런 북극해로 나가는 우리 대한민국의 미래를 향하는 비전을 여는데 이 운하와 또 물길을 여는 것은 대단히 중요하다. 그러나 기술적으로 여러 가지 식수원을 어떻게 옮길 것이냐, 팔당댐을 어떻게 할 것이냐, 이런 것은 검토하더라도 기본적으로는 긍정적인 방향에서 문제를 개선해 나가는 쪽으로 해야지, 무조건 반대를 중심으로 해서 논의하면 우리는 할 게 아무것도 없다. (2008.02.27. 〈CBS〉 '뉴스레이다' 대담)

- '개발은 나쁜 것'이라고 생각하는 사람이 있는데 개발은 좋은 것이라며 무조건 자연이 좋은 게 아니라 어떤 때는 인공적 요소가 필요하다. 문명과 과학은 위대한 것인데 이걸 과하게 해서 자연을 훼손한다는 이유로 반대하는 것은 안 된다. 청계천은 인공이지만 친환경 개발이다. 우리나라 지식인들이 굉장히 한쪽으로 쏠려 있는데 그걸 마치 맞는 말인 것처럼 학생들에게 전달하고 있다. (2008.04.03. '대한민국의 미래를 엽니다' 성공학 특강)

- 인천에서 서울 행주대교까지를 잇는 경인운하의 경우 국제적인 타당성 조사에서도 이미 검증이 끝난 상태이고 홍수 예방이나 수원 관리 차원에서도 필요한 만큼 곧바로 추진해 조기에 완공해야 한다. (2008.05.06. 〈YTN〉라디오 인터뷰)

- 1단계로 경인운하 건설을 제안 드렸다. 경인운하는 15년 전부터 추진 연구되어왔고 이미 14km의 방수로가 다 굴착이 되어 있다. 4km만 추가 굴착을 하고 공사를 하면 인천에서 한강까지 운하가 완성돼 성공적인 운하 사례를 국민들에게 선보일 수 있다. 한강에서부터 터널을 뚫어 낙동강 상류로 물을 보내는 유역변경은 생태적으로 문제가 많지 않느냐 또 경제성이 있느냐 이런 문제가 나올 수 있는데 이는 마지막 과제로 뒤로 미뤄야 한다고 본다. 하나씩 하나씩 쉬운 것부터 단계적으로 해서 운하에 익숙하지 않은 우리 국민들에게 운하라는 것이 이렇게 생겼구나 이런 좋은 점이 있구나 하면서 확대해 나가는 것이 옳은 방안이라고 생각한다. (2008.06.10. 〈연합뉴스〉인터뷰)

- **김범일**(대구시장)
- 4대강 하천정비사업은 국민의 생명 및 삶의 질과 직결된 사업으로 물류수송 수단을 위한 운하사업과 연계시켜 정치 쟁점화하는 것은 바람직하지 않다. 낙동강 물길정비 등 하천정비사업은 상수원 수질개선, 홍수대책 수립, 생태계 복원 등 삶의 질을 향상시키는 저탄소·녹색성장 프로젝트인 만큼 반드시 추진되길 요구한다. 낙동강은 만성적 수량부족과 반복되는 홍수피해로 지난 10년 동안 연평균 피해액이 5천 100억 원, 복구비는 8천 500억 원에 달했는데, 이는 누적된 하상 퇴적물로 홍수조절 능력이 크게 떨어진 데 따른 것이다. 급속한 산업화와 도시화에 따른 낙동강 생태계의 훼손이 심각해 1인당 GDP 4만 달러 시대에 걸맞은 생태계 복원과 친수공간 조성이 시급하다. (2008.12.01. 간부회의)
- 낙동강 치수는 중요하며 낙동강 수질문제와 4대강 정비사업 등은 지금이 고비이다. 이 고비를 잘 극복해 후손들에게 자랑할 만한 낙동강을 물려주기 위해 모든 힘을 보태 나가겠다. (2009.01.20. 대한토목학회 대구·경북지회, 4대강 생명 살리기 민·관 협의체 '4대강 생명 살리기 민·관 협의체 창립총회와 학술토론회')

- **김성조**(한나라당 국회의원)
- 야당이 주장하는 것처럼 4대강 사업이 대운하를 위한 사업이고, 보 설치와 준설량을 조절하라고 하는 등 근본적으로 사업 자체를 부정하는 요구에 대해서는 (수용하기)어렵다. (2009.12.23. 〈KBS〉라디오 '안녕하십니까. 홍지명입니다' 인터뷰)
- 보의 개수와 높이를 줄이고 준설량을 줄이자는 민주당 주장은 사실상 대운하 사업을 하지 말라는 억지주장이다. (4대강 사업 내용은) 자의적으로 줄이고 늘이고 할 수 있는 사안이 결코 아니다. (2009.12.28. 한나라당 최고위원회의)
- 4대강 사업에 대해서는 구미지역에도 낙동강 사업에 포함되어 있는 만큼 오염이 심한 낙동강을 살리고 또 특히 지역건설사들이 많이 참여해 지역경제가 활성화될 수 있도록 부탁한다는 그런 당부의 말씀도 있었다. (2010.02.16. 원내대책회의)
- 4대강의 경우 사업 자체가 일자리 창출에 도움이 될 뿐만 아니라 마치고 나면 주변 많은 분에게 일자리를 제공하게 된다. (2010.02.23. 〈매일경제〉 인터뷰)
- 4대강 사업은 민주당의 박광태 광주시장과 박준영 전남지사도 그 필요성을 강조한 사업. 민주당 사람들이 사업을 찬성하면서도 해당(害黨) 행위로 몰려 공천을 못 받을까 아무 소리를 못 하고 있다. (2010.03.26. 주요당직자회의)
- 4대강 사업은 4대강 유역의 수량을 확보하고 수질을 좋게 하는 사업이라고 생각한다. 그런데 지금 일부 종교단체에서나 야당에서는 수량을 확보하는 문제보다는 수질이 나빠지지 않겠느냐는 우려를 많이 하고 있는 것으로 알고 있다. 그런데 4대강 사업을 잘 살펴보면 수질을 개선하기 위한 예산도 많이 들어 있다. 또 기타 하수처리시설이나 여러 가지 환경을 개선시킬 수 있는 예산도 많이 들어 있음을 홍보하도록 하겠다. 물이 고여 있다 하더라도 유통이 잘되면 물은 1급수로 유지될 수

있다고 생각하고 있다. 다만, 물이 유입될 때 좀 더 깨끗한 물이 유입되어야 한다는 생각을 가지고 있고, 그러기 위해서는 지류에서 본류에 들어올 때 좀 더 깨끗한 물로 들어올 수 있도록 개선되어야 한다고 생각한다. (2010.04.14. 최고·중진연석회의)
- 여러 번 정책의총을 통해서 하나로 힘을 모으고 계획대로 4대강 사업이 추진될 수 있도록 한 것은 지역발전과 미래발전에 큰 도움이 되지 않았나 생각을 한다. (2010.05.03. 최고위원회의)
- 일자리 창출 분야가 증액돼야 한다. 지자체별로 일자리 창출 위한 묘안이 있는데 이를 위한 중앙정부 지원도 아끼지 말아야 한다. 4대강 사업은 그 자체로도 의미가 있고 일자리 창출에도 도움이 되는 사업이다. (2010.07.12. 〈WOW-TV〉 뉴스 인터뷰)

• **김정권**(한나라당 국회의원)
- 4대강 사업의 공정률이 30%를 넘어선 지금도 얼마나 터무니없는 거짓말들이 난무하고 있는가. 지난 달 채소값이 상승했을 때, 4대강 사업 때문에 배추값이 폭등했다는 소문이 퍼졌는데 폭등 원인이 어디에 있는가라고 물었다. 야당은 고랭지 배추의 작황이 부진해서 빚어진 일조차 아무 상관도 없는 4대강 사업 때문이라고 국민을 호도하고 있다. 4대강 사업과 관련된 유언비어는 조직적이고 악의적이다. (2010.11.01. 국회 정치 분야 대정부 질문)
- (수자원공사의 자금 부담에 대해) 궁여지책으로 마련한 것이 수자원공사가 회사채 발행으로 자금을 조달하는 것인데, 이건 편법이고 정도가 아니다. (4대강 사업을) 정부 재정으로 추진해야 한다. (2009.10.07. 국토해양위원회 국정감사)
- 매년 반복되는 수해나 물난리로 인해 보상을 해 주고 이재민을 겪는 현상을 막기 위해 4대강 정비는 꼭 필요하다. 이제 복구보다는 예방에 비용을 투자해야 한다. (2009.10.23. 국토해양위원회 국정감사)
- 4대강 때문에 다른 예산이 줄어든다고 한다면 하나라도 제대로 하기 위해서는 4대강이 아닌 3대강을 하자는 것이 합리적 근거가 있고 제대로 강을 정비할 수 있는 주장이다. (2009.12.08. 국토해양위원회 전체회의)
- 4대강에 설치되는 보(洑) 때문에 유속이 느려지고 수질이 악화된다고 하지만 4대강 주변에 유입되는 오염원을 차단하면 오히려 수질이 좋아진다. 또 4대강 사업이 끝나는 시점이 이명박 정부 임기가 끝나는 2012년이기 때문에 정치적 목적과는 관계가 없다. (2009.12.09. 국토해양위원회 전체회의)
- 전국 강수량이 비슷한 1998년과 2006년의 10분 1이라고 보도되고 있다. 이는 준설로 하천 바닥을 낮춘 덕분이다. 치수사업은 정치인이 반드시 살펴야 하는 덕목으로, 정치적 배경이나 목적이 있어서는 안 된다. 국가백년지대계인 4대강 사업을 완벽하게 마무리해 환경보호와 일자리 창출 등을 이뤄 내겠다. (2011.07.26. 주요당직자회의)

• **김정훈**(한나라당 국회의원)

- 4대강 사업이 완성되는 시기가 2011년, 2012년이기 때문에 또 전국에 수많은 청계천이 생겨서, 청계천이 얼마나 이명박 대통령이 잘하신 사업이냐. 이 4대강 사업이라는 것은 미국에 예전에 대공황이 왔을 때 미국이 뉴딜정책을 쓰지 않았나. 뉴딜정책을 핵심이 후버댐 사업이었지 않았나? 후버댐 건설을 하면서 일자리를 만들고 그 일자리 만든 데서 생긴 경제적 효과가 경제부양을 시키고 했기 때문에 지금 4대강이라는 것은 지방에서 추진이 되고 있기 때문에 지방 경제살리기, 지방 일자리 창출에는 4대강 사업이 필수적이고 가장 중요한 사업이다. (2009.11.17. 〈KBS〉 라디오 '안녕하십니까. 홍지명입니다' 인터뷰)
- 야당은 청계천 사업이 성공한 것을 보고, 4대강 사업도 성공해 선거에 영향을 받을까 봐 정치적 이유로 반대하는 것 같다. 4대강 사업은 대운하 사업도 아니고 대운하 사업을 할 의사도 없다. 우리 부산이 낙동강 살리기를 통해 수량을 확보하고, 맑고 건강한 강을 되찾는 것은 미룰 수 없이 시급하고 중요한 사업이다. (2010.11.23. 낙동강 살리기 현안점검 및 당정회의)

• **김태호**(경남지사 / 한나라당 국회의원)

- 4대강 정비계획이 '대운하 전초사업'으로 불리는 것에 대해서는 긍정도, 부정도 하지 않았다. 단기적이고 직접적인 경제유발효과가 큰 만큼 지역경제 활성화를 위해 바람직하다. '죽음의 강'으로 변한 낙동강 준설사업은 1초라도 늦출 수 없다. (2008.12.25. 〈경향신문〉 인터뷰)
- 영산강은 2m의 토사가 쌓여 농경지 침수가 자주 일어난다. 이 대통령이 강 살리기를 포기하실까 걱정했다. 금일 발표된 내용에서 강에는 배가 다녀야 한다는 점이 빠졌다. 물류가 가능하도록 사업계획을 세워야 한다. (2009.04.27. 4대강 살리기 합동보고회)
- 낙동강에 직접 가 보면 물에 손을 넣기 힘들 정도로 썩은 냄새가 진동한다. 기본적인 수량을 유지해야 수질도 개선될 것으로 본다. 이는 외국에 나가서도 확인한 바 있다. 환경을 파괴하는 공사가 되진 않을 것이며 가능하면 빨리해야 된다. 이대로 방치해선 안 된다는 확신을 갖고 있다. (2009.06.26 신문인터뷰)
- 최우선적으로 예산을 배정해야 한다. 낙동강은 1300만 영남권의 젖줄이다. 하지만 지난 10년 동안 28명이 홍수로 사망하고 매년 재산피해가 1조 원이다. 낙동강을 사이에 두고 있는 함안과 창녕이 비가 오면 저쪽이 무너져야 한다고 기도한다. 갈수기에는 3급수 이하로 떨어져 식수로 사용하기 곤란할 정도이다. 낙동강 살리기는 사람을 살리는 사업이자 환경을 살리는 사업이다. 역사적으로 어떠한 도전이든 반대는 있었다. 정부가 눈치 보지 말고 가속도를 더 내야 한다. (2009.09.21. 〈한국경제신문〉 인터뷰)
- 낙동강 살리기는 매년 반복되는 홍수로 인한 인명피해와 재산피해를 막고 갈수기

3급수 이하로 떨어지는 수질을 개선하기 위한 것이다. 낙동강 살리기 사업이 효율적·성공적으로 추진될 수 있도록 각계각층의 다양한 의견을 수렴하고 의지를 모아 달라. (2009.04.23.낙동강 살리기 민·관 추진협의회 발대식)

- **김형오**(국회의장 / 한나라당 국회의원)
  - 부산의 평생소원이 '우리도 이제 맑은 물 한 번 마셔 보자는 것', 나는 4대강 살리기에 적극적으로 동조하는 사람이다. (2009.09.07. 〈뉴시스〉 인터뷰)
  - 환경오염에는 수질오염, 토질오염, 대기오염 세 가지가 가장 중요하다. 저탄소 녹색성장은 기본적으로 대기오염에 중점을 두고 있다. 기후변화의 요인이 온실가스 배출이기 때문이다. 그리고 수질오염에 대한 대책이 바로 4대강 살리기다. 운하든 뭐든 강의 적극적 이용은 이 정부가 아무리 하고 싶어도 물리적으로 시간이 없기 때문에 할 수가 없다. 그것이 다음 정권의 선택이 될 수는 있다. (2009.02.19. 〈서울신문〉 인터뷰)
  - '그린IT', '4대강 정비사업', '온실가스 감축플랜과 기업의 대응전략'은 '저탄소 녹색성장'이라는 큰 목표를 달성하기 위해 반드시 꼼꼼하게 짚어 보아야 할 이슈들이라고 생각한다. (2009.09.23. 아주경제신문이 주최, 녹색성장위원회가 후원, '뉴 글로벌경제 패러다임과 녹색성장 국가전략' 심포지엄)
  - 자유선진당 이회창 총재도 예산안 내역을 자세히 들여다보더니 '이는 대운하와 상관없다'고 말했다, 내용을 보면 제방축조사업과 재해 방지사업이 대부분이다. (2008.12.12. 의원총회)

- **김황식**(국무총리)
  - 4대강 때문에 다른 부분이 피해를 본 것은 없다고 생각한다. (본류와 지류 간에) 순위를 정하는 것은 선택의 문제인데 감사하면서 공부해 보니까 기본방향은 옳다. 기후변화를 대비해 준설을 통해 수량을 늘리면 홍수도 조절할 수 있다. (2010.09.30. 국회 인사청문회)
  - 승천보는 영산강 10개 공구 중 가장 사업 규모가 크기 때문에 이 구간의 사업을 모범적으로 진행해야 할 필요가 있다. 4대강 사업, 특히 영산강 사업이 지역 주민의 경제에 실질적인 보탬이 되는 사업이 될 수 있도록 인근 지역 주민들과 잘 협조하고 인력이나 물자도 되도록 현지에서 많이 조달해 달라. 일부 오해가 있는 사람들에게 사업 내용과 과정을 정확히 알릴 수 있도록 하고 환경문제에 관심 있는 이들이 제기하는 의문에 대해서도 잘 설명하고 의미 있는 부분은 과감히 수용하는 열린 자세를 가지고 일해 달라. (2010.10.25. 영산강 승천보 방문)
  - 대운하라고 할 때는 대형 화물선이 운행해야 대운하라고 할 수 있다. 상류에서 하류까지 일정한 수심이 최소한 6미터는 확보해야 하는데 4대강의 경우 6m 확보가 극히 일부이다. (2010.11.01. 국회 대정부질문)

- 4대강 사업은 과거 정부의 홍수복원비와 예산은 비슷하지만, 단기간에 수자원 확보, 생태환경 보전 등 다양한 목적을 수행한다는 점이 다르다. 4대강 사업은 대운하와 관련이 없다. (2010.11.04. 국회 대정부질문)
- 정부의 4대강 사업이 완공되면 수질이 개선되고 그 효과는 전 국토로 확산될 것이다. 국민도 물을 사랑하고 절약하는 정신을 가져 줄 것을 당부한다. (2011.03.22. '세계 물의 날'기념행사)
- 4대강의 보에 물이 채워지면 매년 반복되는 가뭄과 홍수에서 벗어남은 물론 수질도 크게 개선되어 맑고 깨끗한 물이 넘실대는 건강한 강으로 되살아날 것이다. (2011.03.26. 〈KTV 한국정책방송〉 인터뷰)

- **나성린**(한나라당 국회의원)
- 사실 한반도 대운하에 대해서도 논쟁하려면 한이 없다. 내 개인적으로는 추진해 볼 만한 프로젝트라고 생각하는데 워낙 사회적 논란이 많기 때문에 일단 대통령이 접은 것으로 알고 있다. 대운하를 하지 않더라도 지금 4대강이 지금 수질도 엉망이고 홍수도 매년 나 정비가 필요하다. 지자체 단체들도 홍수도 예방하고 강을 개발해서 지역발전에 활용할 수 있도록 해 달라고 먼저 요구를 하고 있다. 4대강은 왜해야 하냐면 우선 그동안 준설하지 않아 하상이 굉장히 높아졌다. 그래서 매년 홍수 피해가 커진다. 수량이 굉장히 줄어들고 수질도 나빠졌다. 이것을 준설해서 우선 수량도 풍부하게 하고 수질도 개선하자는 것이다. 또 한강이나 청계천처럼 강양 옆에 고수부지를 만들어 그것을 문화 체육시설로 활용할 수 있도록 하자는 것이다. 한강을 보면 아주 잘 돼 있지 않다. 해 놓고 보면 많은 국민들 좋아할 것이다. (2009.07.05. 〈데일리안〉 인터뷰)

- **박맹우**(울산시장)
- 4대강 살리기 사업은 물 부족문제를 근본적으로 해소하고 하천의 수질을 개선하며, 사람들에 의해 훼손된 하천생태계를 복원시켜 국민의 생명을 살리고 삶의 질을 향상시키기 위한 다목적 사업이다. 소중한 수자원을 보존하고 강 주변의 환경을 복원하며, 지역경제를 살려 경제위기를 극복할 수 있는 사업임에도 불구하고 일부에서 그 취지를 왜곡하며 반대 입장을 표명하고 있다. 부산광역시와 울산광역시는 깊은 우려를 표명하며, 소모적인 정쟁을 중단할 것을 요청한다. 영남인의 젖줄인 낙동강은 만성적인 수량부족과 오염 퇴적물 누적, 오폐수 유입 등으로 근본적인 수질개선이 시급한 실정이다. 물 부족문제의 장기적인 대처방안을 마련하는 것 역시 지금 우리가 반드시 실천해야 할 시대적 과제다. (2009.10.06. 부산시장과 공동으로 낸 성명)
- 4대강 살리기 사업은 소중한 수자원을 보전하고 강 주변 환경을 복원하며 지역 경제를 살려 경제위기를 극복할 수 있는 사업임에도 불구하고 일부에서 그 취지를

왜곡하며 반대 입장을 표명하고 있는 데 대해 깊은 우려를 표명하며, 소모적 정쟁을 중단할 것을 요청한다. (2010.06.09. 성명)

- 온갖 오염물질로 썩어 가는 낙동강 등 4대강을 방치하는 것은 역사에 죄를 짓는 것이다. (2010.06.20. 〈동아일보〉 인터뷰)

- 정부가 '4대강 살리기 사업'의 선도모델로 지목한 태화강을 국비를 본격적으로 투입해 세계적인 생태하천으로 완성할 계획이다. (2010.06.27. 〈세계일보〉 인터뷰)

- 4대강 개발을 못 한다면 우리 국민들은 두고두고 후회할 것이다. 오늘날의 수리기술과 환경기술로 4대강 개발을 완벽하게 못 할 이유가 없다. (반대론자들이) 그래도 의심쩍으면 태화강을 직접 나와 보라고 했다. 부족한 수자원을 효율적으로 관리하고 수질개선과 홍수예방을 하자는 뜻에서 4대강이나 태화강 개발이 다를 바 없다. 4대강은 국가예산으로 정비해 준다는데 정쟁거리로 삼는 건 이해가 안 된다. (2010.09.12. 〈한국경제〉 인터뷰)

- 4대강 사업의 모델이 된 태화강의 정비 경험을 바탕으로 울산 4대강(태화강, 동천강, 외황강, 회야강)을 정비할 계획이다. 울산 4대강에 대한 마스터플랜을 모두 완성한 가운데 내년에 총 24개 사업에 1,400억 원을 투입해 수질개선과 생태복원, 친수공간 조성을 본격 추진할 계획이다. 울산 4대강 정비는 울산의 희망찬 미래를 개척하는 위대한 대역사가 될 것이다. (2010.10.06. 〈노컷뉴스〉 인터뷰)

• **박승환**(국회의원 / 한국환경공단 이사장)

- 4대강 치수사업을 통해 국민들이 강에 대한 친환경적 인식이 확산될 수 있다고 보고, 그럼 자연스럽게 대운하 논의도 활성화된다고 본다. (2008.12.02. 〈MBC〉 인터뷰)

- 이명박 대통령이 대운하를 완전히 포기하지는 않은 것으로 본다. 어수선한 촛불정국으로 대통령이 '국민이 반대하면 대운하를 할 수 없다'는 얘기를 했지만 여론은 항시 변할 수 있다고 생각한다. 지금 지방에 가 보면 대운하든 혹은 치수사업이든 뭘 좀 해서 일자리 좀 만들어 달라는 요구가 높다. 지방 경제가 심각하고, 국제적인 금융 위기가 나라의 운명을 좌우할 그런 위급한 상황에서, 미국도 뉴딜정책을 통해 테네시 강 개발하고 일자리를 만든 경험이 있지 않느냐. 변화된 상황에 따라 여론이 바뀐다면 대운하도 논의할 수 있다. (2008.12.02. 〈PBC〉 '열린 세상, 오늘! 이석우입니다.' 인터뷰)

- 이 대통령은 '낙동강 운하 내지는 낙동강·영산강·한강·금강 물길회복 정도까지 하고 싶은데 이 부분은 환경적으로 문제가 없고, 조상들이 다 해 오던 것이고, 비용도 크게 들지 않으니 해 보는 게 좋지 않겠느냐'고 국민들에게 얘기하는 게 맞지 않나. 4대강 치수사업만 가지고 운하나 물류적 기능을 말하는 것은 먼 이야기이다. 다만 이 사업이 강에 대한 사람의 접근이라든지, 앞으로 뱃길 확보를 용이하게 한다든지 하는 측면에서 장기적으로는 물길 확보에도 도움이 된다. (2008.12.17. 〈오마이뉴스〉 인터뷰)

- 강에 배가 다니다 뒤집어지면 큰 환경재앙이 생긴다고 저쪽(환경단체)에서 이야기하고, 그것 때문에 우리가 어려움을 겪고 있다. 그동안 환경단체들은 정부보조금단물을 받으면서도 공공의 이익보다 단체의 이익을 추구했다. 이 시대의 가장 중요한 과제는 경제와 환경인데, 둘을 합해 '부국환경'을 만들 수 있다며 이제까지 우리의 아름다운 강은 버려지고 외면당해 왔다. 독일의 라인 강이 배가 다녀도 최고의 수질을 유지하듯이 우리 강을 살리는 사업을 추진해야 한다. (2008.12.10. 부국환경포럼 발기인대회)

- **박재완**(기획재정부 장관)
- 4대강 사업은 우리나라 예산을 절감시키는 좋은 프로젝트다. 4대강 사업 때문에 재정 악화된다고 하는데 중장기적으로, 아니 장기로 갈 것도 없이 중기적으로 재정건전성을 강화시키는 것이다. 노무현 정부 시절이던 지난 2007년에 태풍에 의한 수해를 입고 난 후, 수해방지종합대책을 보면 향후 10년간 87조 4천억 원을 투입해 본원적으로 수해를 막겠다고 발표했다. 한해 8조 7천억 원씩 투입되는 그런 계획과 대비해도 2010년도 4대강 예산이 3조 5천억, 수자원공사 예산을 포함해도 6조 7천억 원 배정한 것이 그렇게 큰돈이 아니다. (2010.11.12. 국회 운영위 국정감사)
- 4대강 사업과 관련해 후대가 평가할 수 있도록 모든 찬성과 반대 의견, 공격과 답변을 집대성한 백서를 준공식 때 타임캡슐로 묻으려 한다. 4대강 여론이 찬성 쪽에 압도적이지 않다는 건 동의한다. 국민들에게 미리 잘 알려 드리지 못한 점은 반성하고 있다. 일각에서는 터무니없이 비판하는 경우도 많이 있다. 도산 안창호 선생의 '강산개조론' 연장선에서 하는 사업으로 생각해 달라. (2010.11.12. 국회 운영위원회 국정감사)
- 홍수로 퇴적토가 켜켜이 쌓이고 쓰레기와 오염물질 때문에 죽어 가는 강을 이대로 내버려 둘 수는 없다. 홍수와 가뭄에 대비하고 친환경적 수변공간을 크게 늘려 지역경제도 활성화하는 국토 재창조의 대역사가 닻을 올렸다고 평가한다. 방치된 강을 강답게 되살려 안전하고 쾌적하고 풍요로운 삶을 만드는 일은 더 이상 미룰 수 없는 시급한 과제이다. 4~5년에 걸쳐 투입될 재정을 3년 동안 집중 투자해 항구적 대책을 세웠다. 물그릇을 키워 수해와 한해를 막고 강을 품은 지역 경제에 일자리를 만들어 내겠다. (2010.04.08. 청와대 정책소식지 '안녕하십니까 청와대입니다')
- 여러 반대 의견을 최대한 겸허한 자세로 수용하려 하고 있지만 근거 없이 일단 반대부터 하고 나중에 틀리면 슬쩍 넘어가는 것은 국가의 미래를 위해 지양해야 할 자세이다. 4대강 사업에 설치되는 보는 '고정보'가 아닌 퇴적물 배출 기능까지 갖춘 최첨단 '다기능 가동보'라서 최신형 오염원 차단시설과 함께 수질을 깨끗하게 유지하게 될 것이다. (2010.04.22. 〈한국정책방송 KTV〉 인터뷰)
- 농식품부에서 하고 있는 저수지 둑을 높이는 작업이 96군데가 있는데 이것은 현재 30군데가 착공이 되어서 공사가 진행 중이고, 나머지는 모두 금년에 착공할 예

정이다. 이번에 4~5년 치 투자를 한꺼번에 2~3년에 집중하면 문제를 개선할 수 있다는 관점에서 서둘러서 사업을 하고 있다. 상류는 공사를 하고 하류를 안 한다 든지, 아니면 그 반대로 하류만 한다는 것은 안 되고 한꺼번에 정비를 해야 물의 흐름을 원활하게 할 수 있다. 보를 설치하게 되면 유속이 느려지기는 하지만, 유속 이 느려진다고 해서 생태계가 파괴된다든지 수질이 나빠지는 것은 아니다. 지난달 22일 유엔환경계획(UNEP)에서는 4대강 살리기를 21세기 최고의 녹색성장 사업이 라고 극찬했다. 일부 영향을 받는 습지도 있지만 4대강 사업을 하고 나면 습지 면 적이 오히려 387만㎡가 늘어나는 것으로 봐서, 하천의 식생이나 야생 동식물 서식 여건은 더 좋아질 것으로 전망하고 있다. (2010.05.18. 〈불교방송〉 라디오 '아침저널' 인터뷰)

- 4대강 사업이야 말로 진정한 친서민 사업이다. 4대강 사업의 목적은 홍수 피해를 막는 것인데, 홍수 피해는 주로 농민들이 사는 곳에서 발생한다. 또 서민들이 여가 활동을 할 수 있는 곳이 부족한 상황에서 강변에서 산책하거나 조깅하는 것 자체 가 큰 복지이다. 낙동강과 영산강 하구에 사는 사람이 마실 물을 깨끗이 할 수도 있고, 지방 곳곳에서 벌어지는 4대강 사업이 지역 고용에 도움도 준다. (2010.09.15. 예산결산특별위원회)

- 4대강 사업 예산은 서민 예산이다. 강을 살리는 것 자체가 수해 피해를 막는 것이 고, 여가활동하기 어려운 서민들을 위한 친수 공간을 제공하고 깨끗한 물을 만드 는 것이기 때문에 서민 예산인 것이다. (2011.08.23. 국회 예산결산특위 전체회의)

• **박준영**(전라남도지사)
- 현재의 영산강 수질로는 농업용수로도 못 쓴다. 이대로 두면 후대에 죄를 짓는 것 이니 (강 정비 사업을) 서둘러 착공해 달라. (2008.12.04. 시도지사들과의 만남)
- 정부의 4대강 살리기 사업은 하천복원을 통한 맑은 물 확보, 홍수피해 예방, 일자 리 창출 등을 위한 것으로 시의적절하다고 본다. 대운하는 콘크리트를 바르며 터 널을 뚫는 등 물류에 중심을 둔 사업으로 저도 반대한다. 다만 영산강 살리기는 강 이라는 자연적 공간을 그대로 두고 수질개선과 홍수방어, 옛 뱃길복원 등 강의 기 능을 되살리는 사업이다. (2009.07.07. 〈헤럴드경제〉 인터뷰)
- 영산강 살리기는 수질 개선 및 수량 확보 등으로 강의 원래 기능을 회복해 미래 새 로운 문명을 싹틔울 수 있도록 하는 것이다. 이를 위해 샛강 프로젝트를 자체 추진 해 나가겠다. (2009.06.09. 도청 기자실)

• **박형준**(청와대 사회특별보좌관)
- 대운하 정책에는 오해가 있는데, 그건 기본적으로 민자 사업이다. 정부가 돈 들여서 하는 사업이 아니기 때문에 국민의 세금을 걷지 않는다. (2007.11.07. 〈경향뉴스〉)
- 운하가 주로 물류 쪽이라면 하천정비 사업은 물도 깨끗하게 하고 홍수도 방지하고

또 하천유역을 친환경적으로, 또 관광자원이 될 수 있도록 개발을 하는 것이기 때문에 모든 지자체들이 원하고 있는 것이다. 그런 부분들에 대해 너무 색안경을 끼고 볼 필요는 없다. (2008.11.28. 〈KBS〉 라디오 '안녕하십니까, 민경욱입니다' 인터뷰)

- 4대강 살리기는 80년대식 한계를 넘어서 21세기형 녹색성장을 맞이해 강 자원을 최대한 살리는 데 초점을 둔 것이다. 만약 (4대강 사업을) 대운하로 하려면 땅도 깊이 파고 다리도 조절해야 하고 터널도 뚫어야 하는데 (4대강과 대운하는) 기획 자체가 다르다. 선거 때 이슈였다고 해서 모든 문제를 정치적으로 해석하는 것은 바람직하지 않다. (2008.12.11. 〈mbn〉 인터뷰)

- 한강 취수사업 이후 서울시민의 문화공간이 된 한강처럼 4대강 사업 역시 그 이상으로 강의 수준을 끌어올려 다목적 성과를 거두고자 하는 사업이다. 일각에서 여전히 4대강 살리기 사업을 대운하 사업과 연관 짓고 있으나 사업 성격상 연계가 불가능하다. (2009.02.20. 〈KTV〉 정책대담)

• **박희태**(국회의장 / 한나라당 국회의원)

- 4대강 사업에 대해서도 이제 '4대강 사업을 해야 된다'는 것에 대해서는 이론이 없는 것 같다. 일부 반대하는 측이 있지만, 소수이고 여야 정치권까지도 거의 공감대가 형성되어 있는 것 같다. 앞으로 국회에 이것을 맡겨서 처리를 하도록 하는 게 좋을 것이다. (2009.11.30. 라디오 인터뷰)

- 그간 정부와 우리 당의 노력에서 국민적 공감대가 많이 확산이 됐다. 그 필요성이랄까 당위성이 충분히 설명이 되었다. 이런 생각이 들 정도로 많은 노력을 했고 또 그동안에 예산도 마련했고 전 4대강에서 사업도 착수가 되어 이제 순조로운 진행이 되고 있다. 보상도 엄청나게 많이 했다. 그래서 이제 4대강은 한고비 넘어갔지 않느냐. 다들 이런 국민적 인식이 많이 퍼져 있었는데 어떻게 이렇게 또 도로아미타불식으로 전개가 될지 조짐이 그렇게 썩 좋아 보이지 않는다. 그래서 우리 당에서 이 문제를 좀 더 심도 있게 논의하고 또 대책을 세울 그런 준비도 하고 노력해야 안 되겠나 그런 생각이 든다. 그래서 우리 당에서 이 문제에 대해서 어떤 대책을 세우느냐, 특히 어제 대통령께서 말씀하신 홍보문제에 대해서는 우리 당에서 가일층 좀 더 노력하는 새로운 출발을 해야 되겠다는 이런 생각이 든다. 그래서 당내에서 어떤 대책을 세우고 있고 필요하다면 그 문제를 논의를 해 줬으면 좋겠다. (2010.03.24. 최고·중진연석회의)

• **백성운**(한나라당 국회의원)

- 하천주변의 난개발을 방지하고, 4대강 사업의 재정투입 효과를 공공부문에서 단계적으로 회수하고자 이 법을 발의했다. 멀지 않은 미래에 이 법안의 필요성과 효과를 알게 될 것으로 믿는다. 친수법 통과를 통해 친환경적 친수구역 사업이 가능하다. (2009.12.10. 국회 정론관)

- 4대강 사업 완료 후 상상 이상의 지방으로 변모하게 될 것을 확신한다. 1조 5,000억 원을 들여 5,000만 평의 하천부지 내 농경지를 걷어 내는 것도 수질개선에 큰 효과가 있다. (2009.12.30. 4대강 살리기와 지역경제 활성화 토론)
- 4대강 살리기 사업 통해 완공 후 경관이 좋은 게 나올 것이고 토지이용가치가 획기적으로 늘어날 것이다. (2010.10.07. 국토해양위원회 국정감사)
- 친수법은 하천주변의 난개발을 방지하고, 친환경적이고 계획적 개발을 유도하기 위한 것이다. 4대강 사업 준공으로 조성된 국가하천 주변 친수구역을 그대로 방치하게 되면 과거의 한강 상류지역처럼 모텔, 식당 등의 위락시설이 난개발 되고, 토지 투기가 기승을 부릴 우려가 있다. 이를 방지하기 위해 국가, 지자체 등 공공부문에서 종합적인 관리대책을 수립하여 체계적으로 개발해야 한다. (2010.12.09. 기자간담회)

• **송광호**(한나라당 국회의원)
- 4대강 살리기를 반대하는 도지사나 시장은 한 분도 없었고 그분들이야말로 현지 민심을 잘 읽고 있다면서 4대강을 반대하는 정치인들은 민심과 동떨어진 행동을 하고 있는 것이다. (2009.10.08. 국회회의)
- 내가 직접 시·도지사와 시장, 군수에게 전화를 걸어 4대강 사업에 대해 물어보니, 모두 빨리 추진해 달라고 했다. 그런데 야당 국회의원들은 4대강 사업에 반대하고 있다. 내가 지난번에 개인적으로 야당 의원들을 만나 봤는데 4대강 사업에 반대하는 의원들은 없었다. (2009.11.18. 국회회의)
- 4대강 살리기는 정치논리를 가지고 하는 게 아니다. 더 이상 미룰 수 없다. (2009.11.23. 국회회의)
- 수변공간 개발이 각광받는 이유는 그동안 부담됐던 수질관리 문제가 기술발전과 하수도 확충 등으로 해소되면서 문화 감성이 중심인 시대가 오고 역동적이면서 차별화된 도시 이미지를 구축하는 것이 중요해졌기 때문이다. 하천 주변지역이야말로 '저탄소 녹색도시' 개발의 최적지이다. 하천과 호수는 경관이 화려하고 다양한 친수레저 활동이 가능한 선진국형 관광자원이다. (2009.12.10. 수변지역 개발과 발전 방행 모색 토론회)
- 4대강 살리기 사업이 처음 나왔을 적에 야당은 4대강은 대운하의 전초사업이다라고 억지주장을 하면서 반대를 했다. 그때 청와대에서는 대운하는 하지 않겠다고 분명히 이야기했고 그때 그 분위기가 국민들이 생각하는 것도 4대강은 대운하 사업은 아니로구나 하는 분위기가 돌아가니까 야당은 환경 파괴행위다라는 이야기를 했다. 물이 고이면 썩기 마련이라는 것 등등. 우리나라에도 수중보가 몇 개가 있다. 물이 썩지 않는다는 사실을 알고 더 이상 반대할 수 없으니까 그 다음에는 야당이 무슨 명분으로 반대했는가, 절차를 무시했다. 다시 말하면 예비타당성 조사 안 하는 등등 예산을 불법으로 편성했다. 사실, 재해 문제는 예비타당성 조사

하지 않게 되어 있다. 현재 국토부에서 예비타당성이 필요한 사업들은 예비타당성 조사를 다했다. 절차의 하자가 없으니까 그 다음엔 또다시 4대강을 하기 위해서 준설공사를 몇 미터를 하느니, 둑을 얼마를 쌓느니 이런 얘기를 한다. 그러니까 야당은 특별한 명분도 없고 논리도 일관성이 없다는 얘기다. 더 이상 억지주장하지 마시고 정략적인 정치행위를 중단하고 서민들을 위해서 국민들을 위해서 오늘 즉각 제자리로 돌아와서 내년도 예산국회에 임해 주길 바란다. (2009.12.28. 한나라당 최고위원회의)

- 4대강 하는 순간 그때는 수질이 악화되고 보기가 흉할지 모르지만 그 사업이 완전 완성되고 나면 그야말로 청정한 물을 국민들이 먹을 수 있다. (2010.03.22. 한나라당 지도부 회의)

- 대통령께서 어제 4대강 살리기 사업은 대통령의 정치적 소신이다 이런 말씀을 하셨는데 공감한다는 말씀을 제가 드린다. 아마 16대 국회 때 제가 건설교통위원회 근무한 일이 있다. 그때 아주 한해가 심하고 가뭄이 심했다. 그때 낙동강에는 페놀 사건이 있었다. 영산강도 마찬가지고 금강도 마찬가지였다. 한강도 상류를 빼놓고 하류 쪽 수도권 지역의 한강도 3급수, 4급수가 되어서 도저히 식수로 사용하기가 불가능하다는 이러한 얘기가 있었다. 그래서 제가 그 당시 현지를 방문해 봤다. 방문해 보니까 진짜 이렇게 가다가는 물이 부족한 것도 중요하지만 있는 물도 먹지 못하는 시대가 돌아오지 안 했느냐. 그래서 제가 의정활동을 하면서 이런 문제를 제안을 했다. 지하수를 파다가 폐공이 된 것을 잘 막고 이 강들을 빨리 살리지 않으면 우리는 우리 후손들에게 크나큰 재앙을 물려주는 선배가 될 것이다. 그러니까 빨리 4대강과 지하수를 오염시키는 지하수 개발했던 폐공을 빨리 원상회복하는 재정을 과감하게 투자를 해야 되겠다는 그런 얘기를 여러 번 했다. 그런데 모든 정권에서 유야무야됐다. 그런데 이명박 정부가 들어와서 본격적인 4대강 살리기 사업을 한다는 이러한 얘기다. 지금 그것을 반대하는 시민단체나 종교단체나 야당이나 그러면 이 방법 말고 우리 4대강을 제대로 살려서 국민들에게 깨끗한 물을 먹일 수 있는 방법이 무엇이냐 그 방법을 제시하라는 것이다. 방법은 제시하지 않고 생명을 죽이니 살리니 환경오염 시키니 이런 얘기를 한다는 것이다. 저는 단호히 말하기를 4대강 살리기는 죽어 가는 생명을 살리는 사업이다. 그래서 제가 지난번 고위당정회의 때 이것을 반대하는 것을 보고 왜 공무원들은 가만히 있느냐, 해당기관은 가만히 있느냐, 해당부처는 왜 과감하게 제대로 대응하지 않느냐하고 공무원들에게 질책을 했는데 우리 정치권에서도 마찬가지다. 다른 대안을 내놓고 반대하시라. 시민단체든 종교단체든 야당이든 그러면 저는 거기에 동의할 수 있다. 대안이 타당하다고 하면, 그러나 대안을 내놓지 못한다면 4대강 사업에 더 이상 방해되는 그런 발언은 삼가 주어야 되겠다 하는 말씀을 제가 분명히 드린다. (2010.03.24. 최고·중진연석회의)

- 4대강 사업을 처음 시작하니까 야당과 시민단체에서는 이것이 대운하의 전초전이

아니냐 해서 처음에 반대를 시작했다. 대통령께서도 아니라는 것을 누누이 말씀하시고 국민들이 거기에 호응을 하니까 그 다음에는 예산편성의 절차상의 문제가 아니냐. 예비타당성도 없고 바로 예산을 투자하니까 이게 문제다. 이게 법적으로 예비타당성 조사를 하지 않아도 된다는 법적인 구속여건이 되니까 그 다음에는 환경파괴다 이렇게 야당이나 시민단체들이 얘기한다. 저는 오히려 환경파괴가 아니고 환경보강이라 본다. 다시 말하면 퇴적토가 있음으로 인해서 환경이 파괴되어 있다는 얘기다. 다시 말해서 70년, 80년대 산업화시대에 쌓여 있는 퇴적물, 거기에는 금속도 있고 인체, 환경을 오염시키는 온갖 물질이 다 있는데 그것을 걷어냄으로써 준설함으로써 환경을 보강시키는 것 아니냐 저는 그렇게 생각하고 있다. 그래서 제가 반대하는 몇 분들을 만나 봤는데 절대다수가 아니고 그게 핵심으로 반대하는 그런 분들을 따라서 반대를 하기 때문에 지금 우리 정부에서도 어느 종교단체면 종교단체, 시민단체면 시민단체와 1대 1로 만나서라도 한번 설득을 시키고 이해를 구하면 반대가 누그러지지 않겠나 하는 그런 생각이 든다. 제가 16대 때 건설교통위원회에 있으면서 그때 갈수기만 되면 낙동강, 금강, 영산강은 말할 것도 없고 식수로도 사용할 수 없었다. 그때 제가 현지를 직접 일일이 방문해 봤는데 그때 제가 느낀 것은 '야 강이 이렇게 가다가는 진짜 물은 먹지 못하는 물밖에 없구나. 그럼 우리 국민들이 뭘 먹고 살 것이냐. 이것을 안 한다면 그럼 지하수라도 개발을 제대로 해야 하지 않겠나' 그런 말도 했는데 이번에 대통령께서 직접 4대강 살리기 사업을 하는 것을 보고 이것은 정말 대단히 잘하는 것이다. 이것은 정말 칭찬해야 되고 4대강 사업이 끝나고 나면 이것은 국가적으로 영원히 우리 후손들에게 물려줄 유산이 아니겠는가 저는 그렇게 생각한다. 그래서 관계부처 장관님들, 공무원들이 고생스럽겠지만 많은 사람들을 만나서 설득하고 해서 이 사업이 성공리에 이루어질 수 있도록 해 줬으면 좋겠다 하는 그런 말씀을 드린다. (2010.04.20. 당정회의)

- 4대강 사업으로 하루 3만 명 수준까지 고용이 확대된다는 것은 일자리 창출에 기여한 것으로 판단할 수 있다. 물 관리 정책 같은 경우, 기존에는 보존과 관리 중심이었다. 이것을 보존과 활용을 동시에 추구함으로써 수자원의 경제적 부가가치를 높이는 정책적인 패러다임의 변화가 필요하다. (2010.08.23. 《폴리피플》)

- 정부에서 4대강 사업 현장에 직접 투입되는 인력이 하루 평균 1만 명을 넘어선 것으로 발표했다. 그러나 농수산식품부와 환경부에서 시행하는 사업은 산출대상에서 제외하고 국토부에서 시행하는 사업만 산출한 것으로 국토부는 실제 인력 투입 규모는 이보다 더 클 것으로 추정하고 있다. 현장투입인력이 1만 명을 넘어선 것은 지난해 10월 턴키 1차 사업을 처음 착공한 이후 7개월여 만이다. 또한 국토부는 전 공구의 공사가 본격화되는 올 하반기에는 인력규모가 하루 평균 3만 명 수준까지 확대될 것으로 보고 있다. (2010.09.16. 〈폴리뉴스〉)

- 4대강 예산이 3조 원 정도 된다고 알고 있는데 나는 4대강 사업을 해야 된다는 입장에 있는 사람이다. 이 예산을 어떻게든 국회법 절차에 따라 통과시켜야 한다

고 생각한다. 그 과정에서 몸싸움도 예상된다. 야당에서 보를 막으면 물이 썩는다고 하는데 논리에 맞지 않는다. 춘천댐과 충주댐 전부 입수해서 방류될 때까지 200일이 넘는다. 보 막는 건 입수돼 방류까지 짧으면 10일, 길어도 한 달 내에 물이 나간다. 보 때문에 물이 썩는다는 것은 거짓말이고 논리적으로 맞지 않는다. (2010.11.05. 〈뉴시스〉 인터뷰)

- **심재철**(한나라당 국회의원)
- 민주당 등 야당 측에서 내년 4대강 예산이 너무 많다며 깎자고 하는데 4대강 사업 가운데 반대가 없는 낙동강과 한강의 사업 시행 결과를 보고 금강과 영산강으로 확대하는 방안에 대해서도 주변의 의견을 묻고 있다. 좋은 생각이라는 의견들이 많다. (2009.11.16. 〈노컷뉴스〉 인터뷰)
- 결국 (야당이) 예산심의를 하지 않겠다는, 4대강을 계기로 해서 하지 않겠다는 것인데 4대강 예산이라고 해 봐야 전체 대한민국 예산의 1.2% 밖에 안 된다. 정부가 세운 내년도 4대강 예산안이 3조 5,000억 원인데, 민주당은 1조 원대로 깎아야 한다고 이렇게 요구를 하고 있다며 상황을 제대로 몰라서 그러는데, 4대강만 하더라도 해마다 홍수피해 나서 그 복구비가 2조 4,000억이 들어가고 있는데 그런 상황에서 1조 원만 가지고만 사업을 하라는 얘기는 4대강 사업을 하지 말라는 얘기다. (2009.11.23. 〈sbs〉 라디오.)

- **안상수**(한나라당 대표)
- 아직 제대로 시행조차 하지 않은 사업을 마치 실패한 사업인 양 호도하고 있다. 같은 사안을 두 번이나 국정조사요구서를 제출하는 것은 국민 시선을 끌기 위한 이벤트로 하는 것이 아니냐. (2009.09.08. 한나라당 최고위원회의)
- 4대강 살리기는 단순히 4대강 살리기로 끝나는 게 아니라 녹색성장을 통해 선진국으로 가기 위한 기초를 다지는 것이다. (2009.10.12. 최고위원회의)
- 최근 8년간의 홍수 피해액만 14조가 넘는다. 이러한 피해와 고통을 감안한다면, 총 15조 4천억이 투입되는 4대강 사업은 그야말로 저비용-고효율의 대표사례가 될 것이다. (2009.11.03. 국회연설)
- 4대강은 나라의 근본인 국토 살리기 예산이고 치산치수 예산으로 반드시 필요하다 이번 정기국회에 내에 반드시 통과시켜 즉시 집행될 수 있도록 온 힘을 다하겠다. (2009.11.18. 국회회의)
- 다뉴브 강도 죽어 가던 강을 살려 아주 맑은 수질을 갖춘 아름다운 강이 됐고 주변은 관광지로 개발됐다. 다뉴브 강을 보면 우리 4대강의 미래가 보인다. (2009.11.23. 한나라당 최고위원회의)
- 4대강 사업은 한나라당과 이명박 대통령이 함께 할 국책사업이다. 국운상승 및 녹색 성장을 위한 사업이다. 민주당이 수자원 공사 이자 8백억 원을 전액 삭감하라고

주장하는 데 8백억 원을 삭감하면 수공 예산 3조 2천억 원도 포기해야 한다. 그것은 4대강 사업을 하지 말라는 것이다. (2009.12.23. 최고·중진연석회의)

- 우리 4대강 사업, 정말 4대강 사업이 완성되면 여러분 정말 놀라실 것이다. 4대강 사업이 완성되면 16개 보가 그 부분이 전부 이제 관광지가 되고 그 다음에 배가 뜨고 그 옆에 대학생들이 자전거를 몰고 전국을 이렇게 질주하는 아름다운 모습을, 또 거기서 많은 일자리가 창출된다. 말하자면 청계천 신화 하나만으로도 이명박 대통령이 대통령 당선되는 데 결정적 역할을 했는데 4대강 사업이 완성되면 청계천이 전국에 16개 생기는 것이다. 그러면 저는 모든 우리 국민들께서 4대강 사업이 완성되는 그날 정말 한나라당이 믿을 만한 정당이라는 것을 알고 저는 그때 다음 대통령 선거에서 우리를 압도적으로 지지해 주시리라 믿고 그렇게 해서 정권 재창출해서 대한민국을 선진국 대열로 올려놓도록 그렇게 해 주시리라고 굳게 믿는다. (2010.01.27. 충청 국정보고대회)

- 4대강 사업은 그야말로 1석 7조의 사업이라고 생각된다. 수질을 좋게 하고 수량을 풍부히 해서 앞으로 세계적으로 다가올 물 부족 문제에 효과적으로 대처할 수 있고, 거기다가 홍수를 막아 내고, 주변에 일자리를 창출하고, 수변공간을 마련해서 아름다운 국토를 만드는 강 살리기 운동이다. 정부에서 그동안 홍보가 너무나 부족했다고 생각한다. 특히 환경단체, 종교계 이런데 적극적으로 정부에서 나서서 설명도 하고 스스로 설명회도 열고 또 그것을 잘 말씀드리고 이러면 이해가 될 수 있는 부분인데도 소통이 너무 부족해서 그런 오해를 가져왔다고 본다. 이제 과감히 정부에서도 4대강 정비 사업을 마치게 되면 아름다운 국토, 아름다운 강이 된다는 것을 홍보해야 될 것 아닌가. (2010.04.20. 당정회의)

- 4대강 사업을 진행하며 준설을 그나마 했기 때문에 올 여름 큰 비에도 홍수가 없었다. 전두환 전 대통령 당시 한강을 정비했는데 수질개선 등에서 긍정효과가 입증되지 않았나. 유역정비에 따른 지역개발 효과 등을 더하면 4대강 사업은 커다란 긍정효과를 거둘 것이 확실하다. (2010.08.25. 기자간담회)

- 4대강 사업은 반드시 해야 할 사업이라는 것이 나의 확고한 소신이다. 이제는 지방선거에서 나타났듯 해당 자치단체와 지역 주민들의 얘기를 충분히 들어서 반영할 것은 반영해야 한다고 생각한다. (2010.07.05. 한나라당 전당대회 토론회)

- 야당이 거의 모든 상임위원회의 국감에서 4대강 사업을 정략적으로 문제 삼는 것은 참으로 유감이다. 국감장에서 '반대를 위한 반대'를 반복하는 것은 서민 행복을 위한 국감의 의미를 퇴색시키는 것이다. (2010.10.11. 최고·중진연석회의)

- 정말 우리가 잘했는지 못했는지는 나중에 잘못했으면 책임을 지면 되는 것 아닌가 4대강 사업은 정말 좋은 사업이라 꼭 해야 된다. (2010.10.27. 한나라당 이병석 의원 출판 기념회 축사)

- 그동안 우리나라 하천은 모두의 무관심 속에 방치돼 제 기능을 다하지 못한 채 썩고 병들었다. 4대강 사업은 매년 반복되는 홍수피해에 근원적으로 대처할 수 있

도록 사전예방 위주로 치수정책을 전환하는 한편 풍부한 수량을 확보하고 수질도 획기적으로 개선함으로써 신음하고 있는 우리 강을 늘 맑은 물이 넘쳐흐르는 모습으로 되살리는 것이다. 친환경적인 수변공간을 창출해 삶의 질을 높이고 일자리 창출을 통해 지역경제도 살리는 1석 7조의 사업이라면서 이러한 4대강 사업은 한국형 녹색뉴딜사업으로 지역경제 활성화를 견인하는 경제발전 프로젝트이다. (2010.11.17. 〈프런티어 타임스〉)

• **오세훈**(서울시장)
- 한강의 생태를 복원하고 서울을 항구도시로 만드는 한강르네상스 프로젝트에 부합하는 사업이다. (2008.12.28 〈연합뉴스〉 인터뷰)
- 한강르네상스의 목표는 서울을 뱃길로 연결해 500석 규모의 국제여객선이 다니는 수변항구도시로 되살리는 것이다. 따라서 정부의 경인운하 사업, 4대강 정비사업과 맥을 함께한다. (2009.01.05. 지하철 출발기지 방문)
- 대운하가 실현되면 한강르네상스 차원에서는 아쉬운 점이 있겠지만 80% 정도의 시너지 효과가 있을 것이다. 대운하의 경우 경제성 보완 때문에 물류에서 관광, 레저 쪽으로 중점이 넘어가고 있다. 20%정도의 역기능이 있겠지만 80%의 순기능을 찾을 수 있다. 한강르네상스의 주안점은 한강변을 시민의 생활중심으로 만들자는 것인데 디자인 면에서 아쉬운 부분이 있겠지만 이런 차원에서 대운하와 공통점을 갖고 있다. 한강을 생활 중심으로 자리 잡게 하는 데는 시너지 효과가 크겠지만 컨테이너 박스가 둥둥 떠다니면 디자인상에 결함이 될 수도 있다고 지적한다. 하지만 화물터미널 위치를 조절하는 등 상충되는 요소의 보완이 가능하다는 입장이다. (2008.03.26. 〈아시아경제〉인터뷰)

• **오정규**(농림식품수산부 2차관)
- 4대강 살리기는 풍부한 수량을 확보하고 홍수피해를 예방할 뿐만 아니라 강을 통해 문화·관광자원을 개발하고 지역경제도 발전시켜 국토를 새로운 모습으로 재탄생시키는 사업이다. 갑문이나 터미널 등을 설치해 물류 수송을 주목적으로 하는 대운하와 비교하는 것은 적절치 않다. 참고로, 4대강 살리기와 대운하 사업 모두 하상토 준설과 보 설치가 포함되어 있으나, 그 방식과 목적은 전혀 다르다. 4대강 하도준설에 따른 추정 총 퇴적토 양은 약 5.4억m^3이며 모래와 사토가 섞여 있다. 준설로 발생되는 모래는 하천공사에 우선 사용하고 골재로 공급할 계획이며 사토는 하천 인근에서 시행하는 국가산업단지 부지 등 처리비가 저렴한 곳에 우선 매립하고, 나머지는 저지대 농경지 개량사업 등에 활용할 계획이다. 이를 위해, 골재 확보기관 선정 및 수익금 처리방안 마련 등 골재 처리계획을 세우고 매립토 처리 사업지를 조사하고 대상지를 선정해 처리계획을 마련하고 있다. 4대강 살리기 사업의 주요내용은 물 확보, 홍수방어, 수질개선과 생태복원, 주민과 함께하는 복합공

간 창조, 강 중심의 지역발전 등이며, 화물선을 이용한 물류 운송기능은 포함되어 있지 않다. 그러나 해당지역의 요구가 있을 경우 4대강 살리기 사업이 아닌 별도의 절차를 통해 검토가 가능할 것이다. (2009.05.04. 〈뉴데일리〉 인터뷰)

- **원희룡**(한나라당 국회의원)
- 준설현장을 둘러보니 어마어마한 깊이가 아니라 수심 50cm를 유지하게 모래를 걷어냈더라. 길에서 만난 주민들이 4대강 사업 반대하는 사람들은 정치적, 사상적인 이유로 반대하는 것이라고 격앙된 반응을 보였다. (2010.07.29. 4대강 공사현장 방문)
- 지금 진도대로 공사가 되면 내년 상반기 거의 마무리 공사 단계에 들어가는데 그때 만약 침수피해가 나고 물이 썩어 들어가는 등 대규모 국책사업을 한 게 실패고 엉터리였다면 한나라당은 정권을 내놓아야 한다. 우리는 그런 무한책임이라는 자세로 접근하고 있다. (2010.08.07. 라디오 인터뷰)
- 준설과 보 공사가 진행되고 있는 지금, 많은 분들이 생태계 교란을 지적하고 있다. 그러나 이는 치유를 위한 일시적인 교란이며, 현재 상황에서 공사를 중단한다면 이러한 생태계 교란이 장기화될 수밖에 없다. 많은 분들이 4대강 사업이 강을 죽인다고 걱정하지만, 내년 6월이면 모두 검증될 것이다. (2010.09.16. 4대강 화쟁토론회)
- 어차피 수술에 들어가 있는 상황이다. 수술하다가 병명을 잘못 진단했을지 모르겠다고 중단해 버리면 그에 따른 부작용이 올 수 있다. 4대강 사업을 근본적으로 못하게 하려는 게 아니면 공사기간을 짧게 하는 게 생태적으로도 더 좋다. 수질 관리에 대한 문제를 제기하자 원희룡 사무총장은 준설 공사와 보 공사가 거의 끝난 금남보가 있는 금강 부지를 가 보면 철새며 물고기가 다 돌아왔다. 이제 환경단체들이 거기 물을 떠서 수질을 책정할 것이고 그렇게 되면 수질 관리에 대해 명백히 증명될 것이다. 수질 문제는 공사가 대략적으로 완공되는 내년 6월이면 검증할 수 있다. 그때 검사해서 물이 오염되어 있으면 임기 끝나기 전에 정권 내놓을 것이다. (2010.09.16. 4대강 화쟁토론회)

- **유영숙**(환경부 장관)
- 다양한 우려를 충분히 이해하지만 정확히 설득·설명하고 과학적 근거에 대해 설명하는 작업이 필요하다고 생각했다. (2011.05.23. 인사청문회)
- 4대강은 본류, 지류 모두 다 중요하며 특히 지류는 국민들에게 더 가까이 있고 열악해 필요한 곳부터 중점 (사업을)진행하겠다. (2011.05.23. 인사청문회)
- 찬성한다. 다만 수질오염이 되지 않도록 하고 수변 생태계 보존에 치중해야 한다. 역시 국민 건강이 안전하고 자연 그대로 보존하는 전제 하에 말한 것이다. 기후변화 때문에 야기된 많은 홍수와 갈수기 때의 환경오염은 심각하다. 그런 것을 해결하기 위한 목적으로 하는 것이다. (2011.05.24 인사청문회)

- 기후변화 때문에 야기되는 위기에 대응하고 미래 후손들을 위해 하는 사업 준설 작업과 보로 수량을 충분히 확보하면 오염물질이 많이 들어와도 썩지 않게 할 수 있다. (2011.05.24. 인사청문회)
- 녹색성장, 4대강 살리기 사업 등 핵심과제를 차질 없이 추진하겠다. 4대강 살리기 사업 역시 부모의 마음으로 수질개선과 생태계 보전을 위해 온갖 초인적인 노력을 경주하겠다. (2011.05.31. 취임식)
- 현재 4대강 살리기 수질 개선사업, 하수 처리시설이나 폐수 처리시설, 환경기초시설 이러한 사업이 현재 공정률이 70%정도로 정상적으로 추진되고 있다. 올해 안에는 환경기초시설들을 완공하려고 노력하겠다. (2011.07.15. 〈KTV 한국정책방송〉 인터뷰)

• **유인촌**(문화관광부 장관 / 대통령실 문화특별보좌관)
- 4대강에 문화, 체육, 예술, 관광이 모두 들어갈 수 있도록 계획단계부터 문화부가 적극적으로 참여하겠다. 4대강 살리기를 두고 논란이 있지만 이 사업은 대운하 사업과는 개념이 다르다. 문화는 물길을 따라 형성돼 온 만큼 4대강 살리기도 문화가 흐를 수 있도록 행정력을 집중해 추진하겠다. 4대강 물길을 따라 고대 문화를 살려 내는 사업을 추진하겠다, 예컨대 한강은 위례문화, 금강은 공주와 부여의 백제문화, 낙동강은 가야문화, 영산강은 마한문화를 되살려 콘텐츠화할 계획이다. (2009.01.07. 〈KTV〉 정책대담)
- 문화는 없고 건설만 있다는 건 정치공세다. 4대강 정비도 마찬가지다. 수질이 좋아지고 환경이 나아지면 자전거 도로가 생기고 크루즈도 뜨고 국토환경이 바뀌는 건데, 이걸 대운하하고 연결시키니⋯ 대운하는 물 건너갔다. 문화정책이 없다는 건 난센스다. (2009.04.26. 〈중앙일보〉 인터뷰)
- 4대강 살리기는 당장은 '공사'로 보인다. 하지만 본질은 4대강 유역의 문화를 살리는 일이다. 물건과 사람이 모이는 나루터 복원만 해도 새로운 문화가 형성된다. 그 효과가 이 정부가 끝난 뒤에 드러나겠지만 보이지 않는다고 해서 그런 비난을 하는 것은 적절하지 않다. (2009.09.22. 〈동아일보〉 인터뷰)
- 대한민국 정부는 기후변화에 대응한 녹색성장 비전으로 4대강 살리기 사업을 통해 친환경 문화관광자원을 개발할 계획이다. 4대강을 문화가 있는 녹색성장의 한 축으로 발전시킬 계획이다. (2009.01.12. 제3차 기후변화포럼 오찬 행사)

• **윤증현**(기획재정부 장관)
- 경영하는 사람들 입장에서 보면 4대강 하천정비 같은 것은 이번에 이 경제위기와 관계없이도 진작 했어야 할 부분이다. 저희들 수질을 개선하는 데 도움이 되고 또 환경 보전하는 데 도움이 된다. 이런 취수, 이수를 통해서 수질을 개선하고 환경을 위해서도 또 이런 일을 통해서 이를테면 일자리도 창출이 된다. 그래서 이런 것을

통해서 앞으로 중장기적으로 우리 경제성장동력을 확충하는 것이다. (2009.01.06. 〈MBC〉인터뷰)

- 만약 반대가 심하다고 추진하지 않았다면 후손들이 얼마나 어려움을 겪었겠느냐. 4대강 살리기 사업은 반드시 해야 할 사업이다. (2009.09.02. 윤증현 기획재정부 장관 초청 세미나)
- 4대강 살리기 때문에 사회간접자본(SOC) 투자가 줄지는 않는다. SOC예산 자체도 4대강 사업이 없을 때 수준으로 맞췄다. (2009.09.28. 출입기자단 오찬)
- 4대강 살리기 사업과 관련해 지방 건설업체에 대해 가산점을 부여하는 방안을 추진한다. (2009.02.24. 경제5단체장 조찬간담회)

• **이병욱**(환경부 차관 / 한국환경정책평가연구원 원장)

- 4대강 살리기 등 대규모 국책 토목사업과 녹색성장이 서로 모순되는 것이 아니냐는 지적이 있지만 사실 녹색성장을 하기 위해서는 녹색인프라 구축이 선행돼야 한다. (2009.05.18. '저탄소 녹색성장으로 가는 길'을 주제로 한 특강)
- 4대강 사업은 재해 대비뿐만 아니라 단기적으로 현재의 경제위기를 극복하고, 하천 환경을 개선하는 녹색뉴딜사업의 핵심이며, 사업을 통해 개발되는 기술은 중장기적으로 우리나라의 녹색성장을 이끌어 갈 동력이 될 것이다. (2009.08.03. 〈매일경제〉기고)
- 세계 물 포럼에 대해 다른 나라들이 한국의 4대강 살리기와 같은 기후변화와 관련된 물 적응 전략 마련에 고심하고 있음을 확인할 수 있었다. 지금 정부는 기후변화에도 건강한 4대강을 만들기 위한 종합계획을 수립하고 있다. (2009.04.01. 〈머니투데이〉기고)

• **이상득**(한나라당 국회의원)

- '4대강 살리기 사업'은 한강처럼 정비하자는 것이다. 낙동강 등에 보를 설치하고 물길을 정비하면 수량 확보는 물론 몇 년 주기로 반복되고 있는 수조원의 막대한 홍수피해를 줄일 수 있다. (2009.07.10. 한나라당 포항 남·울릉 국정보고대회)

• **이한성**(한나라당 국회의원)

- 유엔환경계획(UNEP)은 4대강 사업을 세계 녹색성장의 대표적인 사례로 칭송하고 있다. 4대강 사업을 통해 하천 살리기, 수해 예방, 수자원 확보 등의 효과를 거둘 수 있다. 하천의 퇴적물이 너무 많이 쌓여 제방이 없으면 문화재와 자연경관이 소실할 수밖에 없는 상황이다. (2009.11.05. 대정부질문)
- 낙동강을 세계적인 명품하천으로 조성해 문경, 예천 등 낙동강 주변 지역이 환경친화적 명품도시로 거듭나도록 노력하겠다. 정부의 4대강 살리기 사업이 원활히 추진되어 물 부족 국가의 오명을 씻고 녹색선진국으로 한 걸음 나아가도록 최선을

다할 것이다. (2009.11.27. 〈경북일보〉 인터뷰)
- 4대강 사업은 참여정부에서도 시도했으나, 엄청난 예산 때문에 안 했다. 이명박 정부 들어 야심차게 추진되고 있다. 강을 둘러싼 레저문화 여가생활을 즐길 수 있는 공간이다. 결과를 보면 달라지지 않을까 생각한다. 틀림없이 만족할 것이다. (2010.10.26. 국회 국토해양위원회 충청북도 국정감사)
- 4대강 살리기 사업은 녹색성장 사업으로 국제적으로도 좋은 평가를 받고 있는데 나도 좋은 사업이라고 본다. 운하가 아닌데 야당에서 자꾸 운하라고 하니까 어이가 없다. (2010.10.27. 국회 운영위 국정감사)

- **임태희**(청와대 대통령실장)
- 작년 국회는 4대강 국회라고 할 만큼 노동부도 이슈가 많았는데 거의 질문 없이 4대강에만 집중됐다. 기술에 관련된 문제, 우선순위에 관련된 정책의 문제인데 정치 쟁점화 하는 것이 안타까웠다. 이번에 장마에 걱정하신 분들이 많았는데 현장에 지난번 폭우가 내릴 때 상황을 좀 지켜보니까 비교적 진척이 꽤 많이 된 상태고 예비 조치를 많이 했던 것 같다. 큰 피해는 없어서 다행스럽다. (2010.07.22. 박지원 민주당 원내대표 방문 자리)
- 에너지 절약을 비롯해 신재생에너지, 대체에너지, 4대강 살리기 등 녹색성장의 다양한 변화를 추진하고 있다. 앞으로 2~3년이 지나면 실질적으로 많은 변화가 있을 것이다. (2010.08.15. 〈머니투데이〉 인터뷰)
- 과거 경부고속철도나 인천공항 같은 대형 국책사업을 할 때마다 나타나서 터무니없는 반대 주장을 하는 사람들이 있다. 우리나라가 선진국 진입의 길목으로 접어들고 있는 만큼 이제는 더 이상 소모적이고 낭비적인 묻지마식 반대가 사라졌으면 좋겠다. 국가의 비전과 후손들의 장래를 바라보고 국가적으로 추진하는 정책 사업이 건건이 정치 사업으로 변질되고 추락하면 그로 인한 국론분열과 국가적 손실이 너무 크다. 이런 것들이 선진국에 걸맞게 발전적으로 변화해 갔으면 좋겠다. (2010.10.20. 수석비서관회의)
- 4대강 사업은 대운하 사업이 아니다. 대운하를 하려고 해도 할 수 없다고 밝혔다. 문경, 예천의 경우 수심이 1m도 되지 않아 깊이 준설해 달라고 하는데 야당이 운하라고 하니까 기가 막힐 지경이다. 현장 상황을 보면 운하가 불가능하다는 것을 확인할 수 있다. 정부와 경남도가 4대강 사업의 사업권 회수 문제를 놓고 대결양상을 보이고 있는 것과 관련해 지방자치단체가 이 사업을 시행할 수 없다면 중앙정부에서 국책사업으로 시행하는 게 당연하다. 4대강 사업은 어떻게 하면 강의 생태계를 되살릴 수 있는 사업이 될 수 있겠느냐는 차원이다. 해당 지자체에서도 지역의 지류 하천을 정비하는 차원에서 4대강 사업을 바라봤기 때문에 찬성한 것이다. (2010.10.29. 국회 운영위 국정감사)
- 태풍 '메아리'와 장마가 겹치면서 내린 폭우와 관련, 4대강 공사 효과를 봤다고 생

각한다. 이틀 동안 내린 이번 정도의 비였으면 재해 피해만 수천 억 원은 입었을 것인데 공사 마무리가 안 된 상태라 토사가 쓸어 내린 정도였다. (이 정도면) 예전 같으면 강물이 범람하기라도 했을 텐데 지난번 비에는 그런 일은 발생하지 않았다. (2011.07.07. 청와대 춘추관)

- **장광근**(한나라당 국회의원)
- 유엔도 인정한 이런 좋은 사업을 망국 사업으로 몰아가는 것은 세계적 웃음거리가 아니냐. 정치국감은 지양돼야 한다. (2009.10.06.)
- 야당이 4대강 사업의 필요성은 도외시한 채 흠집 내기에 여념이 없고, 여당 일부 의원들은 자기 지역구의 SOC 예산 챙기기에만 몰두하고 있다. 이미 1차 턴키입찰을 끝내고 지난달 말 2조 5,000억 원 규모의 일반 공사 1차 물량 30여 공구의 사업이 발주됐다. '원점 재검토'를 주장하거나 '무작정 반대'를 외치는 것은 국론분열밖에 되지 않는다. 제대로 추진될 수 있도록 지혜를 모아야 할 때이다. (2009.10.06. 국정감사)
- 국가 백년대계를 위한 4대강 사업을 무산시키려는 민주당 시도에는 총력을 다해서 강력히 대응해야 할 것으로 본다. 이러한 4대강 사업에 대해서 여야가 있을 수 없고 당내 계파가 있을 수 없지 않겠는가. (2009.11.12.)
- 통상적인 전례에 비춰볼 때도 (국토부가) 공구내역까지 제출한 것은 파격적. 유난스럽게 4대강이 괴물이라도 된 것처럼 비판하는 것은 제2의 청계천 사업이 될까 우려하는 것. 강 특성에 따라 자유자재로 움직일 수 있는 가동보인만큼 수질 악화 우려가 적다. (2009.11.27.)
- 국가경제위기를 극복하고 동맥경화증에 걸린 4대강 살리겠다는 대통령과 정부의 의지가 과연 타도의 대상인지 되묻지 않을 수가 없다. (2009.12.16.)
- 4대강 사업은 일부분은 하고 나머지는 하지 않아도 되는 사업이 아니다. 예산에 한 부분을 잘못 손대면 사업자체가 실패할 수밖에 없는 사업. (2009.12.18.)
- 4대강 사업을 대운하라고 하는, 이미 창고 속에 처박아 거미줄까지 처진 논리를 끄집어내는 것은 전혀 받아들일 수 없다. (2009.12.18.)
- 이명박 대통령이 그동안 수차례 대운하 사업을 하지 않겠다고 공언했고 청와대도 어제 대운하 사업을 하지 않겠다는 입장을 천명했다. (2009.12.27. 기자간담회)
- 이번 폭우 때 상습 침수구역인 여주보 등에서 4대강 사업의 홍수피해 개선 효과가 입증됐다 (2010.10.04.)
- 4대강 사업을 중단할 경우 이미 들어간 비용은 전부 매몰비용이 되고 복원하는 데도 천문학적 비용이 들며, 이런 혼란으로 인한 사회경제적 비용도 어마어마하다. 사업이 이미 60% 가까이 진행되고 있는 국가사업인 만큼 제대로 진행되도록 해야 한다. (2010.11.29.)

- **정두언**(한나라당 국회의원)
- 생명을 살리기 위해서 4대강 살리기를 하는데, 생명을 죽인다고 비판을 하니 얼마나 답답하겠나. (2010.03.31. 〈프레시안〉 인터뷰)
- 4대강 사업은 시대에 뒤떨어져 죽어 가는 강을 시대에 맞게 다시 살리려는 일이다. (2010.04.05. 〈한겨레신문〉 기고)
- 4대강 사업이 지금 홍준표 前 대표께서 말씀하셨듯이 수질을 개선하자는 사업인데 수질을 악화시키는 것으로 지금 인식되고 있고, 생명을 살리자는 사업인데 생명을 죽이는 사업으로 많이 인식되고 있다. (2010.04.14. 최고·중진연석회의)
- 우리가 (이번에도) 수해가 났지만 매년 수재복구비로 쓰는 돈을 한꺼번에 5년 치를 미리 써서 공사를 하는 것이다. (사업을 마치면) 매년 2~3조 원씩 절약이 된다. (정부가) 강을 살리려고 하는 것인 만큼 많은 오해들이 이번 정기국회를 통해 불식됐으면 한다. (2010.09.24. 〈MBN〉 '뉴스광장' 인터뷰)

- **정몽준**(한나라당 대표)
- 이제 시작하는 4대강 사업에 문제가 있다면 국정감사를 통해 지적하고 대안을 제시하는 것이 바람직하다. 수질을 개선해 1급수로 끌어올리고 국토 균형발전을 기하는 4대강 사업은 4대강의 주변 주민들도 대부분 찬성하고 있다. (2009.10.08. 한나라당 최고위원회의)
- 4대강 사업이 역점사업인 만큼 정부가 적극적으로 자료를 제출해 야당을 설득할 필요가 있다. 야당도 전체 예산의 1.2%에 불과한 4대강 사업으로 전체 예산 심의를 파행으로 몰아가지 않기를 바란다. (2009.11.18. 국회회의)
- 강을 강답게 만들자고 하는 것이며, 이 대통령이 생색내려고 하는 것이 아닌 아름다운 국토를 남기기 위해 하는 사업. 장마 때만 되면 계속 홍수가 나는데, 치산치수(治山治水) 중 치산은 되었는데 치수는 한 번도 없지 않느냐는 지적을 받고 있다. 이런 좋은 사업을 하는데 4대강 사업예산이 내년도 예산 291조 중 1.2%밖에 안 된다. 그런데 이 사업에 대해 야당에서는 예산심의에서 무슨 큰 문제가 있는 것처럼 말하고, 내년도 전체예산 심사도 하지 못하게 하고 있는 것이 잘 이해가 되지 않는다. (2009.11.20. '4대강 살리기 대학생 정책 아이디어 공모전')
- 탈산업 사회 관점에서 보면 4대강 사업은 가장 적합한 사업이다. 제가 이해하는 바로는 대운하 사업과 관련된 예산은 단 1원도 없다. (2009.12.28. 〈KBS〉 '3당 대표에게 듣는다' 인터뷰)
- 4대강 사업에 대해 무조건 반대하고 이상하게 보는 경우가 있는데 이는 잘못된 것이다. 4대강 사업을 올해부터 시작해 내후년까지 진척하면서 직접 보면 필요성을 인식하게 될 것이다. (2010.01.03. 부산 범어사금정산 등반)
- 지금의 4대강 살리기 사업은 오히려 늦은 감이 있다고 생각한다. (2010.05.03. 초청 4대강 특강 참석)

- 우리나라 5천 년 역사에 치수사업은 한 번도 제대로 한 적이 없다. 지난 정부인 노무현 정부 때 방재 사업하는 계획을 두 번 세웠다. 2003년에는 42조 원이었고, 2007년도 계획은 87조 원을 써서 10년 계획으로 전국에 있는 모든 강을 대상으로 홍수를 막는 사업을 하겠다는 것이었다. 10년에 걸쳐 87조 원을 계획했는데 한나라당이 이 사업을 반대한 것도 아닌데 아무런 일도 하지 못하고 계획만 세웠다. 2007년에 87조 원이라면, 2010년에 이런 계획을 만든다면 100조 원은 들 것이다. 우리가 지금 100조 원을 들인다면 아무리 좋은 계획이라도 실행하기가 어려울 것이기 때문에, 우리 이명박 정부는 4년 동안 22조 원 드는 4대강 사업을 만드는 것이다. 이 사업은 중요한 사업이다. (2010.05.11. 충남도지사 후보 선거사무소 개소식)

- **정병국**(문화관광부 장관 / 한나라당 국회의원)
- 4대강 살리기 사업은 그대로 진행돼야 하며 머리를 맞대고 여야가 서민 예산 확보를 위해 노력해야 한다. (2009.12.11. 국회브리핑)
- 4대강 사업은 국민들에게 이득이 있기 때문에 추진하고 있다. 4대강 사업의 한 단면은 한강을 보면 간단히 알 수 있다. 사업이 완료되면 국민적인 지지를 받을 것이다. (2009.12.28. 정책설명회)
- 남한강 예술 특구 사업비는 국회 상임위 논의 과정에서 특별히 문제점이 지적되지 않았고, 다만 4대강 사업 일환이 아니냐는 의견에 대해 사업의 필요성을 설명했을 뿐 사업 추진에 개입한 적이 없다. (2011.01.17. 정병국 문화체육관광부 장관 후보자인사 청문회)
- 가을이면 조금씩 변화하는 낙동강을 볼 수 있을 것이다. 4대강 사업을 통해 문화가 함께 숨 쉬는 낙동강이 국민들에게 돌아갈 것이다. (2011.03.23. 희망의 숲 조성 사업)

- **정옥임**(한나라당 국회의원)
- 4대강은 보수의 가치가 아닌 대한민국 미래의 가치이다. (2010.06.09. 한나라당 초재선 전체모임)
- 지금 4대강에 대해서 반대하시는 분들도 계시고, 적극적으로 찬성하시는 분들도 계시고, 실제로 4대강의 취지가 보수나 진보의 이념 가치에 입각한 취지도 아니고 너무 지저분하고 환경 오염된 강을 정비하고, 또 물 부족 문제를 해결하고, 환경 친화적으로 하겠다는 것이다. 여러 가지 소통부재가 됐든 반발이 있으니까 정 반대하는 지역에 대해서는 구간별로 나눠서 하겠다, 라는 것이 정부의 입장인 것으로 알고 있다. (2010.06.18. 〈CBS〉 이종훈의 뉴스쇼 인터뷰)

- **정용화**(대통령실 홍보기획관 / 호남미래연대 이사장)
- 홍수와 가뭄으로 소용되는 예산이 연간 4조 원으로 집중적으로 빨리 끝내야지 공

사가 지지부진하면 또 다른 예산이 더 소요된다. 빨리 공사를 끝낼수록 예산을 절약할 수 있다. (2010.01.17. 〈KBC〉 열린 토론회 인터뷰)

- **정우택**(충청북도지사 / 디지털서울문화예술대학교 총장)
  - 4대강 사업과 관련해서는 현재로서는 조속히 추진돼야 한다는 (지역) 여론이 압도적이다. 4대강 주변지역과 건설업체는 지역경제 활성화에 대한 기대가 크고 환영하는 분위기다. (2009.12.09 〈평화방송〉 라디오 '열린 세상 오늘, 이석우입니다' 인터뷰)
  - 현재 정부가 추진 중인 4대강 살리기 사업은 국가적 물 부족 문제와 홍수피해를 예방하고, 생명력이 넘치는 쾌적한 하천환경을 조성함으로써 삶의 근본인 물을 풍부하게 하는 사업으로 알고 있다. 또한 국가 녹색성장을 뒷받침하고 지역발전의 활력을 촉진할 것으로 기대되고 있다. 또한 2013년 개최되는 세계조정선수권대회 경기장과 연계되어 수상레저, 문화 활동 공간이 조성됨으로써 대회를 찾는 세계인들에게 볼거리를 제공하고 충북 북부의 새로운 관광자원화로 지역 주민들은 크게 환영하고 있다. 강이 살아나면 희망의 새로운 싹이 트이는 것이다. 자연의 숨결이 되살아나고 역사와 문화, 경제가 더 크게 피어난다. 4대강 살리기 사업이 조속히 추진되어 국토의 밝은 미래가 활짝 열리기를 기대해 본다. (2010.03.14. 〈국민일보〉 인터뷰)

- **정운찬**(국무총리 / 동반성장위원회 위원장)
  - 친환경적이고 수변 지역을 쾌적한 중소도시로 만든다면 반대할 이유가 없다. 청계천 콘셉트로 했으면 좋겠다. (2009.09.03. 총리 지명자 서울대 사회과학대학원 기자회견)
  - 기후변화 등으로 인한 물 부족과 홍수피해에 대비하는 동시에 수질개선 등 강을 친환경적으로 정비하는 사업이다. 반복되는 홍수 피해로 인한 복구비를 앞당겨 투자한다는 개념으로 이해한다면 장기적으로 국가재정에 이익이 될 수 있다. (2009.09.18. 국무총리 인사청문특위에 제출한 서면 답변서)
  - 기후변화로 인한 물 부족, 홍수피해 대비와 수질 개선을 위해 추진 필요성이 크다. 반복되는 홍수 피해로 인한 복구비를 앞당겨 투자한다는 개념으로 이해한다면 장기적으로 국가재정에 이익이 될 수 있다. (2009.09.21. 정운찬 국무총리 후보자 인사청문회)
  - 강 정비 사업은 좋다. 우리나라가 자랑스럽게 생각해야 할 것은 50년간 진행해온 산림녹화이다. 강을 아름답게 만들어 세계적으로 훌륭한 강 시스템을 만들고 싶다. 대운하는 예산이 많이 든다. 대운하는 필요 없는 것이고 4대강은 필요하기도 하다. (2009.09.22. 정운찬 국무총리 후보자 인사청문회)
  - 청문회에서도 말했지만 우리나라는 지난 50년간 산림녹화 사업을 잘해 왔다. 대운하는 반대지만 강도 한번 잘해 보자는 생각은 있다. (2009.09.29. 취임식)
  - 과거 대운하 사업에는 반대했으나 강에 대한 기본 아이디어는 탓하기 힘들다. 나라의 발전을 위해 예산, 공사 기간 등 모든 사항을 고려해서 결정하겠다. (2009.09.29.

기자간담회)
- 미래 대비 기반 강화를 위한 수단으로서 녹색성장, 4대강 사업, 신성장동력 등 미래 과제를 차질 없이 진행해야 한다. (2009.10.06. 국무회의)

• **정진섭**(한나라당 국회의원)
- 수자원공사는 하천관리청의 지위를 갖고 있기 때문에 하천사업이 가능하다고 전제하고 하천사업은 홍수와 가뭄에 대비하고 수자원의 용량을 확보하는 것인 만큼 공사의 설립 목적인 수자원의 종합개발 및 이용에 들어맞는다. (2009.10.08. 국정감사)
- 4대강 사업은 기본적으로 재해예방사업이다. 재해복구비를 선투자해서 홍수와 가뭄 등 재해를 사전에 막자는 것으로 4대강 살리기의 직접사업비인 15조 4,000억 원도 실제로 써 왔던 재해복구비 6년 치 정도를 선투자하는 규모에 불과하다. (2009.10.13. 국정감사)
- 4대강 사업하면서 하천부지에 경작지 정비 할 거냐 말거냐 논란이 많았다. 농사 기득권과 민원 때문에 줘야 한다. 이 기회가 아니면 정비가 어렵다는 의견이 충돌했다. 그러나 이번에 4대강 정비를 통해 같이 정비하게 되었다. (2010.09.16. 팔당 두물머리 유기농단지 보존방안 마련을 위해 정책토론회)
- 여름에 태풍이 한반도를 강타해 집중 호우가 내렸음에도 4대강 공사현장과 주변은 피해가 없었다. 이는 강바닥을 걷어 내고 물그릇을 만들어 홍수피해를 예방한 결과이며 4대강 사업의 치수기능인 것이다. (2010.10.11. 국토해양위원회 국정감사)

• **정희수**(한나라당 국회의원)
- 4대강 사업은 해야 한다. 홍수 피해 복구 등으로만 해도 투입한 비용이 회수된다. 우리나라는 물 부족 국가인데 40년이 넘도록 4대강 바닥이 준설되지 않아 높아져 있다. 차제에 바닥을 준설해 수심을 깊게 하고 수량을 확보해야 한다. 보도 가동보로 환경 친화적으로 하기 때문에 큰 문제가 없다. 친환경 4대강 사업만은 내정자가 총리가 된 후 의지를 갖고 잘 만들어 달라. (2009.09.22. 인사청문회)
- 4대강 살리기는 수자원공사가 21세기에 어떻게 도약하느냐를 결정하는 상당히 중요한 사업이다. 도약하려면 작품을 만들어야 하는데 생태하천을 세계에서 가장 잘 만드는 기업으로 거듭나야 한다. 그러기 위해서는 4대강을 잘 만드는 데 임직원들이 신경 써 달라. 4대강은 하천 보를 활용한 소수력, 천변저류지 태양광 등 신재생에너지 잠재량을 보유하고 있다. 보 연계 16개 소수력 개발을 비롯하여 태양광발전 및 인접도시 연계 수온차냉난방 개발도 추진할 필요가 있다. 또 정부의 '저탄소 녹색성장' 정책 목표 실현과 4대강 사업의 투자비 회수 방안 고려시 물 관련 녹색에너지 개발 사업을 포함시켜 사업성 확보를 위한 노력을 적극적으로 기울여 한다. (2009.10.08. 국정감사)

- 4대강 사업 투자로 수공 부채비율은 2013년 139%로 크게 상승할 것이지만, 수공이 주변지 개발이익으로 투자비용을 회수할 때까지 정부가 지원하는 금융비용 금액이 실소요액보다 360억 원 부족해 수공의 경영부담이 가중될 것이다. (2010.10.07. 국정감사)
- 외환위기 때 기업 구조조정 기준이 부채 200%였는데 수자원공사의 139%는 크게 높지 않은 수준이다. 당장 공사가 어떻게 되는 것이 아니며 공사의 경영 능력으로 감당할 수 있다. (2010.10.07. 국토해양위원회 국정감사)

• **조원진**(한나라당 국회의원)
- 역사를 공사한다는 자부심을 갖고 일했으면 한다. 모든 일정을 마친 뒤 봤다시피 수량이 적어 물 관리는 꼭 필요하다. 그래서 이명박 정부가 아니었어도 이 사업은 꼭 해야 한다. 하지만 공사 중 예상치 못한 문제가 발생할 수 있는 만큼 사업의 진행을 꼼꼼히 체크하고 감시해야 한다며 국회가 계속 감시·감독을 해야 하고 4대강 사업의 잘못 알려진 정보도 바로잡도록 하겠다. (2010.04.22. 낙동강 정책탐사투어)
- 4대강 사업을 잘해서 관리를 잘하면 원전 세계수출문제, KTX 세계수출문제와 맞먹는 세계수출 효자종목이 생기는 것이다. (2010.10.07. 한국수자원공사 국정감사)
- 4대강 사업은 이미 예산이 투입돼 진행 중인 사업이라서 지금에 와서 정략적 반대 주장으로 인해 중단될 수는 없는 일이다. 정부 핵심 사업인 만큼 사업을 해 보고 그 결과에 대해 평가해야지 처음부터 안 된다는 발상은 발목잡기에 지나지 않는다. 친수법을 반대하는 것은 1천 320만 명의 낙동강 주민은 물론 4대강을 끼고 살아가는 주민들의 마음을 잘 모르고 하는 행동이다. 금명간 결정될 4대강 인근의 선도사업 프로젝트 발표가 나올 때까지 야당은 자중해야 한다. (2010.10.22. 국무회의)

• **조해진**(한나라당 국회의원)
- 4대강 살리기는 국토의 품격과 수준을 한 단계 끌어올려 선진국 도약의 지렛대가 될 사업이다. 혹 야당이 4대강 살리기의 성공적 완수에 대해, 명품 4대강의 출현에 대해 정치적 부담을 느끼는 것은 아닌가. 청계천 신드롬이 4대강을 통해 전 국토로 번져 가는 것에 대해서 두려움을 갖는 것은 아닌가. 조 대변인은 4대강 살리기 자체를 무산시키는 것이 목표가 아니라면 도를 넘은 비방이나 근거 없는 폭로 등 흠집내기성 정치공세는 삼가야 한다. 야당은 4대강 살리기에 대한 정략적 국정조사요구를 철회하고, 올바른 비판과 대안 제시로 4대강 명품 만들기에 동참해 주기 바란다. (2009.10.08. 논평)
- 4대강 살리기 사업은 4대강에 맑고 깨끗한 물이 늘 흘러서 가뭄·홍수 걱정 없게 하고, 생태·문화·역사·관광 개발과 일자리 창출로 낙후된 지방을 발전시키는 꿈과 희망의 대역사다. 그동안 야당과 시민단체들이 제기해 온 여러 가지 비판들은 시공 과정에 충실하게 반영돼 사업 완성도를 높이는 소금의 역할을 하게 될 것이다.

4대강 살리기 사업이 본격 착공에 들어가는 이 시점에서, 야당도 이제 할 말을 다한 만큼 사업의 성공적인 완수를 위해 대승적으로 힘을 모아 줄 것을 당부한다. 4대강 살리기 사업의 완성도를 높이기 위한 건설적 비판이 아니라 사업 자체를 저지하기 위한 시도나 반대를 위한 반대는 이제 그만둬야 한다. 4대강 살리기 사업을 내년도 예산에 연계하거나, 4대강 살리기 사업 예산을 대폭 삭감해 사업 추진에 심각한 장애물을 놓으려고 한다면 이는 용납될 수 없는 일이다. (2009.11.09. 논평)

- 앞으로 성공할 것이 확실하고 국민들로부터 각광 받을 것이, 박수 받을 것이 확실하기 때문에 다음 선거를 겨냥해서 정략적으로 4대강 살리기 사업을 반대하는 그것이야말로 시대착오적인 접근이라고 생각한다. (2010.02.03. 한나라당 브리핑)

- 보를 만들어 물의 양을 늘리면 수질개선이 된다. 여기에 들어가는 돈도 사실상 수질개선 비용인 셈이다. (2010.10.19. 영산강·금강유역환경청 국정감사)

• **주호영**(한나라당 국회의원)

- 한반도 대운하나 4대강 운하가 바람직하느냐는 접어두고라도 대구까지 운하가 필요하다는 생각에는 변함이 없다. (2009.09.15. 인사청문회)

• **진선수**(환경부장관 정책보좌관 / 한국폴리텍 전임교수)

- 우리나라는 연평균 강수량이 1,245mm(세계평균 강수량은 880mm)중 여름에 70%가 집중적으로 내리고 있으나, 하천유량의 변동이 커 물 부족국가로 지정되어 있다. 이를 근본적으로 해결할 수 있는 방법은 4대강 살리기를 통해 해결할 수밖에 없다고 본다. 4대강 살리기는 당리당략(黨利黨略)이나 개인의 이해관계를 떠나 물 부족국가를 조기에 극복하기위한 방법으로 국민 모두가 지혜를 함께 모아야 할 때라고 생각한다. (2009.06.27. 〈데일리안〉 기고)

- 우리나라는 연평균 강수량이 1,245mm로 세계평균 강수량(880mm)에 비해 많은 편이나 여름에 70%가 집중적으로 내리고 하천유량의 변동이 커 물 부족국가로 지정되어 있다. 이를 근본적으로 해결할 수 있는 방법의 하나로 정부가 추진하고자 하는 4대강 살리기이다. 4대강 모든 구간의 단면을 동시에 준설하는 것도 아니다. 대체서식지의 조성과 멸종위기종의 인공증식·배양·강변 습지조성 등의 대책이 수립되어 있으며, 생태계는 놀랄 정도로 변화하며 빠른 속도로 환경에 적응한다. 4대강 살리기는 마스터플랜을 수립하는 과정에서 다양한 국민의 의견을 수렴하여 반영된 것으로 수질개선대책, 지류·지천에 대한 대책의 필요성을 주장해 놓고 막상 반영되자 증가된 예산부분을 문제 삼는 것은 앞뒤 논리가 맞지 않다고 본다. (2009.09.16. 〈전북일보〉 기고)

- 4대강 예산 때문에 내년도 SOC(사회간접시설)예산이 줄어든다는 것은 오해이다. 4대강 사업은 유엔환경계획 (UNEP)환경보고서에서 '기후변화 및 친환경 녹색사업'으로 선정된 사업이다. 4대강 살리기는 대운하(물류와 관광)와 달리 수질개선과 물

부족 문제를 조기에 극복하기 위한 사업으로 국민모두가 지혜를 함께 모아야 할 때라고 생각한다. (2009.12.08. 〈데일리안〉 기고)

- 2012년 4대강 사업이 완료되면 현재보다 수질이 개선된다는 과학적 수질예측 모델링 결과도 나와 있다. 4대강 살리기는 대운하(물류와 관광)와 달리 수질개선과 물 부족 문제를 조기에 극복하기 위한 해법으로 국민 모두가 지혜를 모아야 할 때라고 생각한다. (2010.07.22. 〈브레이크뉴스〉)

• **진수희**(보건복지부 장관 / 한나라당 국회의원)
- 중앙과 달리 지방에서는 정파를 뛰어넘어 4대강 사업이 가져올 경기부양 효과에 많은 기대를 걸고 있다. (2009.10.22. 기획재정부 국정감사)
- 표심을 놓고, 정부 여당이 중점적으로 하려고 한 국정과제 모두를 폐기하라, 이건 지나친 것이다. 4대강 문제는 이미 시작이 되었고, 올 연말이면 거의 절반 이상, 내년 상반기가 되면 완공이 되는 그런 사업이다. 그걸 가지고 전면중단하라는 것은 맞지 않다고 덧붙였다. (2010.06.08. 〈불교방송〉 라디오 '아침저널' 인터뷰)

• **추부길**(청와대 홍보기획비서관)
- 각 연구원들의 경제 타당성 조사는 언제든 자기 입맛에 맞게 할 수 있는 것이기 때문에 결과가 상이하게 나온다. 경제 타당성에 대해서도 언제든지 국민을 설득할 수 있다. 환경단체가 주장하는 환경파괴 우려와 관련해 독일의 녹색당도 환경을 중시하는 당이지만 이 당은 친환경적으로 운하를 통해 물류를 운송해야 한다고 주장한다. 하지만 우리나라는 가만히 놔두는 게 환경을 지키는 것이고 바꾸면 환경을 파괴하는 것으로 잘못 인식하고 있다. (2008.01.03. 〈SBS〉 라디오 '백지연의 SBS 전망대' 인터뷰)
- 준설이 환경을 파괴한다고 하는 것은 운하를 모르고 하는 소리다. 환경단체는 준설이 멀쩡한 강을 파헤치는 것으로 생각하는데 원래 준설은 모래, 자갈이 퇴적돼 있는 바닥을 긁어내는 것이다. 그렇게 하지 않으면 하상이 계속 높아져 홍수가 발생한다. 그동안 둑을 쌓아 홍수에 대비했지만 한계가 있다. 운하를 통해 홍수도 예방할 수 있다. 반대론자들은 댐을 짓고 물이 고이면 썩는다고 하는데 댐을 건설하는 것이 아니라 수중보, 갑문을 만드는 것이다. 그러면 물이 흐르는 속도는 줄어드나 계속 넘쳐흘러 썩는 일이 없다. 또 수량이 풍부해져 갈수기 때 물 부족으로 수질이 악화되는 것을 막을 수 있다. (2008.01.22. 신문 인터뷰)
- 기업체 오너들을 대상으로 조사하면 90%이상 찬성, 종업원들한테 물어보면 70~80%이상이 반대한다. 왜냐하면 종업원들 입장에서는 바꾸는 것 자체가 귀찮고 복잡하다. 새로운 프로세스를 적용하는 것 자체가 싫다. 그래서 반대한다. (2008.01.24. 〈대구방송〉 '경부운하, 희망의 물길인가?' 토론회)
- 홍수 문제 등에 대해 너무 적합하지 않게 말하는 것을 볼 때, 너무 정치적으로 접

근한 것 같다. 대운하에 대해 감정적이고 정확한 지식 없이 반대하는 분들이 많았다. 교수라는 분들이 인신공격을 하고, '팩트(사실)'에 의한 반대를 하지 않았다. 운하에 대해 좀 더 깊이 연구한 다음에 반대하는 것이 옳다. 2020년에는 물동량이 지금보다 2배, 이를 컨테이너로 환산하면 3배 이상 늘어난다. 제2경부고속도로나 철도는 환경문제로 놓을 수 없기 때문에 한강과 낙동강을 연결해 운하로 사용하면 환경파괴도 적고 물류비용도 절감할 수 있다. (2008.02.04 〈SBS〉 라디오 '백지연의 SBS전망대' 인터뷰)

- 대운하와 같은 국책과제는 정치쟁점화해선 국익에 전혀 도움이 안 된다. 이건 차분하게 대화하고 토론하고 연구하면서 찬반여부를 가려야 할 문제지 한두 개 가지고 무 자르듯 자르는 정치쟁점화는 나라에 도움이 되지 않는다고 판단한 것이다. 우리는 항상 부정적으로 생각하진 않는다. 일단 될 것을 전제로 해서 구상할 것이다. 국민여론 흡수라든가 공개토론 같은 작업들을 계속해 나갈 것이고, 만약 그렇게 했음에도 불구하고 국민적 공감대 형성이 안 되면 또 미룰 것이다. 국민과의 대화를 지속하면서 차츰 결정해 나갈 것이다. (2008.04.12 〈CBS〉 '시사자키 오늘과 내일' 인터뷰)

- 운하라는 단어를 쓰지 않는다고 하더라도 하천관리를 제대로 해야된다는 건 명약관화한 일이다. 정부가 예산을 투입해 4대강 물길을 원래 모습대로 복원하는 게 중요하다. (2008.11.04. 〈평화방송〉 라디오 인터뷰)

• **한승수**(국무총리)
- 가뭄에 대한 중·장기 대책의 핵심은 현 정부가 강력히 추진 중인 4대강 살리기 사업이다. (2009.03.03. 국무회의)
- 4대강 살리기는 단순한 토목공사가 아니라 강의 생명력을 복원해 다시 한 번 국운을 일으키려는 원대한 사업이다. 일자리 창출, 지역균형발전, 녹색 생활공간 창조를 위한 프로젝트이다. 정부는 낙동강 살리기에만 전체 4대강 살리기 사업비의 절반인 약 7조6000억 원의 사업비를 투입할 것이다. 낙동강 모든 지구의 정비 사업을 2011년까지 끝낼 수 있도록 최대한 지원하겠다. (2009.03.06. 부산 대저지구 조성 사업 착공식)
- 녹색성장은 에너지 문제와 기후변화 대응 등 환경과 조화하고자 하는 질적 성장이다. 4대강 살리기도 박정희 정부에서 산림녹화를 추진한 이후 외국인들도 놀랄 정도로 산림녹화에 성공했는데 이제는 강을 정비하고자 하는 것이다. (2009.05.14. 중앙 언론사 편집·보도국장과 오찬간담회)
- 정부에서 추진하는 4대강 살리기는 산과 강의 환경을 살리는 사업이다. 과거 우리의 역사와 전통은 강에서 이루어진 것인데 요즘 우리의 강이 완전히 버려져 있다. 4대강 살리기는 운하사업이 아니라 이런 산과 강을 다시 살려 내는 사업이다. 과거에는 큰 댐을 지어 주변지역의 환경이 바뀌면서 농작물 등에 큰 피해를 봤으나 앞

으로는 피해를 막으려고 중. 소규모의 댐을 지을 계획을 하고 있다. (2009.08.25. 경
남 방문)
- 4대강 살리기는 수해를 예방하고 수질개선, 수자원확보, 수변구역 녹색화 등의 사
업을 위해 14조 원을 투자하는 다목적 프로젝트로 28만여 개의 일자리 창출효과
를 가져올 것이다. 한국의 4대강 살리기 사업이 완료되었을 2015년에 7차 세계물
포럼을 한국에서 유치해 우리의 저탄소 녹색 성장과 관련한 수자원정책 경험을 전
세계와 공유할 수 있기를 희망한다. (2009.03.16. 세계물포럼 국가수반회의 기조연설)
- 이제는 산이 아니라 강이다. 4대강 살리기는 녹색성장의 중요 축이다. 4대강 살리
기는 과거 푸르른 강을 만드는 것으로 역사와 문화, 레저가 함께하는 강을 만드는
것이다. (2009.05.07. 지역신문 편집국장 초청 오찬간담회)
- 4대강 물길 살리기 사업에 부산권역 낙동강이 가장 큰 혜택을 받을 것이다. 4대
강 사업은 단순한 토목사업이 아니라 4대강을 옛날로 다시 복원하는 게 기본 목적
이다. (2009.03.06. 부산 '기후변화와 녹색성장' 특강)
- 우리나라는 국제무대에서 범세계적 녹색성장 노력에 앞장서고 있다. 4대강 살리
기를 통해 물 문제의 근원적 해결을 시도하기 시작했다. 우리나라는 기후변화와
물의 문제를 동시에 해결하기 위해 최선을 다할 것이다. (2009.05.06. 세계시민포럼
(WFC) 개막식)
- 박정희 대통령의 최대 업적 중 하나는 (녹화를 통해) 산을 살렸다는 것이다. 산은
살렸으니 이제 강을 살리자는 게 4대강 사업이다. (지난 4월) 독일 메르켈 총리를
만나 2시간 30분 동안 얘기했는데 (이명박 정부의 녹색 성장전략에 대해) 자기들은
도저히 못한다고 하더라. (2009.05.22. 일본 〈니혼게이자이(日本經濟)신문〉 주최 심포지
엄 참석차 일본 방문, 한국 특파원들과의 조찬 간담회)
- 우리가 지난날 산림녹화사업을 통해 산을 살렸듯이 이제는 4대강 살리기 사업을
통해 강을 살리려는 것이다. 푸른 산 때문에 수많은 등산객들이 주말이면 산을 찾
듯이 우리나라의 강을 복원해 온 가족이 산 못지않게 다시 살아난 맑은 강을 찾아
즐기는 시대를 하루 속히 앞당겨야 한다, 산과 강을 함께 살려 나가려는 우리의 이
러한 노력은 세계적 이슈인 물 문제 해결에도 크게 기여할 것이다. (2009.06.05. 제
14회 환경의 날 기념식)
- 지난날 산림녹화사업을 통해 산을 살렸듯이 이제는 4대강 살리기 사업을 통해 강
을 살리려는 것이다. 단순한 토목공사가 아니라 부족한 물 문제를 해결하고 가뭄
과 홍수를 예방하기 위한 것이다. (2009.07.09. 녹색 새마을운동 선포식)
- 1960년대 박정희 전 대통령의 산림녹화사업을 통해 현재 우리나라가 전 세계인의
부러움을 사는 숲으로 가득찬 국가가 됐듯이 4대강 살리기도 이와 같이 우리 미래
를 살리는 사업이다. 박 전 대통령의 경우 18년 가까이 정책을 펴며 산림녹화사업
의 결과를 조금이나마 볼 수 있었겠지만 이명박 대통령은 5년 임기밖에 안 돼 강
살리기를 통한 결과를 못 보기 때문에 당장에 성과를 내기 위한 것이 아니라 먼 미

래를 보고 길게 추진하는 것이다. 여러분들이나 우리 후손들이 반드시 득을 볼 것으로 생각한다. (2009.07.25. 민생현장탐방차 경북 고령군 대가야박물관 방문)

- 녹색성장과 관련해서는 UNEP(국제연합환경계획) UN 환경프로그램의 아킴 슈타이너 사무총장이 와서 우리나라의 녹색성장에 대한 평가를 굉장히 높이 했다. 또 국제사회에서 그렇게 돌아가고 있지만, 특히 4대강 살리기가 녹색성장사업의 가장 중요한 사업이고, 훌륭한 사업이라는 평가를 했다. 오늘 4대강 살리기 얘기가 간간히 나오긴 하겠지만, 당에서도 이것은 산림녹화에 이어서 하천을 청소함으로써 금수강산을 만들려는 이명박 대통령의 역점 사업이기 때문에 앞으로도 적극적인 협조를 마지않는다. (2009.08.25. 고위당정협의회)
- 4대강 살리기 사업으로 인해 다른 분야의 사회간접자본(SOC) 예산이 줄었다는 잘못된 인식이 생기지 않도록 철저한 홍보를 할 것을 당부한다. (2009.09.28 국무회의)
- 총리실이 더욱 더 중심이 돼 이 같은 원대한 사업이 국민들뿐만 아니라 세계적인 모범케이스가 될 수 있도록 해 달라. (2009.03.02. 국무총리실 간부회의)
- 강을 살림으로서 혜택을 받는 지방자치체가 운하가 아니라고 이야기해 줘야 한다. 혜택을 보면서 가만히 있으면 안 된다. 산에 가는 등산객들은 몇 천만 명이 되는데 강을 찾는 사람은 몇 없다, (강에) 가 봐야 아이들과 놀 수도 없다, 총리가 어릴 때 북한강에서 컸는데 그물 치고 낚시도 했다, 그런데 요즘은 시골에 가도 물이 더러워져 멱 감는 사람이 없다. (2009.06.10. 금산구청을 찾은 자리)
- 가장 근본적이고 확실한 풍수해 예방대책, 지금은 우기인 만큼 본격적인 공사 발주 시기는 조정해 안전사고에 유의해 달라. (2009.07.07. 국무회의)
- 이곳 서천에 흐르고 있는 금강을 비롯한 4대강 살리기 사업은 이러한 녹색성장의 핵심사업 가운데 하나, 4개강을 다시 살려 녹색성장의 거점인 동시에 경제위기 극복의 견인차 역할을 하도록 하겠다. (2009.07.27. 충남 서천 국립생태원 착공식)
- 녹색성장의 가장 중요한 부분은 깨끗한 물 기반을 만드는 것이고, 이를 위해 현재 '4대강 살리기' 사업을 진행 중이다. (2009.08.18. 2009 세계도시물포럼)
- 우리 역사상 유례가 없는 새로운 강 문화를 만드는 대역사이다. 4대강 살리기는 단순한 건설공사가 아니라 경제를 살리고 균형발전을 촉진하며, 환경을 복원하고 문화를 꽃피우는 한국형 녹색뉴딜사업이다. 정부는 이 사업으로 모두 19만 개의 일자리가 창출되고 23조 가량의 경제 살리기 효과가 나타날 것으로 기대하고 있다. 4대강 살리기 사업은 선택의 문제가 아니라 지금 우리가 꼭 해야 할 필수적인 사업, 그동안 이런저런 이유로 미뤄져 왔던 반드시 해야 할 일을 이제야말로 제대로 한 번 해 보자는 것이다. 정부는 인류의 미래가 달려 있는 지구 온난화에 따른 홍수와 가뭄에 근원적으로 대처하기 위해 낡은 제방을 보강하고, 퇴적된 토사를 정비하며 충분한 물을 공급할 수 있도록 할 것이다. (2008.12.29. 안동 2지구 생태하천조성사업 기공식 치사)

- 4대강 살리기 사업에 총력을 기울이는 이유에 대해 지역균형발전을 이루는데 핵심이기 때문이다. 지금 우리 4대강은 중병을 앓고 있다. 단순한 사회간접자본 확충이 아니라 한국형뉴딜사업으로 균형발전까지 이뤄 나가게 될 것이다. (2008.12.29. 영산강 나주지구 생태하천사업 기공식 치사)
- 4대강 재탄생 프로젝트는 다목적 사업이자 세계 역사상 유례가 없는 새로운 강 문화를 만드는 사업이다. 지역 고용창출을 통해 경제도 살리고 문화, 환경을 조화시킬 수 있다. 4대강 살리기는 온 국민의 사랑을 받는 가운데 반드시 성공적으로 추진돼야 한다. 역사와 전통이 살아 있고 반기문 UN사무총장을 배출한 충주에서 '4대강 살리기'를 하게 돼 매우 뜻깊다. 충주 사업구간은 역사와 문화, 관광 등이 종합적으로 개발되도록 연구해야 한다. 다른 (선도사업지구) 지역보다 충주가 모범이 될 수 있도록 애써 달라. (2009.01.20. 한강권 선도사업지구, 충주시 목행동 체육공원 현장 방문)
- 단순한 토목사업이 아니고 대운하와도 아무런 관계가 없다. 국민이 이 문제만은 순수하게 받아 줬으면 좋겠다. 경인운하도 해 놓고 나면 아마 모두 다 잘했다고 얘기할 것이다. (2009.01.09. 〈KBS〉 '일요진단' 대담)
- 지난해 말 안동과 나주에 이어 충주에서 공사를 시작함에 따라 4대강 살리기 사업이 본 궤도에 올라서게 됐다. 이 사업을 통해 지역경제를 활성화하고 강의 생명력을 복원해 다시 한 번 국운을 일으키는 기회로 만들어야 한다. (2009.02.26. '4대강 살리기'를 위한 충주지구 생태하천 조성사업 착공식)
- 한국형 녹색뉴딜 사업인 4대강 살리기 사업은 차질 없이 추진돼야 한다. 4대강 살리기 사업은 전 부처의 종합적인 사업으로 이해하고 관심을 기울여야 한다. (2009.01.09. 국가정책조정회의)
- 겨울철 가뭄이 심각하고 당분간 호전되기 어려울 것 같은 전망, 그렇지 않아도 경제위기로 힘든 국민이 가뭄으로 인해 피해와 불편을 겪지 않도록 철저히 대비를 해야 할 필요가 있다. (2009.01.28. 제4회 국무회의)
- 밀양이 4대강 살리기 사업으로 가장 혜택을 받는 지역, 적극적인 협력과 지원을 당부한다. 강 살리기라는 것이 만들어 놓으면 세계 어디에서도 볼 수 없는 훌륭한 강을 재창조하는 것이기 때문에 이 지역 발전에 굉장한 도움이 될 것으로 생각한다. (2009.02.19. 밀양시 시정업무보고)
- 4대강 사업의 첫 삽을 뜬 안동과 영산강은 대운하와 관련 없는 지역이다. 국민이 원하지 않으면 대통령이 안 하겠다는 말을 믿어 주시길 바란다. 건축가들과 도시기획 전문가 등이 모여 강을 복원해 세계 모든 나라들이 보고 감탄할 사업을 만들 것이다. (2009.02.26. 한경밀레니엄포럼)

• **허남식**(부산시장)
- 이 사업과 함께 서부산권에 국제산업물류도시, 강서신도시 등이 들어서면 낙동강

하구 일원이 생태관광 중심지가 될 것이다. (2009.11.30. 4대강 설명회 연설)
- 우리는 낙동강 살리기 사업의 성공적 추진을 위해 지역민의 동참을 적극 유도하고 지자체 간 긴밀한 협조체제를 유지한다. (2009.12.02. '4대강 살리기 사업' 기공식 행사)
- 낙동강과 소하천 살리기 운동은 오염된 강을 살리고 물 부족 문제를 해결하는 한국형 뉴딜운동이다. (2010.02.25. 새마을회 행사)
- 4대강 살리기는 반드시 필요한 사업이다. 우리처럼 하천을 내팽개치다시피 하는 나라도 없다. 물길을 살리면서 수질을 개선하고, 시민들이 여유 공간을 활용할 수 있도록 다듬는 것이 절실하다. 4대강 사업은 부산 경제에도 막대한 영향을 끼친다. 부산의 동-서 불균형이 심하다는 지적이 있는데 4대강 살리기의 가장 큰 줄기인 낙동강 살리기가 완성되면 낙동강 주변의 서부산권은 확연히 변모해 새로운 도시가 될 것이다. (2010.05.21. 〈머니투데이〉 인터뷰)
- 4대강 살리기 사업은 소중한 수자원을 보전하고 강 주변 환경을 복원하며 지역 경제를 살려 경제위기를 극복할 수 있는 사업임에도 불구, 일부에서 그 취지를 왜곡하며 반대 입장을 표명하고 있는 데 대해 깊은 우려가 있다. 소모적 정쟁을 중단할 것을 요청한다. (2010.06.09. 공동성명)
- 4대강 사업은 친환경사업으로 부산에 많은 편익을 줘 꼭 필요하다. 무조건적인 반대가 아니라 4대강 사업이 지역적 관점에서 지역발전에 얼마나 많은 혜택을 주는 사업인지 주의 깊게 살펴봐야 한다. 부산권 낙동강 사업은 다른 지역과 달리 친수 공간 확대 등 시민 생활과 밀접한 사업으로 반드시 필요하다. (2010.06.15. 〈서울신문〉 인터뷰)

- **홍준표**(한나라당 대표)
- 우리가 먹는 물을 어떻게 깨끗하게 만드느냐가 4대강 사업의 포인트다. (2010.04.14. 라디오 인터뷰)
- 지금 어떻게 보면 10년 전부터 4대강 사업을 시작을 했다. 이게 28조를 들였고 노무현 대통령 때도 45조를 들여서 4대강 사업을 해 왔는데, 수질개선이 안 되니까, 수질 개선의 방법을 수량을 풍부히 해서 수질개선을 하자, 그 방법으로, 방법을 전환한 것에 불과하다. (2010.05.24. 〈불교방송〉 라디오 '아침저널' 인터뷰)
- 4대강 사업 문제는 김대중 정부 때 예산이 들어간 게 27조이고 노무현 정부 때 들어간 게 43조다. 이 정부 들어 4대강 정화의 방법을 다르게 하는 것인데, 국민들이 환경 훼손을 우려한다면 국민들이 요구하는 대로 검토를 해야 할 것이다. (2010.07.05. 한나라당 전당대회토론회)
- 4대강 사업과 관련해 삽질, 토목정권이라는 야당의 선동에 현혹되지 말아야 한다. 올해 비는 2배 왔는데, 수해는 1/10로 줄었다. 4대강 공사가 수해를 막았다. 선동에 속지 말라. (2010.08.27. 사천강연)

– 4년간 일자리 96만 개 창출을 목표로 4대강 정비 사업을 필두로 해서 국가대개조 사업을 서두르고 있다. (2009.02.03. 국회 교섭단체 대표연설)

3. 4대강 사업 찬동 A급 공직자

• **권태균**(조달청장 / 아랍에미리트 대사)
– 배 밑이 강바닥에 닿은 것이다. 배는 더 올라가지 못하고 엔진을 뒤로 돌려 겨우 빠져나와야 했다. 그리고 보니 물 색깔도 녹조가 낀 것처럼 황록빛을 띤 것이 이상 했다. 물어보니 강변에 끝도 없이 서 있는 비닐하우스에서 배출하는 계분(鷄糞) 때 문이라고 했다. 실망하기도 했지만 왜 4대강 살리기 사업을 해야 하는지 절감하는 기회가 됐다. 4대강 살리기 사업은 오랜 기간 방치돼 물길이 막혀 버린 우리의 강 을, 준설을 통해 다시 원래 모습대로 살려 내고 강변에 무계획적으로 난립한 각종 시설물들을 정리해 강의 수질을 개선하는 사업이다. 또 적절한 장소에 저수지와 보를 설치해 계절에 따라 변화하는 수량을 일정하게 유지하고 홍수와 가뭄 피해를 조절할 수 있도록 하는 사업이다. 강변에는 한강변처럼 자전거 길도 만들고 스포 츠, 레저시설도 만들어 굳이 대도시권이 아니더라도 살기 좋은 쾌적한 지방문화권 이 형성되도록 하고 있다. 보 설치에 따른 수질악화 논란도 있는 만큼 특별히 환경 문제에 신경을 써서 폐수처리시설도 더 만들고, 보의 설계에 있어서도 자연경관과 의 조화는 물론 물의 흐름을 자연스럽게 조절할 수 있는 개폐시설이 반드시 들어 가도록 하고 있다. (2009.10.20. 〈헤럴드포럼〉 인터뷰)

• **김정훈**(부산지방 국토관리청 하천국장)
– 공동조사는 어디까지나 낙동강 사업의 정상적인 진행을 위한 것이어야지, 환경단 체의 요구대로 무엇을 적발하기 위해 수사하듯 조사하는 것이어서는 곤란하다. 빠 듯한 공사일정을 감안할 때 20~30개 지점을 공동조사 한다는 것은 불가능하다. 낙동강 사업 구간에서 오니토는 이제까지 발견된 적이 없으며, 설혹 앞으로 발견 된다 하더라도 관련 규정에 따라 적법하게 처리하면 되는 것이지 이 문제로 낙동강 사업을 늦춰서는 안 된다는 것이 부산국토관리청의 확고한 입장이다. (2010.04.28. 〈부산일보〉 인터뷰)

• **김지태**(환경부 물환경정책국장)
– 우리에게는 울산 태화강 등 생태하천 복원에 성공한 경험이 있다. 오염에 찌든 강 을 시민이 물놀이하고 철새와 물고기가 돌아올 정도로 되살려 낸 기술력이 있다. 이렇게 축적된 경험과 기술이 4대강에 적용되는 것이다. 4대강 살리기 사업이 본 궤도에 오르기 시작한 이제는 더 이상 국론 분열적인 논쟁을 지속할 때가 아니라

이 사업을 세계 환경사에 남을 기념비적 사업으로 성공시키기 위해 국민적 역량을 모을 때가 아닌가 생각한다. (2010.04.26. 〈한국경제〉 기고)

- **김철문**(4대강추진본부 사업지원국장)
- 4대강 사업 이후 지천의 물도 시원하게 쑥쑥 빨려 나가니 물 흐름이 바뀌는 것은 당연하다. 흐름의 변화에 따라 지류의 바닥이나 제방이나 하천 벽도 변한다. 하천의 '피해'가 아니라 '변화'일 뿐이다. 농경지가 거대한 호수처럼 되는 피해들은 모두 본류가 아니라 지류에서 생긴다고 반대단체는 주장해 왔다. 물이 쏜살같이 빠져나간 덕분에 마을 침수가 안 되었다면 그것 또한 4대강 사업의 목표달성 중 하나다. 하천 안에 침식이라는 '피해'가 있을지언정 수많은 생명과 재산의 피해를 막을 수 있다면, 어느 것을 선택해야 옳은가? 보통 사람이라면 어떤 답을 택할지 자명하다. 역행침식을 주장하는 환경단체도 둘 중 하나를 선택할 때 무엇을 택해야할지 모르지는 않을 것이다. (2011.08.08. 〈뉴데일리〉 기고)

- **김형섭**(낙동강유역환경청장 / 한강유역환경청장)
- 지난 몇 십 년 동안, 경제발전이 철도와 도로를 따라 발전하면서 강은 소외되고 오염되어 방치되었으며, 이제는 '기후변화'와 함께 우리를 위협하기도 한다. 강이 더 이상 우리를 위협하는 것이 아닌 함께 살아갈 수 있는 것으로 만들기 위해, 정부는 지난 8일 '생명이 깨어나는 강, 새로운 대한민국'을 주제로 한 4대강 마스터플랜을 내놓았다. (2009.06.29. 〈강원포럼〉 기고)

- **김희국**(4대강추진본부 부본부장 / 국토해양부 제2차관)
- 4대강 살리기 사업은 홍수 피해를 예방하고 오염된 강을 되살리기 위한 사업이지만 고용창출 효과도 매우 크다. 37% 수준에 달하는 단순 일용직 고용도 사회안전망 확보 차원에서 매우 중요한 의미를 갖는다. 과거 하천사업이 홍수예방과 복구에 국한됐다면 4대강 정비 사업은 홍수예방은 물론 수질개선과 수량 확보, 생태환경 개선 등을 망라한 멀티 사업이다. 국민들이 원하는 정부의 정책은 환경도 개선하고 살기에도 좋은 멀티 서비스, 특히 국민들이 보다 빨리 사업의 혜택을 받도록 하기 위해 사업에 속도를 내고 있다. (2009.03.19. 〈파이낸셜뉴스〉 인터뷰)

- **박연수**(소방방재청장)
- 4대강 사업으로 인해서 작게는 50cm, 크게는 3.5m 수위가 낮아졌다. 이로 인해서 이전에는 100년 만에 오는 비를 견딜 수 있었다면, 이제는 200년 만에 오는 비도 견딜 수 있다. (2011.06.26. 〈ytn〉 인터뷰)

- **박재목**(데일리안 칼럼니스트 / 행정안전부 지방분권지원단 기획총괄과장)
- 중금속 및 썩지도 않는 플라스틱 등이 전국의 강과 하천바닥을 장악하고 있는 실정이다. 그동안 개발에 조급한 정부도 이를 걷어낼 엄두를 내지 못하고 이를 가리거나 덮는 데만 급급했다. 지금도 전국의 강과 하천은 모두가 겉은 멀쩡해도 그 속은 계속 썩어 가고 있다. 하지만 한반도 대운하 사업은 21세기 국토재창조 관점의 하천생태복원, 수자원 확보 및 물 에너지 활용, 기후변화 대비 및 신재생에너지 복합 클러스터 구축, 지방 균형발전, 생태 농어촌 사업 등의 창조적 실용 가치를 분명히 가지고 있다. 그러나 몇몇 좌파 집단과 야당의 정략적 공세로 이러한 창조적 실용가치가 국민들에게 진실되게 전달되고 있지 못하고 있는 실정이 실로 안타깝기 그지없다. (2008.04.26. 〈데일리안〉 칼럼)

- **박재순**(4대강추진본부 개방행사지원단 부단장)
- 공사구간 거주 주민의 어업권에 대해서는 철저한 감정평가를 통해 보상을 하고 있으며 사업이 끝나면 다시 어업권을 돌려줄 것이다. 이번 4대강 살리기를 통해 많은 부가가치가 확보될 것으로 전망했는데, 물 확보, 수질 개선, 친수공간 확보로 지역 관광 사업이나 여러 가지 부가가치가 올라갈 것으로 보인다. 수자원공사에서 개발이익의 상당부분을 공공부분에서 회수할 예정이다. 이미 고용효과가 비공식으로 25만 명 이상이다. (2010.03.23. 4대강 살리기와 내수면 어업 세미나)

- **송기섭**(행정중심복합도시건설청 차장)
- 4대강 살리기 사업은 현재 어려운 경기를 부양하고 일자리를 창출하기 위한 뉴딜 사업이기도 하지만 그간 소외되어 왔던 하천에 생명을 불어넣음으로써 수자원 확보는 물론 국민 삶의 질 향상과 국토의 품격을 높일 수 있는 미래를 대비한 사업이라 할 수 있다. (2009.02.12. 금강 살리기 대토론회)

- **안시권**(4대강추진본부 기획국장)
- 4대강 사업은 근본적으로 물 관리를 바꿔 보자는 측면에서 진행되고 있다. (그동안 해 왔던 방식처럼) 제방을 높게 쌓을 게 아니라 많이 쌓여 있는 퇴적토를 걷어 내면 수위도 떨어지고 댐도 안 해도 되고 제방도 높이지 않아도 돼 환경적 경제적으로 유리하다. 물 확보를 위해 댐 건설을 한다며 보 건설을 하면서 지천의 들어오는 오염 물질을 걸러 수질을 좋게 하고 보를 막아 총 13억 톤까지 물의 양을 늘려 2012년에는 4대강 본류를 2급수까지 올릴 수 있다는 게 과학적으로도 입증됐다. 대운하는 대통령이 이미 안 한다고 했다. 2012년 사업이 끝나면 대운하 사업인가 아닌가, 성공하나 실패하나 알 수 있을 것이고 그동안 반대했던 분들은 다 기록에 남을 것이다. (2010.03.31. 4대강 피해증언대회 및 토론회)

- **오종극**(환경부 상하수도정책관)
- '생명이 깨어나는 강, 새로운 대한민국!'이라는 비전을 품고 추진되는 '4대강 살리기'는 34만 개의 일자리가 창출되고 40조 원의 생산유발효과를 가져올 '녹색뉴딜'일 뿐만 아니라, 가까운 장래에 닥칠 기후변화로 인한 재난으로부터 국민들의 생명과 재산을 지키기 위한 최선의 전략적 선택이다. 이 사업이 마무리되는 2012년 즈음이면, '엄마야 누나야 강변 살자'던 시인의 노래 속 이상향과 같이 아름다우면서도 안전한 수변공간을 현실에서 거닐 수 있을 것이라 기대한다. (2009.12.15. 〈강원도민일보〉 기고)

- **우기종**(녹색성장위원회 기획단장 / 통계청장)
- 기후친화형 해양관리 및 사전 재해예방 체계를 구축하고, 수자원 확보를 위한 4대강 살리기 및 산림생태계 건전성 제고, 기후친화형 건강관리 등도 중점 추진할 방침이다. (2009.07.22. 새만금코리아 주최 '녹색성장과 새만금' 특별강연)

- **유인상**(대전국토관리청장)
- 갈수기 때 초당 35만 톤 정도가 금강 유역에 흐른다. 그러나 초당 95만 톤이 흘러야 주변 생태에 가장 적합하다고 한다. 물을 가두는 역할을 하는 금남보는 생태를 복원시키는 자연친화적인 보가 될 것이다. (2011.04.17 인터뷰)
- 보와 준설사업의 목적은 홍수방제를 위한 것이다. 보 설치는 이수측면에서 이해해 달라. 보는 가동보로 설치되기 때문에 수질오염 등 환경문제 우려가 없다. 국민이 우려하는 면에 대해서는 항상 의견을 수렴하겠다. 협치하는 마음으로 노력하자. (2010.06.28. 충남도청 브리핑룸 기자간담회)

- **이성해**(4대강추진본부 정책총괄팀장)
- 4대강 사업이 완료되고 난 후에 유지 검토를 통해서 해결해 나갈 예정이고, 서울에서도 2년마다 한 번씩 유지 분석을 시행을 하고 있다. (2011.05.21. 〈SBS〉 인터뷰)
- 우리 강은 수십 년간 준설을 하지 않고 방치된 상태에서 퇴적토가 유독 많이 쌓여 있다. 퇴적토 더미야말로 홍수가 나면 큰 장애가 되므로 홍수 방지 차원에서라도 빨리 치워야 한다. 그러나 일부 보호생물종이나 멸종위기종이 있어 생물적 보존 가치가 있는 늪지에 대해선 현장 존치한다는 것이 정부의 방침이다. (2011.05.27. 〈데일리안〉 인터뷰)
- 그동안 지천의 피해는 지천 물이 안 빠져 역류하는 침수 피해였다. 본류의 수위가 낮아져 지천 물살이 빨라져 침식된다고 하는데, 침식이 된다 하더라도 그건 하천이 하천의 역할을 제대로 한 것이다. 또 침식될지언정 인간에게 미치는 범람피해를 막아 준다면 하천이 제 역할을 하게 된 것이다. (2011.06.29. 〈뉴데일리〉 인터뷰)

- **이찬세**(서울지방 국토관리청 하천계획과장)
- 4대강 사업은 공익을 위해 필요한 국책 사업으로, 하천 본래의 기능을 되돌리는 강 살리기 사업이다. 그동안 오래 쓰셨으니 다른 곳으로 이주해 달라. 농민들이 투자한 것에 비해 보상이 적고 그래서 반발하는 것으로 안다. 불가피한 점을 이해해 달라 말해 참가 농민의 반발을 샀다. (2010.04.16. '유기 농업 붕괴와 바람직한 하천 관리 방안' 토론회)
- 남양주의 별장이나 카페를 수용하려면 비용이 많이 들지만, 김해시의 농가는 상대적으로 땅값·집값이 싸기 때문에 강제수용 여부 판단이 다를 수 있다. (2010.05.25. 〈한겨레〉 인터뷰)
- 현장에서 미처 돌아보지 못한 부분을 보완토록 지적하신 점은 늘 감사하지만 수십 마리 물고기가 죽은 것을 1,000마리 폐사로 부풀리거나 젖은 토사까지 먼지막이용 방진덮개를 안 덮었다는 식으로 확대 포장하는 점은 아쉽다. (2010.06.13. 〈건설경제신문〉 인터뷰)
- 4대강 공사가 초기에는 환경파괴할 수 있지만 공사가 끝나면 곧 복원될 것이다. (2010.06.17. 〈한국경제TV〉 인터뷰)
- 수변공간을 개발한다니까 유원지로 만드는 것으로 오해하는 분들이 많다. 일부 지역 둔치에 축구장, 농구장 등 체육시설을 하는 정도이고, 친수공간엔 부들, 연꽃 등 습지를 조성하고 조류생태공원을 설치하는 생태복원사업이다. 4대강 사업은 환경을 최대한 복구하기 위한 것이다. 공사를 진행하면서 하천 바닥의 각종 오염물질을 수거하는 등 자연을 살리고 있다. (2010.06.14. 〈아주경제〉 인터뷰)

- **이충재**(서울지방 국토관리청장)
- 40일간의 점거농성으로 힘들었던 이포보가 이제 하루가 다르게 변하고 있다. 80만 평에 이르는 저류지 공원, 산책로, 자전거길에 이팝나무, 벚나무, 은행나무, 산수유나무, 메타세콰이어가 12km에 걸쳐 심어진다. 폭 20m가 넘는 슈퍼제방에 나무를 심으면 4대강에서 가장 절경을 이룰 것이다. (2011.04.09. 이포댐 식목행사)
- 4대강 살리기 사업 중에 이포보 건설 사업은 준공으로 끝나는 것이 아니라 또 하나의 새로운 시작이다. 여주군민 여러분이 보여 준 관심과 도움에 큰 힘을 얻었다. (2011.04.25. 인터뷰)
- 현장여건에 적합한 수해방지계획을 수립해 우기에 대비하고 있다. 환경단체가 우려하는 피해는 발생하지 않을 것이다. (2011.06.01. 인터뷰)
- 하도 준설로 남한강 본류 수위가 낮아져 지천의 흐름도 원활해졌다. 농경지 침수 피해를 막는 등 치수 효과가 확인됐다. (2011.07.27. 〈연합뉴스〉 인터뷰)
- 한강 살리기 사업은 국민의 재산과 생명을 보호하는 홍수 예방 목적이 있다. 그 뿐만 아니라 부족한 물을 확보하고 수질개선이나 생태계 보존, 친수환경 확보와 지역 경제를 확보하는 다목적 사업이다. 본 사업은 2009년에 착공해서 그동안 국민 여

러분의 많은 성원과 관심 속에서 불과 2년 만에 거의 마무리 단계에 와 있다. 이제 한강은 수해로부터 안전하고 또 수량이 풍부한 강으로 새로 태어나고 또한 철새나 물고기 등 자연과 함께 살아 숨 쉬는 새로운 강으로 국민 여러분 곁으로 다가갈 것이다. (2011.09.05. 〈한국경제TV〉 인터뷰)

- 갈수기에는 주민들이 바지를 걷고 강을 건널 정도로 수심이 얇지만 비만 오면 주거지역이 상습 침수돼 홍수 피해가 많았다. 한강 준설과 다기능보 설치로 올여름에는 홍수 예방 효과를 톡톡히 봤다. 자전거 이용자들이 늘어나면서 이곳 주변이 정체되기도 했었고 차량충돌 등의 안전에도 위험했다. 자전거 도로가 설치돼 마음껏 달릴 수 있을 뿐만 아니라 캠핑장과 연계해 이용하려는 동호회의 문의가 많다. (2011.09.22. 〈아시아투데이〉 인터뷰)

- **장석효**(한반도대운하연구회 대표 / 한국도로공사 사장)
- 이 후보가 재검토하겠다고 한 것은 환경론자나 운하 반대론자들의 의견을 충분히 수렴해 운하가 친환경적, 생태적으로 건설되도록 하겠다는 것이지 운하계획을 철회하겠다는 것이 아니다. 이 후보는 운하계획을 10년 전부터 고민해 왔다. 10년간의 검토 끝에 기술적 타당성, 물류효과, 환경문제 등 여러 측면에서 한반도 운하가 최적의 조건을 갖췄다는 확신이 있기 때문에 한반도 운하를 추진하는 것이다. 실제로 한강이나 금강, 영산강의 일부 구간은 지금 당장 배를 띄워도 될 정도로 한반도 운하는 최적의 조건을 갖추고 있다. 라인 강, 마인 강과 도나우 강을 연결하는 독일의 RND운하는 170km에 달하는 땅을 잘라서 운하를 건설했다. 한반도 운하계획이 무모하다는 것은 뭘 모르고 하는 소리다. 운하를 건설하기 위해서는 수심 확보 차 보를 지어야 하는데 이로 인해 물 흐름이 느려지고 하천의 자정능력이 떨어지는 것은 사실이다. 하지만 이것이 수질 악화의 결정적 요인은 아니다. 중요한 것은 외부 유입 오염원을 차단하고 풍부한 수량을 유지하는 것이다. 특히 우리나라처럼 건기가 긴 곳에서는 비가 올 때 많은 물을 모아 항상 풍부하게 용수를 공급하는 것이 중요하다. 이것이 수질 개선을 위해서도 중요하다. 운하가 건설되면 한강과 낙동강의 저류량이 10억t가량 늘어나 수량이 풍부해져 수질개선 효과가 있을 수 있다. 특히 갈수기 때 수량 부족이 수질 악화의 가장 큰 요인인 낙동강의 경우 수질 악화를 크게 완화할 수 있다. 여기에 준설을 통해 강바닥에 쌓인 유기퇴적물(오니층)을 걷어 내면 오히려 한강과 낙동강의 수질을 크게 개선시킬 수 있다. 정부는 한강과 낙동강의 수질관리를 위해 약 16조 원의 예산을 배정해 놓고 있다. 운하를 건설하면 종합적인 홍수대책과 수질관리 대책을 세울 수 있어 이 돈을 아낄 수 있다. (2007.11.28. 〈ermedia〉 인터뷰)

- 새 정부 임기 내에 유람선을 타고 서울에서 부산까지 가는 게 꿈이다. (2007.12.29. 인수위원회 워크샵)
- 운하가 100% 추진될 것이다. 공사기간은 4년이다. 한강과 낙동강 연결구간은

22km 수로터널을 뚫을 것이다. 민자 유치 사업이다. 건설회사 사람들과 많이 얘기해 봤는데 굉장히 원하고 있다. 운하 수량이 2~3배로 는다. 생활하수와 공장폐수 같은 오염원은 일정한데 물의 양이 늘면 그만큼 희석되니 깨끗해진다. 경부운하와 비슷한 시기에 착공할 호남운하는 국가예산으로 한다. (2007.12.31. 〈오마이뉴스〉 인터뷰)

- 운하는 생태와 문화가 결합된 형태로 만들 것이다. 특히 호남운하와 충청운하는 국가재정을 투입해 3년 안에 완공할 수 있다. 환경파괴가 아니다. 운하 주변에 인공습지나 생태형 하천을 만들어서, 생활하수가 그곳을 관통하면서 자연정화되도록 만들 것이다. 각 지역의 환경단체들을 만나서 환경을 되살릴 방안을 함께 논의할 것이다. 또한 각 지역의 학자들에게 하천 주변의 주거문화 유적 실태를 조사하게 해서 복원할 것들은 복원할 것이다. 이미 민간에서 투자제안서를 낼 때 사전재해영향성 검토, 문화재 지표조사서, 사전환경영향성 검토 등을 첨부하게 돼 있다. 그게 정부에 제출되면 정부 쪽에서도 기획예산처가 주관이 돼서 환경영향평가 등을 또 하게 된다. (2008.01.01. 〈한겨레신문〉 인터뷰)

- 운하계획에 대해 진지하게 경청해 보지도 않고 그런다. 내용을 자세히 들여다보면 적극적인 수질관리와 오염방지 등 환경적인 측면에서도 환영할 일일 것이다. 우리나라 강의 물이 흐르는 저수로에는 조선시대는 물론 일제 강점기까지도 배가 다녀 쌀을 실어 나르는 조운이 발달했다. 오랫동안 토사가 쌓여 강이 교통수단 구실을 못 하게 된 것을 이제 약간의 준설(하천물 밑 모래 등 퇴적물을 퍼내는 작업)을 통해 뱃길을 복원하자는 것이다. 고수부지에는 인공습지와 생태하천을 만든다. (2008.01.03. 〈한국경제〉 인터뷰)

• **정연만**(환경부 기획조정실장)
- 국민적 관심이 지대하고 또 경제위기 극복을 위한 조속한 추진 필요성 등 이러한 사안으로 인해서 철저하면서도 효율적으로 협의를 추진하는 데 역점을 뒀다. (2009.11.08. 〈SBS〉 뉴스 인터뷰)
- 철새가 대규모로 도래하는 겨울철에는 공사 강도 조절하고 인근에 먹이터를 만들어 영향을 줄이도록 했다. (2009.11.08. 〈MBC〉 인터뷰)
- 환경평가단을 사후관리 조사단으로 개편, 환경영향 조사를 하는 등 철저하게 감시하는 한편 평가 항목별, 공사 시기별로 사업자가 이행해야 할 사항을 체크리스트화해 중점 관리할 방침이다. (2009.11.09. 〈파이낸셜뉴스〉 인터뷰)
- 최근 생태 영향과 계절적 특성을 반영한 환경 영향 평가를 위해서 환경부에서 하고 있는 수 생태계 건강성 조사 자료나 전국 자연환경 조사 자료 등을 충분히 검토한 바 있다. (2009.11.09. 〈YTN〉 인터뷰)

- **정채교**(4대강추진본부 사업지원3팀장 / 나이지리아 대사관 주재원)
- 팔당 지역의 4대강 사업은 법과 절차대로 진행되고 있다. 수도권 시민의 젖줄에 농사를 짓는 것은 옳지 못하며, 일괄적으로 하천 부지의 영농 행위를 금지했기 때문에 유독 팔당 농지만 보존해 달라는 것은 형평성에 맞지 않는다. (2010.04.16. '유기농업 붕괴와 바람직한 하천 관리 방안' 토론회)
- 약 13억 톤의 용수를 확보하고, 보 그 자체의 시설물이 지역의 랜드 마크로서 지역 발전의 중심이 될 것으로 보고 있다. (2009.11.08. 〈MBC〉 인터뷰)
- 환경영향평가협의가 완료됨에 따라서, 이번 주부터 보 구간에 대해서, 가물막이 공사부터 기초공사, 보 공사 순으로 진행해서 2011년 까지 모든 공사를 완료할 계획에 있다. (2009.11.09. 〈머니투데이〉 인터뷰)

- **최병습**(한국수자원공사 건설단장)
- 가뭄은 홍수와 달리 소리 없이 왔다 간다. 진행 속도가 느리고, 피해도 국지적인 듯 보이고, 물리적 파괴를 직접 볼 수 없어 심각성을 정확히 파악하고 전망하기 어렵다. 따라서 평소에 미리 대비책을 철저히 마련하지 않으면 안 된다. 물 소비를 줄이는 방안이 있으나, 보다 현실적인 대책은 물을 최대한 많이 모아 두는 것이다. 4대강 사업처럼 강과 하천 바닥의 토사를 덜어 내 저류능력을 높이고 환경 친화적 댐이나 보 등 수리 구조물을 통하여 수위를 상승시켜 활용 가능하고 조절 가능한 수량을 확보해야 한다. (2009.12.03. 〈한국일보〉 기고)
- 4대강 사업은 수자원 분야의 사업이라기보다는 산업의 전 분야가 합쳐진 복합 사업이다. 강의 생명력을 회복시켜 생태와 습지를 복원한다. 동시에 수자원 확보와 홍수 예방, 그리고 준설과 같은 하천정비를 거쳐 강주변의 역사와 문화공간을 조성한다. 이를 통해 각 지역을 문화의 거점으로 조성하고 지역경제를 활성화하기 위한 사업이다. 우리는 수자원관리의 선진국이다. 해외 다른 국가보다 비교 우위적 강점인 IT기술을 융합한 세계 최고의 건설기술을 가진 나라다. (중략) 수자원을 수출하기 위해서는 현재 진행 중인 4대강 사업을 성공적으로 마무리하고 해외에 전수해야 한다. 세계 수자원 개발에 우리의 실력과 표준을 적극적으로 보여 줄 때다. 국제협력을 통해 해외사업 창출을 다양하게 연계시키고 대한민국이 세계 수자원 사업의 메카인 것을 보여 줄 필요가 있다. 자석은 한 번 자력을 띄게 되면 인근의 모든 쇳가루를 끌어들인다. 대한민국이 수자원사업 분야의 세계 중심이 되기를 기대해 본다. (2011.03.07. 〈세계일보〉 기고)
- 4대강유역종합개발계획과 한강종합개발사업의 성공은 지금의 4대강 살리기 사업에 대한 모티브와 확신을 제공해 주었다. 그렇다면 앞으로 4대강 사업은 친수구역 개발이란 또 다른 기회에 창조적 생활공간을 만들어야 할 것이다. 4대강 사업으로 조성된 수변공간을 기반으로 친수공간의 공공적 가치를 최대한 극대화해야 하는 것이다. 친수구역 개발의 목적은 첫째, 체계적이고 종합적인 공공개발을 통해 난개

발을 방지하는 것이다. 4대강 사업 완료 후 보(洑)나 생태공원 주변 등 경치가 좋은 곳에 음식점과 카페, 러브호텔, 위락시설 등이 무차별적으로 들어설 수 있다. 이를 철저하게 관리할 필요가 있다. 국가와 지자체, 공사(公社)와 같은 공공기관에 의한 공공개발로 개발이익의 사유화를 방지해야 한다. 회수된 개발이익은 하천관리기금으로 납입하여 향후 하천공사나 유지관리 등에 재투자할 수 있다. 둘째, 4대강 사업을 통해 구축된 지역경제 기반을 더욱 강화하는 데 있다. 기존의 하천관리 방식은 하천의 유지관리기능에 중점을 두었다. 앞으로는 강변을 따라 새로운 강 문화를 살리고 지역경제와 연계된 균형개발을 목적으로 하게 된다. 친수구역으로 학교나 연구소 이주와 기업 유치 등을 통해 지역균형 발전이 이뤄질 수 있다. 셋째, 수변공간을 중심으로 휴양과 레저 활동이 가능한 강 문화를 가꾸는 데 있다. 강 주변에서 더 많은 휴식과 여가활용이 가능해지고 다양해지는 것이다. 가까운 강에서 요트나 수상스키 등 다양한 선진국형 수변 레포츠를 즐길 수 있게 된다. 우리의 과거 60년이 산업화 단계였다면 다가오는 시대는 선진화로 나아가는 단계가 될 것이다. 수자원의 개발과 관리도 새로운 발상이 요구된다. 국민의 깨끗하고 풍부한 물 요구에 부흥하고, 가뭄과 홍수와 같은 재해로부터 자유로우면서, 환경을 보전할 수 있는 보다 선진화된 명품 수자원을 만들 수 있는 수변공간의 개발과 관리가 필요한 때다. 창조적인 수변공간에서 국민소득 4만 달러의 시대를 기대해 본다. (2011.05.27. 〈세계일보〉 기고)

- **최용철**(한강유역환경청장 / 한국상하수도협회 상근 부회장)
- 장기적으로 보면 더욱 건강한 생태계를 유지할 수 있다. 88올림픽 때 정비한 한강이 좋은 예이다. 한강은 어류의 종이 개발 전보다 훨씬 많아졌다. 또한 농사를 짓던 하천부지에 습지를 조성하는 것은 팔당호의 수질을 개선하는 데 많은 도움을 줄 것이라고 생각한다. 우리 한강유역환경청에서는 한강 살리기 사업이 환경 문제없이 이루어지도록 하는 역할을 맡고 있다. 일부에서 환경영향평가가 졸속으로 협의되었다는 비판도 있지만 전혀 그렇지 않다. 오히려 다른 사업에 비해 더 많은 현장조사와 전문가 검토 등의 절차가 있었다. (2009.12.17. 〈경인일보〉 기고)
- 보를 설치하면 수질이 나쁠 것이라는 것은 편견이다. (고정보와 대치되는) 가동보를 만들어 종합적으로 하천을 관리하면 홍수 예방에도 문제가 없다. (2009.10.09. 환노위 국정감사)

- **한상준**(전주지방환경청장)
- 우리 강들은 과거 무분별한 지역개발로 도심과 산업시설에서 흘러드는 노폐물이 하천 바닥에 그대로 쌓이고, 하천 변은 토사 등이 몰려와 퇴적되면서 물길을 좁혀 비가 조금만 와도 하천이 범람하여 농경지, 심지어 도심지를 삼켜 버리고 있다. 하천이 동맥경화에 걸린 것이다. 정부발표에 의하면 주요 본류 등을 중심으로 시작

한 4대강 살리기 사업은 단계별로 나머지 국가하천과 지방하천도 추진될 계획으로 전북지역의 주요 현안인 새만금 유역의 상류하천인 만경강과 동진강 등 전북지역 주요 하천에도 4대강 살리기 사업이 단계적으로 반영될 수 있다면 전북지역의 수질개선에 한층 기여할 수 있을 것으로 기대된다. (2009.07.13. 〈전북일보〉 기고)

- **허경욱**(기획재정부 차관 / 경제협력개발기구OECD 대사)
- 필요하다면 4대강 사업 예산을 더 늘릴 수 있다. 지금 시점에서 4대강 정비 사업만큼 일자리 창출에 효과적인 것도 없다. 우리나라는 1년에 홍수 예방, 피해, 복구 등에 7조 원을 쓰고 있다. 4대강에서만 매년 4조 원을 홍수 관련 비용으로 쓰기 때문에 4년이 걸리는 4대강 사업이 끝나면 이 비용은 상당부분 없어진다. (4대강 정비 사업의) 예산은 대부분 인건비로 들어간다. 4대강 사업은 엄청난 홍보의 실패가 있었다. 청와대와 정부에 정책홍보 기능이 없다. (2009.07.03. 기자간담회)

- **홍형표**(4대강추진본부 사업부본부장 / 국토교통부 수자원정책관)
- 4대강의 보는 수문을 열고 닫을 수 있는 가동보로 설치돼 상류의 퇴적물을 하류로 내보내 물이나 퇴적물이 쌓여 물이 썩는 것을 방지할 것이다. 또한 지역 주민들이 자전거를 타고 접근할 수 있도록 공도교와 전망타워, 야간조명, 생태공원 등이 설치돼 지역 주민뿐 아니라 관광객들을 끌어모을 것으로 기대된다. (2009.11.05. 〈파이낸셜뉴스〉 인터뷰)
- 본래 4대강 살리기 사업은 국책사업으로 지방선거 결과와 관련이 없다. 더욱이 지방선거는 지역 일꾼을 뽑는 것이므로 선거결과를 4대강 사업을 축소 또는 중단하라는 민심의 표현으로 해석하는 것은 지나치다. 또 4대강 사업은 홍수예방, 수자원 확보, 수질개선 등 오랜 숙원 사업이면서, 생태복원, 환경개선을 위한 사업이기도 하다. 그리고 지난해 국회 예산의결 등 적법한 절차를 통해 추진하는 국책사업이기 때문에 당초 계획대로 추진하는 것이 당연하다. 4대강 사업을 부동산 투기와 연계하여 흠집 내려는 악의적인 루머라고 할 수 있다. 한강유역은 홍수대책이 절박하다. 주민들 대부분이 4대강 사업에 대해서 찬성하는 것은 4대강 사업이 지역발전에 실질적으로 큰 도움이 되고, 무엇보다도 주민들의 안전하고 수준 높은 삶을 위해 꼭 필요한 사업으로 인식하기 때문이라 생각한다. (2010.06.28. 〈뉴데일리〉 인터뷰)
- 4대강 사업은 기후변화의 영향에 대처하고 '사후복구'에서 '예방투자'로 전환하는 신개념 사업이다. 대규모 피해가 예상되는 4대강에 집중 투자하여 우선 완료하고, 나머지 하천을 단계적으로 추진하는 것이 바른 순서다. 또 본류정비로 홍수위가 낮아지면 지류의 수위도 함께 낮아져 지류의 피해도 막아 주는 효과가 있다. 4대강 사업을 추진하더라도 지류, 지천에 대한 투자는 계속 확충할 계획이다. (2010.08.02. 〈공감코리아〉 인터뷰)

4. 4대강 사업 찬동 A급 공기업 및 기업인

- **권진봉**(국토해양부 건설수자원실장 / 한국감정원 원장)
- 하천에 투입되는 비용에는 홍수예방과 가뭄해소를 위한 제방보강사업, 퇴적토를 걷어 내는 정비사업 등이 있으며, 최근 지자체에서 조성해 달라고 한 생태하천공원 사업 등이 있다. 이는 홍수를 예방하고 피해를 방지하기 위해 치수공간을 확보하는 사업이며, 대운하 사업은 보, 갑문, 터미널 등 물 수송수단을 만드는 것이 주 내용인데 이런 건 4대강 프로젝트에는 없다. 이 사업은 홍수와 가뭄으로부터 국민의 재산과 생명을 지키는 시급한 사업이다. 운하와는 별개 사업이라는 걸 다시 한 번 말씀드린다. 주로 건설업 분야에서 고용을 창출할 것으로 보인다. 대상은 19만 명이 될 것으로 추산하고 있다. (2008.12.15. 기자브리핑)

- **권형준**(수자원공사 경영관리실장)
- 낙동강과 영산강의 경우 여름 이외에는 하천의 기능을 상실할 정도로 수량 문제가 심각하다. 하천이 자정 작용을 하기 위해서는 기본적으로 일정한 양의 물이 흘러야 한다. 생활과 농업뿐만 아니라 환경을 위해서도 물이 필요한데, 최근 일본에서 짓는 중소규모 댐 중에 이런 환경용수를 확보하기 위한 것이 많다. 그런 의미에서 4대강 살리기는 하천의 물꼬를 트는 사업이라고 볼 수 있다. (2009.07.17. 〈국민일보〉좌담)

- **박재순**(한국농어촌공사 사장)
- 공사구간 거주 주민의 어업권에 대해서는 철저한 감정평가를 통해 보상을 하고 있으며 사업이 끝나면 다시 어업권을 돌려줄 것이다. 이번 4대강 살리기를 통해 많은 부가가치가 확보될 것으로 전망했는데, 물 확보, 수질 개선, 친수공간 확보로 지역관광 사업이나 여러 가지 부가가치가 올라갈 것으로 보인다. 수자원공사에서 개발이익의 상당부분을 공공부분에서 회수할 예정이다. 이미 고용효과가 비공식으로 25만 명 이상이다. (2010.03.23. 4대강 살리기와 내수면 어업 세미나)

- **반홍섭**(한국수자원공사 경북지역본부장)
- 낙동강에 8개 보를 설치하고 준설 등을 통해 6억 7천만m^3의 용수 확보가 가능하다. 이는 4대강 사업 전체 용수확보량(10.2억m^3)의 60%를 넘는 것으로 4대강 사업의 최대 수혜지역은 낙동강이 될 것이다. 강 살리기 사업이 물 확보와 치수(治水)뿐 아니라 수질개선, 생태환경 복원, 수변의 친환경 복합공간 창조에 따른 지역발전 등 다양한 목적을 갖고 추진되고 있다. 사업이 끝나면 대구·경북 지역민들의 삶의 질 향상을 위한 여가활동 공간으로 인기를 모을 것이다. (2010.07.22. 〈매일신문〉인터뷰)

- **손경식**(대한상공회의소 회장 / 국가경쟁력강화위원회 위원장 / CJ대표이사 회장)
- 4대강 유역 개발에 대해서는 적극 찬성한다. 대운하 사업도 가부에 대한 성급한 판단에 앞서 타당성을 꼼꼼히 따져 볼 필요가 있다. 4대강 유역 개발은 홍수 방지, 일자리 창출 등 여러 가지 차원에서 굉장히 필요하다고 생각한다. (2008.12.17. 송년 기자간담회)

- **신정택**(부산상공회의소 회장 / 세운철강 회장)
- 한편 금년 새 정부의 출범과 더불어 우리 부산은 또 하나의 기회를 가질 수 있을 것으로 기대되고 있다. 바로 이명박 대통령 당선인의 핵심공약사항인 한반도 대운하 사업이다. 대운하 사업이 본격화되면 부산은 해양과 대륙철도 그리고 신공항과 운하를 연결하는 관문으로서 항만·항공·운하·대륙철도를 아우르는 첨단물류거점으로 부상할 것이다. (2008.01.14. 〈부산일보〉 기고)

- **염경택**(한국수자원공사 수자원사업본부장)
- 이 사업으로 수질이 더 좋아질 것이다. 이 사업의 핵심은 물 확보이다. 두 개의 비커 속에 똑같은 양의 오염물질이 들어 있다면 수량이 많을수록 수질은 맑아진다. 때문에 수량이 많아지면 수질은 더 좋아진다. 강바닥을 깊게 파면 오염된 퇴적토가 나온다는 일부 주장이 있는데 공사구간마다 하천지질 및 준설토 가적치장 등을 조사했지만 전혀 이상이 없었고 중금속에 대해서도 21개 항목을 조사했지만 전혀 문제가 없었다. 퇴적토는 오히려 비료성분이 들어 있어 농경지에서 활용하고 있다. 또 이 사업이후 생태계가 다양화될 것이다. 한강의 경우 80년대 중반 대규모 준설로 생물의 종이 증가했다. 4대강 사업도 마찬가지다. (2010.04.12. 낙동강 정책탐사투어)

- **이수찬**(이포보 감리단장 / 한국종합기술)
- 과거 물놀이 가려면 강원도 계곡으로 다녔는데, 사업이 끝나면 수도권 시민들이 멀리 가지 않고도 생태학습과 체육활동을 할 수 있는 명소가 될 것이다. (2010.06.14. 한강 3공구 이포보 현장)

- **이인중**(대구 상공회의소 회장 / 화성산업 회장)
- 대구경북에 운하건설의 필요성이 이처럼 절박함에도 불구하고 지역에서조차 최근 운하에 대한 반대의견은 더욱 강해지는 반면 찬성의 목소리는 힘을 잃어 가고 있다. 반대 의견은 객관적인 근거 제시보다는 지나치게 감정에 호소하고, 대안제시보다는 형식논리에 치우친 경우가 많아 안타깝다. 이 모든 출발점에 있어 가장 중요한 것은 대구와 경북의 여론과 역량부터 하나로 모으는 것임을 명심하자. 그리고 대구와 경북이 선두에 서서 우리나라 경제발전의 새로운 전환점이 될 '낙동강

운하'의 대역사를 만들어 보자. (2008.05.21. 〈매일신문〉 기고)

- **이지송**(현대건설 사장 / 한국토지주택공사 사장)
- 한반도 운하 건설계획은 어제, 오늘 급조된 프로젝트가 아니라 지난 1965년부터 기획된 국책사업이다. 한반도의 미래를 생각한다면 누군가, 어느 정부에서든지 필해 해야 하는 필수 과제이다. 강바닥이 높아져 매년 연례적으로 홍수가 발생하는 상황에서 빈발하는 기상이변은 더욱 치명적인 피해를 가져올 게 뻔하다. 이수와 치수적인 측면에서 보면 우리의 하천은 이미 위험수위를 넘고 있다. 강바닥을 낮추는 작업이 무엇보다 시급하다는 얘기이다. (2008.02.15. 〈헤럴드경제〉 인터뷰)

- **이참**(한국관광공사 사장)
- 지난 청계천 사례에서 보듯, 청계천 복원 후 청계천을 찾는 내외국인 관광객이 급증하고 있는 것을 볼 때, 4대강 사업이 중요한 것은 관광 때문이라고 생각한다. 엄청난 경쟁력이 있다. 라인 강 옆에서 자랐는데 라인 강은 우리 강과 비교하면 아무것도 아니다. 관광공사 차원에서도 내외국인 관광객을 대상으로 하는 4대강 종합관광에 대한 다양한 사업을 전개할 필요가 있다. (2009.10.22. 국회 문방위 국정감사)

- **허증수**(에너지관리공단 이사장 / 경북대 신소재공학부 교수)
- 4대강 살리기 사업의 필요성과 당위성은 통곡의 강줄기를 인간다운 삶을 누리는 현장으로 변모시키자는 발상과 맞닿아 있다. 4대강 사업의 성공적인 추진을 위해서는 반드시 IT기술과의 연계와 함께 이를 녹색산업으로 발전시킬 필요가 있다. (2009.09.17. 〈서울신문〉 기고)

- **홍문표**(농어촌공사 사장 / 한나라당 최고위원)
- 4대강 살리기 사업의 시너지 효과를 높이기 위해 저수지 수변사업과 연계 추진할 계획이다. 4대강 살리기 사업의 1차적인 목적은 가뭄·홍수로 인한 수량부족이나 수질 악화를 예방하고 홍수조절능력을 증대시키는 데 있다. 이를 위해 공사는 '농업용저수지 둑 높임 사업'으로 저수지 138개소에 대한 현지조사를 실시해 최종적으로 선정된 96개소에 대해 제방 덧쌓기, 여수토 높임 등의 사업에 3조 4,000억 원을 투입 추진할 계획이다. (2009.07.16. 충남지역본부 방문 기자간담회)

5. 4대강 사업 찬동 A급 사회인사 및 언론사

- **권영호**(인터불고그룹 회장)
- 청주댐의 경우 통계가 불확실할 수 있지만 어업인 6,700명, 낚시인구가 12만5천 명

에 달하며 경제유발효과는 6,000억 원으로 지역경제에 미치는 파급효과가 매우 크다. 이와 비교할 때 4대강 살리기는 많은 용수를 확보하고 미래 물 부족사태를 막는 것은 물론 40조 원 이상의 경제적 유발효과를 기대할 수 있다. 내수면어업을 첨단사업으로 육성하고 건전한 레저 활동을 위한 휴식공간으로 활성화시켜 소득 원으로 만들어 지역주민들이 활용할 수 있도록 만들어야 한다. 내수면어업을 통해 좋은 어종을 생산한다면 경제적 효과 및 생태계보전, 미래 먹거리 사업에 보탬이 될 것이다. (2010.03.23. 4대강 살리기와 내수면 어업 세미나)

- **권태신**(국무총리 실장 / 국가경쟁력강화위원회 부위원장)
- 녹색 성장이나 4대강은 정권 차원을 떠나 민족이 50년, 백 년을 먹고 살기 위해 누가 하더라도 꼭 해야 한다. 88년 한강 개발 때도 반대가 엄청 많았다. (2009.10.05. 국무총리실 국정감사)

- **김동길**(태평양시대위원회 이사장 / 연세대 명예교수)
- '대운하 공사'가 17대 대통령 선거 때 후보의 공약이어서 그 공약을 믿고 표를 던 졌건만 '대운하 공사'는 어느새 '4대강 살리기'로 둔갑하고, 결사반대하는 야당. '이'다 '박'이다 하며 지리멸렬된 여당. 그런 국회에 그 법안을 상정하니 '부결'될 수 밖에 (없다). 그러고 나서 토목 공사의 귀재이던 왕년의 현대건설의 사장·회장을 지 낸 바 있는 대통령 왈 '나는 국회의 결정에 따르겠습니다.'(라고 하니) 나는 정말 속 이 뒤집힌다. 그걸 정치라고 하느냐. (2011.06.04. 〈뉴데일리〉)

- **김진**(중앙일보 논설위원)
- 많은 경제·환경·토목 학자는 4대강 개발의 가치와 경제성을 인정한다. 누구보다 낙 동강·영산강 등 4대강의 주민이 개발을 원한다. 이들은 그가 그렇게 외치는 서민이 아닌가. 이들이 사람이 아니고 국민이 아니면 누구인가. 유(승민) 의원은 많은 이가 개발가치가 있다는 4대강은 반대하면서 경제성이 부족하다는 11조 원짜리 동남 권 신공항은 왜 찬성하는가. (2011.06.27. 〈중앙일보〉 기고)

- **김진홍**(뉴라이트전국연합 상임의장)
- 김 의장은 찬반이 엇갈리는 한반도 대운하에 대해서도 당연히 해야 되는 거고 또 해낼 것이다. 앞으로 물 부족 사회가 될 것이므로 물을 저장, 관리하고 하천들을 전부 재정비해야 하므로 차제에 운하를 하면 일거양득이 될 것이다. 환경파괴 위험 성과 경제적 수익성 미비 등 반대여론은 인식의 부족에서 기인한다. (운하는) 환경 을 좋게 만드는 거지 환경을 파괴하는 게 아니다. 경부고속도로 할 때도 운동권에 서 반대했었고 서울 지하철 할 때도 반대했었던 것처럼 해 놓으면 다 잘 이용하고 찬성하게 될 것이다. (2008.2.26. 〈sbs〉라디오 '백지연의 sbs전망대' 인터뷰)

- **김창원**(영산강뱃길연구소 소장)
- 반대 측이 작년까지만 해도 퇴적토 얘기만 하더니 이제는 보 이야기를 한다. 그러나 보는 전체 사업상 예산도 가장 적게 들어간다. 반대 측이 보를 막아 물이 썩는다며 예를 든 영산강 하굿둑에 관해서도 둑 밑에 턱이 있어 물을 막아 준공 후 계속 퇴적물이 쌓인 영산강 둑과 현재 건설 중인 보의 가동수문은 다르다. 건설 중인 보를 실제로 경험 안 해서 걱정은 할 수도 있다. 설혹 우려한 대로 문제가 있다 해도 가동보를 열어 버리면 그만이다. 전체적으로 강 살리기 사업의 이익이 훨씬 많은데 부분적인 보 문제로 사업자체를 반대하는 것은 문제가 있다. 더욱이 수질이 나빠진다 아니다, 검증도 안 된 상태서 사업을 중단하자, 폭파한다 소리까지 하는 건 문제다. (2010.07.02. 영산강 살리기와 관련 지역 토론회)

- **배인준**(한국신문방송편집인협회 회장 / 동아일보 주필)
- 지금도 '복지 대신 4대강이 웬 말이냐'는 식으로 들이대니 헷갈려 하는 국민이 생긴다. 그러나 고속도로가 경제발전의 기반이 돼 국민의 먹을거리를 제공했듯이, 전국 강의 재생이 국민 삶의 질을 높이는 복지로 이어진다면 '복지와 4대강'은 제로섬 관계가 아니다. '쌀이냐, 고속도로냐' 하던 것이 어불성설이었듯이 '복지냐, 4대강이냐' 하는 것도 선택의 문제가 아님을 국민이 꿰뚫어볼 때가 됐다. 우리나라에서 대학교수들은 아는 게 가장 많은 지식인으로 분류된다. 경부고속도로에 대해서도 상당수 교수들이 '반대의 권위'를 높여 주었다. 하지만 경부고속도로뿐 아니라 지난날 교수들이 반대한 많은 국책사업들이 결국은 오늘의 번영을 이끌었다. 더구나 작금엔 전공 분야를 가리지 않고 거의 파당화(派黨化)한 교수들이 떼 지어 국가정책에 반대하는 사례가 많다 보니, 진짜로 뭘 알고 그러는지 의문이 생길 지경이다. (2009.12.02. 〈동아일보〉 기고)

- **서경석**(기독교사회책임 공동대표)
- 이명박 정부가 4대강 정비 사업을 할 때 생명 죽이는 일을 저는 절대로 하지 않는다고 생각한다. 큰 국책사업의 경우에 항상 반대가 있기 마련이다. 그렇지만 그럼에도 불구하고 그런 일들이 잘돼 왔고 경부고속도로는 꼭 필요한 일이었고, 영종도 공항도 그러한 일이었다. 이번 4대강 정비사업도 다 끝나면 사람들이 참 잘했다고 생각할 거다. 청계천 복원사업도 지금에 와서 잘못됐다고 생각하는 사람이 없지 않나? 그런데 지금 우리나라가 보수와 진보 또 친 이명박 정부 반 이명박 정부 이렇게 나라가 둘로 완전히 갈라져 가지고 이명박 정부가 하는 것은 무슨 일이든지 무조건 반대한다는 세력이 존재하고 있다. 그러다 보니 합리적인 실사구시적인 토론이 제대로 진행되지 못하는 것이 참 안타깝다. (2010.06.07. 〈KTV〉 인터뷰)

- **유명재**(전국자연보호중앙회 사무총장)
- '우리는 4대강에서 정치냄새가 아닌 강물냄새를 맡고 싶다'라는 4대강 대학생 서포
  터즈의 카페 문구를 보면서, 4대강 살리기는 '정치'가 아닌 '정책'으로 접근하는 것
  이 맞는다는 확신이 들었다. (2010.08.24. 4대강 사업의 원활한 진행을 위한 대국민 화
  합과 소통의 기원제)

- **이광선**(한국기독교총연합회 대표회장)
- 국책사업인 '4대강 살리기 사업'은 절대 양보할 사항이 아니다. 그러면 수술하던 환
  자의 환부를 덮어 버린 것 같아 오히려 생태파괴와 사회혼란이 야기된다. 종교계에
  서 지극히 일부 인사들만 반대할 뿐이다. 역사적 평가는 나중으로 돌리고 자연환
  경을 최대한 고려해 소신을 갖고 추진해 주길 바란다. (2010.08.02. 대통령실장 환담)

- **이주천**(뉴라이트전국연합 공동대표 / 원광대 사학과 교수)
- 4대강 공사 현장 옆으로 가서 좌익 목탁 세력을 물리쳐야 한다. 정부의 정책에 사
  사건건 반대만 하는 좌익 승려들에게 우리의 목소리가 전달되길 바란다. 정부가
  2년 안에 일을 빨리 진행하다가 불상사가 생길까 우려도 되지만, 지나치게 좌익 세
  력에 휘둘려서도 안 된다. (2010.04.22. '4대강 살리기 국민연합' 출범식)

- **황호택**(동아일보 논설실장)
- 물 부족 국가를 면하려면 여름에 집중적으로 쏟아지는 빗물을 받아 두는 그릇이
  많이 필요하다. 4대강 본류와 지류 일대에 댐 저수지 수중보를 설치하면 귀한 물
  을 서해바다에 쓸어 넣는 자원 낭비를 피할 수 있다. (2009.01.04. 〈동아일보〉 칼럼)